Jornada de Inclusão

Alexandre Santos Costa
Andresa Fogel
Antonio Muniz
Carla Krieger
Fabíola Lotério
Fernanda Belmont Reis
Lucas Tito
Raphael Boldrini

Jornada de Inclusão

Um guia de transformação cultural para construir organizações mais inclusivas, inovadoras, humanizadas e sustentáveis

BRASPORT

Rio de Janeiro
2022

Editor: Sergio Martins de Oliveira
Gerente de Produção Editorial: Marina dos Anjos Martins de Oliveira
Editoração Eletrônica: Abreu's System
Capa: Vitor Cardoso
Arte final: Trama Criações
Texto alternativo/audiodescrição (e-book): Ver com Palavras
Elaboração: Rosangela Fávaro
Consultoria: Roseli Garcia
Revisão: Lívia Motta

J82 Jornada de Inclusão : um guia de transformação cultural para construir organizações mais inclusivas, inovadoras, humanizadas e sustentáveis / Alexandre Santos Costa ... [et al.]. – Rio de Janeiro: Brasport, 2022.
272 p. ; il ; 17 x 24 cm.

Inclui bibliografia.
ISBN 978-65-88431-54-2

1. Inclusão social. 2. Transformação cultural. 3. Deficiência visual. 4. Espectro autista. 5. Deficiência física. 6. Meio ambiente físico. 7. *Mindset*. I. Costa, Alexandre Santos. II. Fogel, Andresa. III. Muniz, Antonio. IV. Krieger, Carla. V. Título.

CDU 364-056.26

Catalogação na fonte: Bruna Heller (CRB10/2348)

Índice para catálogo sistemático:
1. Inclusão social 364-056.26

BRASPORT Livros e Multimídia Ltda.
Rua Washington Luís, 9, sobreloja – Centro
20230-900 Rio de Janeiro-RJ
Tels. Fax: (21)2568.1415/3497.2162
e-mails: marketing@brasport.com.br
vendas@brasport.com.br
editorial@brasport.com.br
www.brasport.com.br

Sobre a Jornada Colaborativa

Jornada Colaborativa: experiências colaborativas que transformam vidas!

Conectamos pessoas apaixonadas por tecnologia e agilidade, criamos livros colaborativos de alta qualidade e transformamos vidas compartilhando experiências e doando a receita para instituições carentes!

Juntos somos mais inteligentes e já concretizamos várias iniciativas colaborativas (2019 e 2020):

1. Lançamento de 16 livros com mais de 400 coautores.
2. JornadaSummits com mais de 3.500 participantes em 13 sábados.
3. JornadaCast com mais de 50 episódios ao vivo.
4. Jornada Learning com mais de 500 participantes em seis trilhas.
5. Jornada Globo Day com 1.380 participantes ao vivo (3.453 inscritos).
6. Doação de R$ 440.590,20 para mais de 20 instituições carentes.
7. Impactamos mais de 20 mil vidas (conteúdos + alimentação).

Tudo começou com um sonho de compartilhar conhecimento por meio do livro "Jornada DevOps", que foi escrito por 33 pessoas com experiências complementares. A união do time com outras comunidades em várias cidades mobilizou a disseminação de novas experiências.

O experimento dos 5 *summits* de lançamento dos três primeiros livros em 2019 uniu mais de 50 empresas e comunidades, permitindo ingressos com valor simbólico e direito a livro para 1.277 pessoas, além da doação de R$ 25 mil para quatro instituições carentes.

O primeiro semestre de 2020 reforçou nosso trabalho colaborativo com 50 voluntários trabalhando intensamente na **Jornada contra a crise**, que arrecadou R$ 100 mil para 10 instituições, com 13 sábados para mais de 3.500 participantes *on-line* que receberam 160 palestras de alta qualidade com 25 presidentes, 50 executivos e 80 *experts* em agilidade, tecnologia, inovação e transformação digital.

A **Jornada Learning** iniciou no segundo semestre de 2020 com o objetivo de capacitar pessoas do mercado, captar recursos para lançar os novos livros da Jornada e ceder vaga gratuita para quem está em busca de recolocação, com direito a livro, *workshop*, mentoria e camisa da Jornada. Graças ao apoio de várias organizações, disponibilizamos mais de 400 vagas gratuitas para colaborar na recolocação de pessoas que investem em sua qualificação.

Nosso DNA é unir pessoas e tecnologia, aproveitando nossos participantes com perfil multidisciplinar: desenvolvedores, QA, *SysAdmin*, arquitetos, *Product Owner*, gerente de produtos, *Agile Coach*, *Scrum Master*, analistas de negócio, empreendedores, gerentes de projetos, psicólogas, executivos, UX, CX, equipes de RH, recrutadores, analistas de marketing, engenheiros etc.

Livros escritos pela Jornada Colaborativa até o momento:

- ✓ "Jornada DevOps", com 32 coautores e 4 curadores: unindo cultura ágil, tecnologia e *Lean* para entrega de software com qualidade.
- ✓ "Jornada Ágil e Digital", com 56 coautores e 2 curadores: unindo 30 *frameworks* e práticas que potencializam a transformação.
- ✓ "Jornada Ágil de Qualidade", com 24 coautores e 4 curadores: aplique técnicas desde o início do ciclo para implantação contínua.
- ✓ "Jornada Ágil do Produto", com 69 coautores e 4 curadores: unindo práticas e *frameworks* para capacitar PO e PM com foco no cliente.
- ✓ "Jornada DevOps 2ª edição", com 36 coautores e 4 curadores – edição *best-seller*: unindo cultura ágil, tecnologia e *Lean* para entrega de software com qualidade.
- ✓ "Jornada Saudável", com 26 coautores e 7 curadores: entenda a ameaça do sedentarismo e como conquistar uma vida plena e ativa.
- ✓ "Jornada Ágil de Liderança", com 86 coautores e 5 curadores: como inspirar e desenvolver times protagonistas na era digital.
- ✓ "Jornada do Ágil Escalado", com 64 coautores e 6 curadores: como escalar a agilidade com foco nas pessoas para resultados de valor.
- ✓ "Jornada Business Agility", com 48 coautores, 16 executivos revisores e 5 curadores: agilidade nos negócios com adaptabilidade e cliente no centro.
- ✓ "Jornada Kanban na prática", com 24 coautores e 5 curadores: unindo teoria e prática para acelerar o aprendizado de quem está iniciando.
- ✓ "Jornada Java", com 32 coautores e 6 curadores: unindo práticas para construção de código limpo e implantação com qualidade.

- ✓ "Jornada Colaborativa", com 43 coautores e 1 curador: construindo times de alta performance com a liderança colaborativa, a inteligência coletiva e a cultura de experimentação.
- ✓ "Jornada RH Ágil", com 52 coautores e 7 curadores: Relações Humanizadas com a agilidade para construir times protagonistas.
- ✓ "Jornada CSC", com 46 autores e 6 curadores: unindo práticas e experiências que potencializam o mundo dos Centros de Serviços Compartilhados.
- ✓ "Jornada Azure DevOps na prática", com 18 coautores e 7 curadores: unindo teoria e prática com o objetivo de acelerar o aprendizado do Azure DevOps para quem está iniciando.
- ✓ "Jornada OKR na prática", com 42 autores e 5 curadores: unindo práticas e experiências que potencializam resultados.
- ✓ "Jornada Python", com 57 coautores e 8 curadores: uma jornada imersiva na aplicabilidade de uma das mais poderosas linguagens de programação do mundo.
- ✓ "Jornada de Inclusão", com 40 coautores e 8 curadores: criando pontes para a construção de organizações inclusivas, inovadoras, humanizadas e sustentáveis.
- ✓ "Jornada da Facilitação", com 72 coautores e 6 curadores.
- ✓ "Jornada Microsserviços", com 27 coautores e 8 curadores.
- ✓ "Jornada Ágil de Arquitetura", com 18 coautores e 9 curadores.

Juntos somos mais inteligentes e podemos transformar mais vidas, criar amizades e fazer a diferença nas organizações e na sociedade!

Entre em nossa Jornada para participar das iniciativas que estejam ligadas ao seu propósito de vida:

<www.jornadacolaborativa.com.br>
<www.jornadalearning.com.br>
<https://www.linkedin.com/company/jornadacolaborativa/>
<https://www.meetup.com/pt-BR/JornadaColaborativa>
<contato@jornadacolaborativa.com.br>

Uma Jornada Necessária

Sempre tivemos grande preocupação com a diversidade, em todos os seus aspectos, muito antes de virar uma pauta da maioria das empresas, pois entendíamos que quanto mais diverso fosse o Magazine Luiza, mais inovador e criativo ele seria.

Também é preciso entender que para trabalhar a diversidade não adianta simplesmente criar compromissos e colocá-los nas paredes do prédio. Se a empresa não procurar ser diversa, certamente não conseguirá refletir para a sociedade a diversidade como um valor verdadeiro, e isso tem que nascer como propósito em uma empresa, contagiar e engajar toda a equipe.

Como o próprio título da obra já diz, "Jornada de Inclusão" não é uma chave que você liga e pronto, agora temos uma empresa que valoriza inclusão e diversidade, mas, sim, uma longa trajetória de aprendizado e conhecimento que deve envolver todos, o principal executivo e toda a equipe.

Nesta obra da comunidade Jornada Colaborativa, é possível entender desde o contexto da diversidade até processos e ferramentas que trazem segurança em toda essa jornada importante e necessária para todas as empresas.

Luiza Helena Trajano
Presidente do Conselho de Administração do Magazine Luiza e do Grupo Mulheres do Brasil

Prefácio

> *Consulte não a seus medos, mas a suas esperanças e sonhos. Pense não sobre suas frustrações, mas sobre seu potencial não usado. Preocupe-se não com o que você tentou e falhou, mas com aquilo que ainda é possível a você fazer. (Papa João Paulo II)*

Eu acredito que a força do coletivo é infinita e atemporal. E ganha maior valor quando extrai as potencialidades dos indivíduos e direciona para as possibilidades e oportunidades ao fazer a diferença no mundo.

Assim é a beleza deste projeto editorial.

Que bonito ver a união de pessoas que buscam voluntariamente criar impacto e alcançar resultados para melhorar a vida dos seres humanos! A união das diferentes vozes desta obra reflete o despertar de uma nova consciência no ecossistema corporativo tão necessária nesse contexto de desigualdade desses tempos profundamente desafiadores em que vivemos.

A diversidade e a inclusão são muito mais do que um *checklist* – é uma jornada, não um destino.

Inclusão é envolvimento e capacitação, onde o valor e a dignidade inerentes de todas as pessoas são reconhecidos. Um local de trabalho inclusivo promove e mantém um sentimento de pertença; ele valoriza e pratica o respeito por talentos, crenças, experiências e modos de vida de seus membros e dos que convivem com eles.

Atendendo a tantos clientes na minha trajetória em recursos humanos, seja como executiva, consultora ou conselheira, tenho constatado que existem vários motivos pelos quais as empresas devem se preocupar com diversidade, equidade, inclusão, humanização. Ao longo deste projeto editorial, os leitores poderão aprofundar conceitos e conhecer exemplos que servirão de inspiração para facilitar a tomada de decisões efetivas com escolhas intencionais.

Um ambiente inclusivo é responsabilidade de todos – não acontece apenas organicamente e não é trabalho exclusivo da liderança ou de um grupo de pessoas. Para uma instituição incorporar a inclusão, é necessário comprometimento em todos os níveis – e começa em casa.

Em culturas mais inclusivas, todas as pessoas têm mais probabilidade de prosperar e progredir.

Espero que, ao refletirmos sobre as experiências, as percepções e os desafios apresentados neste livro, possamos aprender e nos envolver como protagonistas da transformação e cocriadores da nova realidade que sonhamos.

Tenho compartilhado em minhas palestras quatro passos essenciais para impulsionar a inclusão:

- ✓ **Começar:** ser curioso sobre quem é diferente de mim.
- ✓ **Influenciar:** buscar um terreno comum, fazendo com que os outros se sintam bem-vindos.
- ✓ **Ousar:** intervir e falar quando perceber a exclusão ocorrendo.
- ✓ **Inspirar:** desafiar estereótipos focando na justiça na tomada de decisões.

Este é meu convite para você: comece, influencie, ouse e inspire!

Que juntos possamos partilhar plenamente da mais longa jornada, este presente chamado vida!

Tania Moura
Conselheira, escritora e especialista em gestão de pessoas

Apresentação da Jornada de Inclusão

Assim como a ideia dos livros "Jornada Kanban na prática", "Jornada Python", "Jornada Java" e "Jornada Azure DevOps", que surgiram da interação com pessoas amigas na Jornada Summit e em *meetups*, o sonho da "Jornada de Inclusão" surgiu durante um almoço superanimado em São Paulo, no dia 15 de fevereiro de 2020, na construção coletiva do nosso Manifesto Ágil de Liderança na Era Digital. Essa iniciativa foi liderada com maestria pelo amigo Victor Gonçalves e o resultado foi incluído no livro "Jornada Ágil de Liderança".

Esse evento marcou também o primeiro encontro presencial com a amiga Andresa Fogel, e aproveitamos para conversar sobre várias iniciativas. Em algum momento, durante muita diversão e empolgação durante o almoço, lembro dela comentar que há uma carência de livros no Brasil tratando do tema inclusão e que poderia ser uma boa alternativa iniciar essa publicação na Jornada. Quem me conhece sabe o quanto sou apaixonado por colaborar com a transformação de vidas e convidei de imediato a Andresa para liderar o time desse novo livro. Combinamos previamente que o propósito desta publicação seria o de criar pontes entre as pessoas e as organizações, respeitando as opiniões de todos os representantes da sociedade.

Definida a liderança do livro, o próximo passo foi escolher pessoas dedicadas e comprometidas com a curadoria para garantir a qualidade de todo o conteúdo. Um dos grandes desafios das atividades voluntárias que realizamos na Jornada Colaborativa é priorizar uma parte do nosso tempo para a escrita dos livros, e o líder do time organizador desempenha importante papel para mobilizar os coautores e orquestrar todas as ações necessárias para o sucesso no resultado final para nossos leitores, a nossa razão de ser.

O time organizador foi composto por pessoas que já admirava de outros livros: Alexandre Costa Santos, Carla Krieger, Fernanda Belmont Reis, Lucas Tito e Raphael

Boldrini – e tivemos também o reforço da Fabíola Lotério para enriquecer ainda mais nosso repertório. Uma das grandes magias da Jornada é quando o próprio time indica novas pessoas para assumir grandes responsabilidades. Isso reforça nossa essência democrática de que todos podem gerar suas próprias oportunidades quando se comprometem verdadeiramente com nosso propósito colaborativo.

Além da curadoria de todo o conteúdo, outra atribuição importante do time organizador é a busca pelos coautores, considerando pessoas que admiramos, vivência na aplicação prática e repertórios complementares, visando somar diversidade de pontos de vista e diferentes níveis de experiência para construir um conteúdo com grande riqueza para nossos leitores. Essa atitude faz parte da nossa essência desde o primeiro livro, "Jornada DevOps", com a prática habitual de somar a inteligência coletiva, e tornou-se ainda mais forte no livro sobre inclusão.

As primeiras reuniões com a organização do livro foram animadoras e fechamos a estrutura inicial do livro aproveitando diversas opiniões também do time de coautores. Eu tinha convicção de que este livro poderia andar em paralelo aos demais 10 cuja escrita já havíamos iniciado, e minha atuação seria apenas na mentoria do time.

Contudo, apareceu a pandemia do coronavírus, com grandes impactos também para nosso time. Lembro da Andresa com lágrimas nos olhos conversando comigo e dizendo que não poderia continuar como a líder do livro, pois precisava priorizar o cuidado com sua família. Como o livro nasceu com a Andresa, também fiquei bastante triste com sua saída do time organizador, mas, ao mesmo tempo, precisávamos continuar em consideração aos coautores que já tinham finalizado seus capítulos. O Lucas Tito foi a pessoa que pensamos juntos para assumir a liderança do time, que aceitou de imediato o desafio.

Eu já conhecia o Tito desde o livro "Jornada DevOps" e fiquei ainda mais admirado com sua capacidade de execução. Como sempre acontece nos livros colaborativos, existem coautores que desistem no meio do caminho por vários motivos, e o papel do líder é engajar as pessoas que seguirão até o final. Uma situação que me deixou bastante inspirado com o comprometimento do Tito para seguir com o livro foi o final de semana no qual ele passou mensagem individual para todos os participantes do grupo de coautores, visando confirmar quem realmente continuaria com a escrita dos capítulos. Lembrei do mesmo trabalho que tive no livro "Jornada DevOps" e da luta constante para não desanimar com a falta de retorno de algumas pessoas.

Embora todas as pessoas do time organizador e do time de coautores tenham uma parcela importante de responsabilidade na conclusão deste livro, acredito que a liderança comprometida do Tito foi fundamental para o sucesso da "Jornada de Inclusão".

Conforme você poderá conferir ao longo do livro, a inclusão e a diversidade potencializam a inovação e os resultados das organizações. Observe a seguir que as empresas que investem verdadeiramente na inclusão estão colhendo grandes resultados em seus negócios, além da justiça social:

1. Equipes tornam-se 11 vezes mais inovadoras e seus colaboradores são seis vezes mais criativos, segundo relatório da Accenture "Getting to Equal 2019: Creating a Culture That Drives Innovation" (2019).
2. Com times mais inovadores e criativos que são caracterizados pela diversidade e inclusão, as empresas aumentam de 15% a 35% sua lucratividade, aponta o estudo da McKinsey "Diversity matters" (2020);
3. O engajamento dos colaboradores aumenta 17% em ambientes onde a diversidade é valorizada, segundo estudo da Korn Ferry Hay Group "Diversidade: inclusão ou estratégia?" (BORIN; FIENO; SAMPAIO, 2015).
4. Empresas com maior diversidade de gênero tem 1,4 vez mais chance de alcançar crescimento sustentado e lucrativo, aponta estudo sobre liderança publicado pela DDI em parceria com a Ernst & Young.

Apesar da comprovação de que a inclusão é saudável para as organizações e para a sociedade em geral, temos um longo caminho pela frente e o conteúdo do livro contribuirá para reforçar esse tema cada vez mais importante, principalmente em um país tão desigual como o nosso.

Por exemplo, estudo realizado pelo Instituto Ethos com 500 empresas brasileiras em 2016, apresenta resultados alarmantes:

1. A contratação de pessoas com necessidades especiais apenas cumpre o que a lei determina, que é de 2%.
2. As mulheres representavam 58,9% dos estagiários e apenas 13,6% das executivas.
3. Os brancos ocupam 94,2% dos cargos executivos.
4. Os negros ocupam 4,7% dos cargos executivos.
5. Não foi encontrado nenhum executivo com origem indígena.

Estou convicto de que cada leitor será beneficiado com uma clareza ainda maior sobre a importância da inclusão e tenho grande orgulho do resultado incrível que foi construído pelos coautores e revisado pelo time da curadoria.

Antonio Muniz
Fundador da Jornada Colaborativa e JornadaCast

Sumário

PARTE I.
FATOS

PARTE II.
HISTÓRIA E CONTEXTO

PARTE III.
PESSOAS E SUAS PARTICULARIDADES

PARTE V.
CULTURA E *MINDSET*

PARTE VI.
PROCESSOS E FERRAMENTAS

PARTE I. FATOS

Por meio de dados iremos deixar explícita a relação entre a inclusão e os ecossistemas intra e extra organização.

1. O que os números mostram

Lucas Tito
Nathan Gerhard
Adriano Barros

Os assuntos diversidade e inclusão têm ganhado cada vez mais atenção das empresas, seja por verem valor e benefícios ou por serem obrigadas legalmente. O fato é que é preciso falar sobre esses temas.

Neste capítulo, pretende-se explicitar a relação entre diversidade e inclusão com tópicos como receita, fatia de mercado, segmentação, marketing, retenção de colaboradores e outros temas mensuráveis. Para isso, serão feitos questionamentos, levantamento de reflexões e serão respondidos os itens:

- ✓ Empresas possuem somente um público para seus produtos e serviços?
- ✓ Um público que não é o foco de uma empresa pode impactar seu negócio?
- ✓ Um público pode se mostrar mais rentável do que outro?
- ✓ Somente rentabilidade do público deve ser levada em conta para a estratégia de produto ou de serviço?
- ✓ A diversidade e as chamadas minorias possuem lugar na rentabilidade de uma empresa?
- ✓ As minorias são minorias econômicas ou são públicos rentáveis?
- ✓ A inclusão e o respeito às diversidades impactam na margem de lucro das empresas?
- ✓ O dinheiro movimentado por esses grupos minoritários realmente é irrelevante ou irrisório perto do dinheiro que um público dito "padrão", "normal", "ajustado", "comum" etc. movimenta?

Segundo um relatório de uso e receita do Spotify em 2020 (IQBAL, 2021), a ferramenta tem mais de 50 milhões de músicas em sua plataforma, sendo a mais significativa no mercado. Somente no primeiro trimestre, ele arrecadou 2 bilhões de dólares em receita e teve 286 milhões de usuários ativos em uma média mensal no mesmo período.

De acordo com Derek Haines (2021), existiam mais de 6 milhões de e-books na loja Kindle em 2018, com uma estimativa crescente de 1 milhão por ano em novas publicações.

Além disso, o Amazon Prime Reading possui uma seleção menor desses títulos, ainda na casa dos milhares, e o Audible possui uma coleção de mais de 200 mil *audiobooks*. Todo esse conteúdo é distribuído em diferentes formatos, categorias e gêneros. Note que os três produtos (Kindle, Amazon Prime Reading e Audible) possuem estratégias diferenciadas uns dos outros, investindo em diferentes públicos com diferentes formatos de negócio.

Com isso, observa-se que a diversidade de público-alvo desses diferentes negócios demandou investimentos na variabilidade de conteúdos ofertados, o que impacta na fidelização dos distintos perfis de clientes, na expansão de negócio, na consolidação e vantagem competitiva de mercado e na maximização dos lucros.

Até agora, foram fornecidos dois exemplos palpáveis de mercados extremamente reconhecidos e que se beneficiam da relação entre diversidade de público-alvo e variabilidade de conteúdo. Ainda é possível estender a lista para empresas de outros ramos, como telefonia, tecnologia, moda, cosméticos, alimentação, arte etc.

Nesse sentido, uma organização precisa entender que seu(s) produto(s), serviço(s) ou projeto(s) impacta(m) pessoas com diferentes perfis, sobretudo no mundo globalizado e conectado em que se vive atualmente. Essas características potencializam a diversidade, que antes já envolvia aspectos individuais de cada ser e agora também contempla questões culturais, sociais e econômicas.

Grande parte, senão toda parte, do sucesso das empresas está em focar em entregar valor para os clientes e tornar todo o público o mais feliz possível. Essa métrica tão humana (felicidade e satisfação) certamente se converte em receita e outras métricas de sucesso, sejam elas de eficiência ou eficácia.

De certa maneira, é viável afirmar que quando uma organização não possui foco no usuário, cliente, parceiro e em seus colaboradores, ela acaba por não aproveitar a diversidade de perfis, gostos e desejos, o que pode acarretar sua estagnação ou até mesmo sua falência.

Essa é uma premissa válida para muitos modelos de negócio, como, por exemplo, o *Business to Business* (B2B), *Business to Administration* (B2A), *Business to Consumer*

(B2C), *Consumer to Administration* (C2A), *Consumer to Consumer* (C2C) ou até mesmo na perspectiva de *Business to Employee* (B2E). Outros modelos podem se aproveitar dessa premissa e idealmente espera-se que o façam, mas não é o objetivo estender esse debate focando nos diferentes modelos de negócio, mas, sim, na relação entre diversidade e inclusão com os impactos no mercado. A Figura 1.1 apresenta uma cadeia de suprimentos que representa as relações entre seus integrantes, desde os fornecedores até o consumidor final:

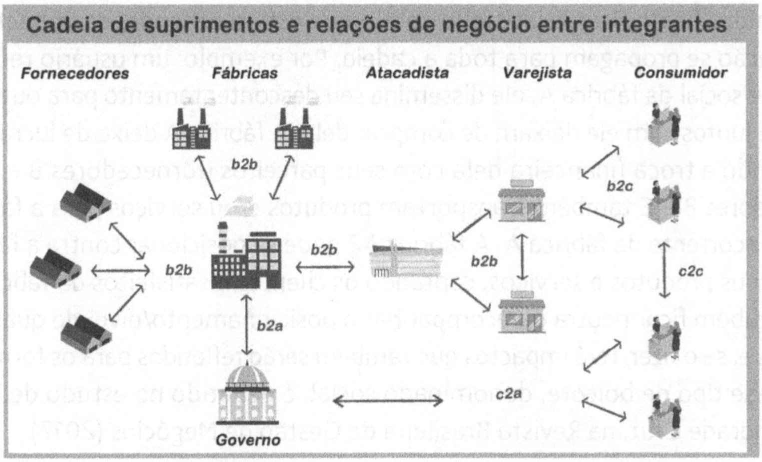

Figura 1.1. Cadeia de suprimentos e relações de negócio entre integrantes.
Fonte: adaptado de Delfmann; Albers; Gehring (2002).

A figura mostra a rede de uma cadeia de suprimentos avançada, em que seus integrantes possuem relação de dependência de materiais e de informações com integrantes de outras etapas da cadeia e com integrantes da mesma etapa da cadeia. Nessa cadeia de suprimentos existem diversos fornecedores que enviam matéria-prima para a fábrica processá-la e produzir suas mercadorias, estabelecendo uma relação B2B. Essa fábrica, por sua vez, vende e compra itens de outras fábricas para finalizar seus produtos, estabelecendo outra relação B2B. Além disso, essa fábrica possui relações com o governo, estabelecendo uma relação B2A, e transporta seus produtos acabados para o atacado, estabelecendo outra relação B2B. Esse atacado, por sua vez, distribui os mesmos produtos acabados para a rede varejista, estabelecendo outra relação B2B. A rede varejista, por sua vez, pode vender e comprar esses produtos acabados entre si, estabelecendo outra relação B2B. Além disso, a rede varejista vende esses produtos acabados para os consumidores finais, estabelecendo uma relação B2C. E, ainda, os consumidores finais podem possuir relações com o governo, estabelecendo uma relação C2A. Por fim, os próprios consumidores finais podem vender e comprar os mesmos produtos acabados entre si, estabelecendo uma relação C2C.

Vale observar que no caso do B2B pode parecer difícil sentir essa conexão, mas, na verdade, não é. Basta seguir a seguinte linha de raciocínio: a fábrica possui clientes que são outras fábricas. Para essas outras fábricas são ofertados produtos e/ou serviços que servem como insumo ou matéria-prima para a produção de novas mercadorias e/ou serviços que, por sua vez, chegarão ao consumidor final. Isto é chamado de cadeia de suprimentos.

Se a parte mais interessada dessa cadeia, que efetivamente faz o mercado girar (consumidor final), ficar insatisfeita com o que está recebendo, os impactos dessa insatisfação se propagam para toda a cadeia. Por exemplo: um usuário reclama em uma rede social da fábrica A, ele dissemina seu descontentamento para outros usuários, que juntos com ele deixam de comprar dela. A fábrica A deixa de lucrar e acaba diminuindo a troca financeira dela com seus parceiros (fornecedores B e C). Esses fornecedores B e C também transportam produtos e/ou serviços para a fábrica A2, que é concorrente da fábrica A. A fábrica A2 pode se posicionar contra a fábrica A e evoluir seus produtos e serviços, captando os clientes insatisfeitos da fábrica A. Ela pode também ficar neutra ou acompanhar o posicionamento/nível de qualidade da fábrica A e, se o fizer, terá impactos que também serão refletidos para os fornecedores B e C. Esse tipo de boicote, denominado social, é debatido no estudo de Breno de Paula Andrade Cruz, na Revista Brasileira de Gestão de Negócios (2017).

Dessa forma, é fundamental ficar atento às oportunidades de mercado que podem aparecer, bem como às ameaças. Ambos os aspectos surgem da segmentação do público-alvo de uma empresa. É fato que não é viável considerar toda uma população como público-alvo de uma empresa, mas uma segmentação errada ou um processo de *discovery* falho pode acarretar problemas já mencionados, e não se limitar a eles. É preciso entender que as minorias também são parte dos consumidores ativos e que precisam ser incluídos na criação das personas. Muitas empresas podem ignorar dados na hora de segmentar e de se planejar e, por isso, alguns dados devem ser explicitados.

Segundo dados da PNAD Contínua (INSTITUTO BRASILEIRO DE GEOGRAFIA E ESTATÍSTICA, 2019), em 2019 o número de mulheres no Brasil é superior ao de homens. A população brasileira é composta por 48,2% de homens e 51,8% de mulheres. Nessa mesma pesquisa, 42,7% dos brasileiros se declararam como brancos, 46,8% como pardos, 9,4% como pretos e 1,1% como amarelos ou indígenas. A população negra brasileira é a soma de pretos e pardos, totalizando então 56,2%.

Segundo o site de notícias Brasil de Fato (RAMOS, 2017), cerca de 10% da população brasileira se declara LGBT, porém esse número não é oficial, dado que instituições estatísticas, como o IBGE, não se preocupam com esse tipo de análise.

Segundo o censo de 2010 do IBGE, 45,6 milhões de pessoas possuíam algum tipo de dificuldade, seja ela física, visual, auditiva ou intelectual. Esse número representava 23,9% da população naquele ano. Uma releitura dessa pesquisa, feita pelo mesmo instituto em 2018, demonstrou que aproximadamente 12,7 milhões de pessoas (6,7% da população) possuem não só uma dificuldade como também uma deficiência.

No Brasil, 26,8% da população é obesa, enquanto 61,7% possuem sobrepeso. Esses dados foram retirados da agência de notícias do IBGE (INSTITUTO BRASILEIRO DE GEOGRAFIA E ESTATÍSTICA, 2020) e refletem a realidade até 2019.

Como foi discutido antes, as empresas possuem uma diversidade de público-alvo que impacta diretamente na variabilidade de produtos, serviços e processos ofertados ao mercado. Além disso, sabe-se que é impossível uma empresa atender a todos os públicos-alvo ao mesmo tempo, devido à limitação de recursos, principalmente em sua etapa de crescimento de negócio. Portanto, é necessário que a empresa priorize e foque em um público-alvo específico primeiro com o objetivo de conseguir uma boa margem de lucro, se estruturando no mercado aos poucos, para, posteriormente, se expandir para os demais públicos-alvo. Dessa forma, podemos levantar o seguinte questionamento: como uma empresa seleciona o público-alvo que pretende captar primeiro? A resposta é simples: métricas. A seguir, serão apresentadas algumas métricas interessantes (BENDLE et al, 2020), mas não se limite a elas.

1. **Número de visitantes:** o número de visitantes é definido pela quantidade de pessoas que entraram em contato com o produto, serviço e/ou processo. Ele é importante para medir a frequência de pessoas que se interessaram pelos itens oferecidos pela empresa. Idealmente, o que deve ser observado nessa métrica é uma constante alta no decorrer dos meses. Se isso não estiver acontecendo é porque o seu negócio não está produzindo material relevante para o seu público-alvo.
2. ***Leads* e taxa de conversão:** o objetivo de um maior número de visitas é a obtenção de mais *leads*. Os *leads* são aquelas pessoas que já ofereceram alguma informação pessoal, por exemplo, cadastro de identificação para ter acesso a algum material que sua empresa oferece, como e-book, *newsletter* etc. Essa métrica é muito importante para que você saiba quantas pessoas estão mais suscetíveis a fazer um negócio com a sua empresa. A proporção entre o número de visitantes e o número de *leads* é chamada de taxa de conversão.
3. **Número de vendas:** certamente esta é a métrica que mais importa, afinal, o objetivo é sempre converter os visitantes em clientes, ou seja, fazer com que

eles consumam os itens da empresa. Se o número de vendas da sua empresa não está coerente com o seu objetivo, atente-se à atuação do time de vendas: ele está agindo da melhor forma? A nutrição de *leads* está sendo feita adequadamente? Confira esses e outros aspectos que podem influenciar na sua taxa de conversão de vendas para garantir o sucesso dessa equipe.

4. **Retorno sobre o investimento (ROI):** o retorno sobre o investimento também é muito importante para a sua empresa. Com o ROI é possível saber se o valor investido traz vantagens à empresa. Para esse cálculo você vai precisar saber o valor inicial investido e o retorno do investimento. A fórmula do ROI é: (Receita obtida – Investimento inicial)/Investimento inicial.
5. **Custo por aquisição de cliente (CAC):** o custo por aquisição de cliente é uma métrica que apresenta o valor investido para conquistar cada novo consumidor para a sua empresa. Nesse caso, quanto menor for o valor, melhor o resultado. Você deve determinar um período de análise e, nesse tempo definido, dividir o total de investimento feito para a aquisição dos clientes pelo número dos novos clientes.
6. ***Ticket* médio:** o *ticket* médio está relacionado com a quantidade de dinheiro que cada cliente gasta em média por compra. Esse valor pode ser influenciado pela oferta de descontos, promoções de pontos de venda e até mesmo por recomendações pessoais pelo vendedor (venda/venda cruzada). Manter uma variedade de produtos e ter todas as suas versões e tamanhos disponíveis também contribui para atender à demanda dos consumidores e aumentar seu *ticket* médio.
7. **Taxa de retenção de clientes:** a retenção de clientes pode ser difícil de medir se o seu ciclo de compra for longo ou se o seu negócio girar em torno de vendas tipicamente únicas. No entanto, os serviços baseados em assinatura, as plataformas de *e-commerce* e a maioria das empresas convencionais pode medir a retenção de clientes. E elas assim o fazem, calculando a porcentagem de clientes que retorna à empresa para comprar de novo. Uma taxa de retenção de clientes baixa pode ser um sintoma de um produto ou serviço que não caiu no gosto do público, assim como ser um indicativo de falta de divulgação, entre outros fatores. A retenção também é importante para calcular o valor médio de um cliente.

Portanto, teoricamente, as empresas que buscam identificar seu público-alvo principal devem realizar estudos, visando maximizar os indicadores descritos e, assim, planejar seu investimento na comercialização de produtos e serviços, além de campanhas de marketing que sejam do interesse, atendam e fidelizem o público-alvo que apresentou os melhores resultados para os requisitos discutidos.

No entanto, é importante ressaltar que existem diversos fatores que devem ser levados em consideração para a seleção e priorização do público-alvo, além de não somente sua renda, como ocorre no pensamento de diversas organizações. Considerar somente essa variável pode levar as empresas a cometer um erro.

Na verdade, por meio da avaliação das métricas descritas, essas empresas poderiam descobrir que seu público-alvo principal é outro. Não necessariamente possuindo grandes condições financeiras, mas por serem em grande quantidade, terem alto interesse, retornarem com frequência e serem fiéis. Essas outras variáveis podem impactar na lucratividade a médio e longo prazo, mais do que os indivíduos que possuem uma renda maior, mas são em uma quantidade menor, possuem pouco interesse e buscam a empresa pontualmente e que têm mais possibilidades justamente por estarem dentro de um "padrão" e não serem de uma "minoria".

Para exemplificar, a Apple é uma das maiores empresas tecnológicas do mundo e possui um investimento considerável na inclusão de pessoas com deficiência. Por isso, esse público, em sua grande maioria, compra dispositivos da marca, sendo que estes são bem mais caros que seus concorrentes com Android. Da mesma forma, uma loja que vende roupas de qualidade e do tamanho *plus size* captura uma clientela fiel que dificilmente consegue encontrar o que deseja em outras marcas do mesmo setor. Os mercados de maquiagem, tatuagem e cosméticos são escassos para pessoas negras e, por isso, ganham destaque quando adquiridos por esse público.

Esses exemplos, no mínimo, instigam a pensar se o custo para adquirir um cliente de uma "minoria" é menor que os de uma "maioria", visto que o *ticket* médio deles pode ser maior, o retorno sobre o investimento é maior, o número de visitas é maior, a taxa de conversão é maior, o custo de retenção é menor e assim por diante.

Além disso, dando ênfase aos números relacionados à renda e ao poder de compra, que tende a ser o modelo mental mais usado na construção dos negócios, os dados a seguir podem ser observados:

De acordo com os dados do Movimento Black Money (MBM), negros consomem o equivalente a R$ 1,7 trilhão ao ano no Brasil (EFE, 2019).

Pesquisas recentes apontam que o público homossexual gasta 30% a mais do que os heterossexuais (PÚBLICO, 2013).

Só no Brasil, eles movimentam aproximadamente R$ 150 bilhões por ano e seu potencial de compra foi estimado em quase R$ 420 bilhões, ou cerca de 10% da riqueza produzida no país, segundo dados da consultoria norte-americana Out Leadership, de 2015 (LIMA, 2020).

Ainda que mulheres recebam menos que os homens, 37% dos lares brasileiros são chefiados por elas. À frente de famílias monoparentais, esse número sobe para 67%. Além disso, as mulheres estão ganhando mais espaço no mercado e diminuindo sua dependência dos homens. Segundo dados de 2016, do Boston Consulting Group, a representatividade da produção de riqueza por mulheres cresceu 25%. Dados da PWC consideram que, até 2025, 1 bilhão de mulheres a mais entrarão no mercado de trabalho. No microempreendedorismo, das pessoas que abrem um novo negócio por necessidade, 48% são mulheres. Esse dado é de um relatório do Global Entrepreneurship Monitor (REDATORES SANTA FÉ/FALOMI, 2019).

Um relatório produzido pela Accenture (s.d.), mostra que as pessoas com deficiência ao redor do mundo possuem uma renda disponível de US$ 8 trilhões. Só nos Estados Unidos, o valor chega a meio trilhão de dólares e no Brasil, segundo o IBGE, a R$ 5,2 bilhões de reais. De acordo com o Instituto Americano de Pesquisas (AIR), as estimativas são extremamente conservadoras, principalmente porque essas pessoas com deficiência são comumente beneficiadas por uma ampla rede que inclui comunidades, amigos e familiares. Logo, o número de envolvidos que consomem ou direcionam produtos e serviços para esse público mais que dobra (TORNIERO, 2019).

É importante ressaltar que quando falamos de pessoas com deficiência, os produtos consumidos são internacionais, visto que o mercado interno brasileiro produz e oferta poucos serviços para esse público. Por isso foram exemplificadas questões de acessibilidade, como é o caso dos produtos da Apple.

Ainda que a análise mercadológica seja fundamental, somente ela não basta para definir se uma empresa é ou não inclusiva e diversa. Precisamos analisar também o ambiente interno e os aspectos culturais da organização. Afinal, uma empresa é sustentada pela influência externa que pode causar e pelo equilíbrio interno que precisa manter, sendo este último consequência da relação companhia *versus* colaboradores.

Os dados apresentados a seguir foram obtidos por uma pesquisa *on-line*, conduzida pelo autor Adriano Barros, realizada entre os dias 03 de junho de 2020 e 15 de julho de 2020, disponibilizada no Instagram, Facebook e LinkedIn. 1.070 pessoas responderam, e, dessas, 979 respondentes foram considerados válidos. Esse processo de validação/invalidação de respostas seguiu um critério de conformidade entre respostas e o tipo de pergunta relacionada. Exemplo: na pergunta sobre com qual gênero o respondente se identificava, respostas como "com todas as pessoas" foram eliminadas por não representar um gênero específico e por não serem tratáveis como um dado de relevância estatística, visto que isso poderia significar diferentes respostas em uma única opção, o que iria enviesar a pesquisa.

Os gráficos demonstram a amostra, suas percepções e realidades. Dividimos a amostra em dois perfis distintos:

- ✓ Perfil "padrão": homens, heterossexuais e brancos.
- ✓ Perfil de "minorias": mulheres ou negros ou pessoas com deficiência ou LGBTQIA+ etc.

Os respondentes têm entre 18 e 70 anos, sem limitação por região, ou seja, pessoas de diferentes localidades do país participaram.

Na Figura 1.2 apresentamos a distribuição da amostra de pesquisa: 11,44% do perfil "padrão" e 88,56% do perfil "minoria".

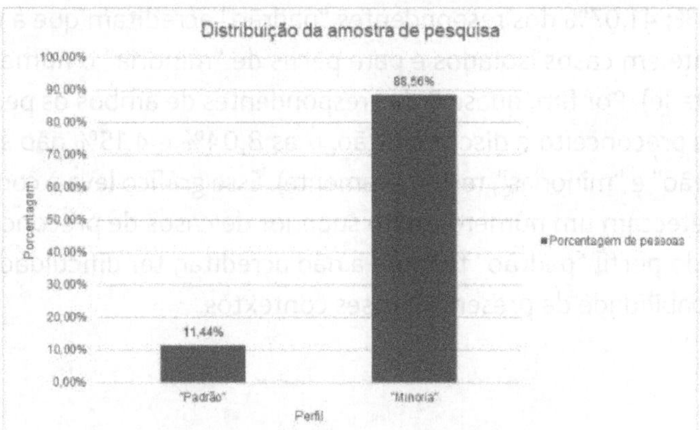

Figura 1.2. Pesquisa 01 padrão x minoria.
Fonte: elaborada pelo autor Adriano Barros.

Na Figura 1.3, frequência de discriminação no trabalho, a relação de pessoas do perfil "padrão" para o perfil de "minoria" que nunca sofreu preconceito é quase o triplo (35,71% x 12,34%). A relação entre os mesmos perfis, respectivamente, que sofreram pouco preconceito é próxima (41,07% x 30,10%), que sofreu algum preconceito é quase o triplo (16,96% x 40,83%), assim como a relação de sofrer muito ou sempre sofrer preconceito (5,36% x 14,76%) e (0,89% x 1,96%), respectivamente. A conclusão é que perfis "padrão" sofrem menos preconceito que uma pessoa do perfil de "minoria".

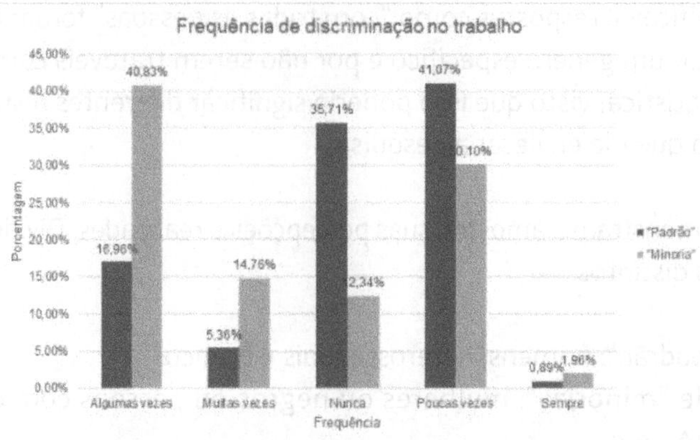

Figura 1.3. Frequência de discriminação no trabalho.
Fonte: elaborada pelo autor Adriano Barros.

Na Figura 1.4, sobre a frequência de discriminação no processo seletivo, 13,39% do perfil "padrão" acredita que sempre existe preconceito e discriminação, enquanto para as "minorias" o número sobe para 23,99% (quase o dobro); o perfil "padrão" acredita que há preconceito na maioria dos casos em uma proporção de 37,50% contra 50,29%; 41,07% dos respondentes "padrão" acreditam que a discriminação existe somente em casos isolados e para perfis de "minoria" o número desce para 20,88% (metade). Por fim, quase 0 dos respondentes de ambos os perfis acreditam que nunca há preconceito e discriminação, mas 8,04% e 4,15% não souberam responder ("padrão" e "minorias", respectivamente). Esse gráfico leva à conclusão de que "minorias" detectam um número muito superior de casos de preconceito à medida que pessoas do perfil "padrão" tendem a não acreditar, ter dificuldade de detectar ou baixa probabilidade de presenciar esses contextos.

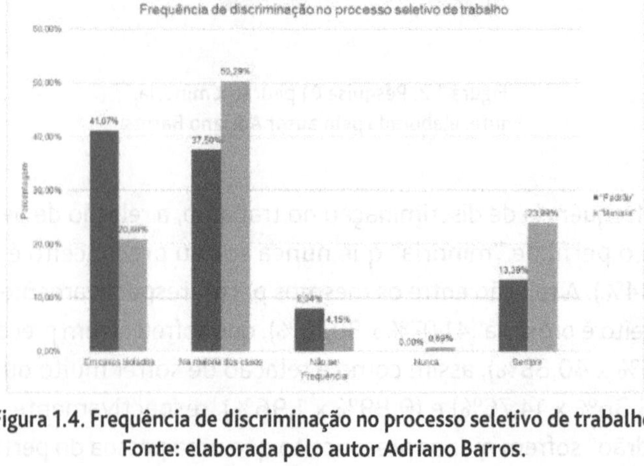

Figura 1.4. Frequência de discriminação no processo seletivo de trabalho.
Fonte: elaborada pelo autor Adriano Barros.

Na Figura 1.5, fica explícita a diferença entre percepção e realidade dos dois perfis. Foi chamada de percepção a capacidade de um perfil de responder se na opinião dele há ou não preconceito, enquanto realidade é a capacidade de presenciar e identificar situações onde o preconceito ou a discriminação estiveram presentes no ambiente de trabalho. Na perspectiva do perfil "padrão", 85,71% responderam sim, 8,04% responderam talvez e 6,25% responderam não, contra 88,12% para sim, 6,57% para talvez e 5,31% para não na perspectiva de um perfil de "minoria". Isso significa que os discursos de ver o preconceito no mundo e a discriminação é de certa maneira próxima. Ainda assim, os dados sobre a realidade trazem um ponto de vista diferente. Na realidade do perfil "padrão", 66,07% responderam sim, 20,54% responderam talvez e 13,39% responderam não; já no perfil de "minoria" 80,39% responderam sim, 11,30% responderam talvez e 8,30% responderam não. Essa última comparação evidencia que existe uma diferença entre o discurso e a prática e que a vivência é uma variável relevante para detectar situações de preconceito e discriminação.

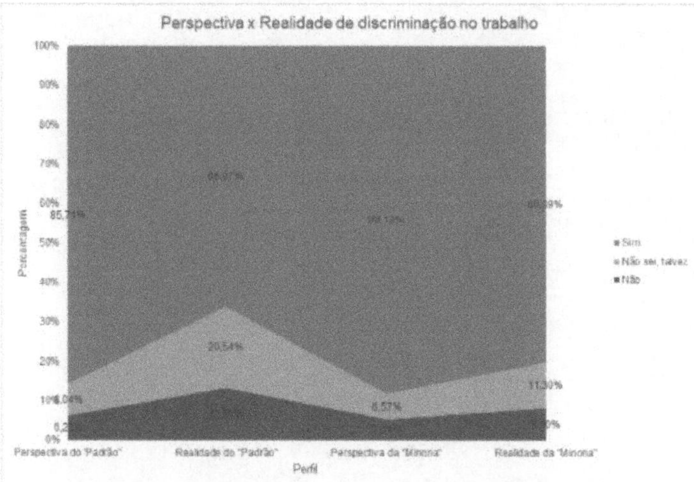

Figura 1.5. Perspectiva x realidade de discriminação no trabalho.
Fonte: elaborada pelo autor Adriano Barros.

Espera-se que os números apresentados durante o capítulo tenham sido suficientes para mostrar que diversidade e inclusão são temas importantes e que as empresas precisam atuar com mais ênfase. Essa atuação vai desde o desenvolvimento e a oferta de produtos e serviços até a criação de uma cultura corporativa com representatividade, ou seja, ter um conjunto de colaboradores, incluindo o time de executivos, tendo em sua composição pessoas diversas em questão de gênero, raça, orientação sexual e outras características, como deficiência de maneira expressiva – e, que sendo assim, essas pessoas possam exercer suas funções e ajudar a empresa a crescer. Acredita-se que essas atitudes terão um impacto positivo em várias frentes, incluindo lucratividade, a imagem da marca, o engajamento dos funcionários, dentre outros aspectos. No texto discorremos também sobre a diferença clara que existe entre perfis "padrão" e perfis "minoritários" em diferentes ambientes e o quanto essa diferença fica explícita entre discursos e práticas. Tendo isso em vista, nossa perspectiva para o futuro é a de que a temática ganhe cada vez mais foco e que atitudes sejam tomadas para que o cenário mude a favor da inclusão e da diversidade.

PARTE II.
HISTÓRIA E CONTEXTO

Deixaremos explícitas as relações históricas dos grupos sociais, como eles eram tratados mediante contextos, o impacto disso nos dias atuais e os efeitos sociais e culturais dessas práticas. Dessa forma, fundamentaremos a construção de um ambiente melhor do que temos, levando em conta essa bagagem histórica.

2. Estigma

Jucilene Braga Rodrigues

O que é estigma?

Do grego *stígma*, pelo latim *stigma*. De acordo com os dicionários, podemos encontrar alguns significados dessa palavra. Substantivo masculino: estigma é ocasionado por alguma marca natural no corpo, sinal ou cicatriz entre outros significados. Encontramos ainda alguns sinônimos como: sinal, mancha, marca desonrosa etc. Podemos observar que o seu significado e seus sinônimos remetem a questões desagradáveis.

Quando falamos de estigma social, podemos dizer também que estigma é uma forte desaprovação de características ou crenças pessoais que vão contra normas culturais. Estigmas sociais frequentemente levam, em um sentido contemporâneo, à marginalização.

Carlos Bacila, autor do livro "Criminologia e Estigmas: um estudo sobre os preconceitos" (2015), discorre em seus estudos sobre a origem histórica dos preconceitos. Bacila equipara os estigmas, no aspecto subjetivo, às metarregras (regras práticas de rua), que o autor denomina de "metarregras negativas", porque não possuem fundamento racional. O estigma causa desagregação social e prejuízos para pessoas e comunidades.

Segundo Erving Goffman (1988), os estigmas podem se apresentar de três maneiras:

1. Deformações físicas (deficiências motoras, auditivas, visuais, desfigurações do rosto etc.).
2. Características e alguns desvios de comportamento (distúrbios mentais, vícios, toxicodependências, sexualidade, reclusão prisional etc.).
3. Estigmas tribais (relacionados com a pertença a uma raça, nação ou religião).

Embora as características sociais específicas que se tornaram estigmatizadas possam variar através do tempo, as três formas básicas de estigma (deformidade física, características pessoais e status tribal desviante) são encontradas na maioria das culturas e épocas, levando alguns psicólogos a teorizar que a tendência para estigmatizar possa ter raízes evolucionárias.

Há também estigmas de comportamento que definem e limitam aspectos da vida cotidiana. A cor rosa apenas para mulheres e futebol somente como esporte de homens, por exemplo, são estigmas. Outro exemplo: roupas largas são para homens e roupas justas para mulheres. Pessoas que não seguem essas normas podem ser consideradas homossexuais ou fora do padrão.

Qual mulher não cresceu ouvindo que deveria se casar e ter filhos quando adulta? Talvez isso atualmente não ocorra com tanta frequência, mas a realidade é que essa é uma crença que ainda permeia em determinadas sociedades. Desde pequena, a menina ganha bonecas para fingir ser mãe e brinquedos relacionados a utensílios domésticos para simular a sua vida de dona de casa. Hoje, porém, já encontramos brinquedos como *notebooks*, caixa registradora etc. que dão a ideia de que as mulheres podem atuar fora de casa.

Outra coisa que me lembro de quando era criança é de ouvir que meninas só podem brincar com meninas e meninos com meninos. Caso algum menino se infiltrasse no meio de um grupo de meninas, ele já era olhado de maneira desconfiada, pois o seu comportamento demonstrava que a sua orientação sexual poderia ser duvidosa.

Por mais que essas e outras atitudes tenham pertencido com mais força a um passado não tão distante assim, percebemos que ainda hoje deparamos com pessoas que pensam da maneira antiga.

Uma pessoa com deficiência, quando está nas ruas, ainda é observada de diversas maneiras. Um cego com sua bengala parece tão vulnerável ao descer uma escada que é inimaginável que o mesmo indivíduo tenha feito um salto de paraquedas na semana anterior.

A todo momento recebemos rótulos e colocamos também. Ignoramos a realidade com a ideia de que tudo o que sabemos nos basta para definir algo ou alguém. Claro que isso em sua grande maioria é feito de maneira inconsciente, porque muitas de nossas atitudes fazem parte do que aprendemos ao longo da vida e do meio onde vivemos.

Quem nunca se pegou surpreso por uma desconstrução de rótulo?

Quando estamos abertos ao conhecimento e a novas ideias, conseguimos compreender e mudar o campo de visão para que os mitos sejam desvendados e os rótulos rasgados.

Citei o que ocorre no social; mas e no mundo corporativo?

Será que as vagas deixam de ser preenchidas simplesmente porque a cabeça pensante de um selecionador ou ainda de um gestor limitou a contratação de um profissional só porque ele é considerado diferente?

Ao longo dos anos muitas evoluções aconteceram, porém ainda temos muito o que conquistar e espaços a ocupar.

Retomando a situação das mulheres, observamos que em um tempo não tão distante tivemos a geração que vivia somente para o lar, marido e filhos. Hoje encontramos muitas profissionais ocupando cargos elevados, coisa inimaginável até pouco tempo atrás.

De acordo com a página da UNICESUMAR (2019) (universidade presente em vários estados brasileiros), foi a partir do desenvolvimento da indústria que as coisas começaram a mudar um pouco. As mulheres também passaram a trabalhar nas indústrias, que precisavam de mão de obra. Como recebiam salários mais baixos, o setor industrial começou a priorizar o trabalho feminino. Embora elas tivessem começado a trabalhar fora, os maridos continuavam sendo os principais provedores por receberem mais. Assim, ao mesmo tempo em que os empregos nas indústrias contribuíram para inserir as mulheres no mercado de trabalho, eles reforçaram a desigualdade por meio da diferença de salários.

Foi a partir da década de 1970 que elas começaram realmente a ocupar outros espaços fora do lar. Isso porque passaram a exercer funções consideradas um pouco mais relevantes pela sociedade, como de costureiras, professoras ou funcionárias do comércio. Essa mudança tem a ver com o próprio contexto histórico da época, em que vários movimentos passaram a ir às ruas para exigir os seus direitos.

Importante dizer que, mesmo com todas essas conquistas, ainda deparamos com gestores que deixam de contratar esse público, porque ser mulher significa que ela será mãe e prejudicará o rendimento de sua equipe. Será que isso é realmente um motivo? Proponho a reflexão para você, leitor, que pretende mudar essa realidade.

Se por um lado vemos a situação das mulheres, por outro lado temos o público de pessoas com deficiência. É fato que houve muitas conquistas, mas ainda esbarramos com muitos mitos que rondam as cabeças dos empresários.

É importante se colocar no lugar do outro, desde que essa condição não seja tomar decisão por esse candidato.

Você já se pegou pensando em como contratar uma pessoa com uma deficiência mais severa? Ou você é do tipo que só faz contratações de profissionais que não necessitam de adaptações?

Infelizmente ainda encontramos tais resistências e preferências de gestores que deixam de considerar uma conversa com o candidato como oportunidade de conhecer e compreender quais são de fato as suas limitações, para a partir daí serem feitas as tomadas de decisões. Pensar pelo outro não contribui em nada para a mudança dessa realidade. Colocar rótulos antes de se informar inibe as chances de conhecermos os potenciais e a oportunidade de transformar as ideias.

E assim pensando, vamos encontrar empresas que contratam somente surdos para o seu departamento de produção, assim como telemarketing para cegos, pois estes falam muito bem.

Não quer dizer que essas pessoas não desempenhem as funções de maneira exemplar, mas é importante recrutar por competência e não pelo tipo de deficiência. Um surdo pode sim trabalhar em um chão de fábrica, mas também poderá ser um ótimo designer ou qualquer outra função que não dependa exclusivamente da sua audição.

Um cego poderá trabalhar em uma área de telemarketing, mas também poderá desempenhar um bom papel em áreas como a jurídica e a administrativa, entre outras, desde que tenha as condições adequadas para trabalhar.

Citei a surdez e a cegueira, porém vale para qualquer tipo de deficiência, pois tudo dependerá da comunicação. Você precisará conhecer o seu candidato e a partir daí juntos traçarão a melhor estratégia para o sucesso de ambos.

Com todos esses contextos históricos apresentados, observe que muitas evoluções ocorreram ao longo das décadas. Hoje o cenário, felizmente, é bem diferente do que tínhamos antes.

Apesar dessas evoluções, não podemos parar. Precisamos manter a constância para que muitas atitudes negativas sejam impedidas. Não há mal algum em não conhecer determinado assunto, mas quando a mente é fechada para o conhecimento, podemos dizer que encontramos comportamentos negativos frente às diferenças. Pessoas perdem a oportunidade de contribuir com o que sabem, enquanto outras também perdem a chance de crescer enquanto pessoas.

Passamos a compreender com o tempo que o melhor caminho não é colocar rótulos simplesmente porque aquele determinado grupo não corresponde com o que eu aprendi e/ou acredito ser o correto. Cada pessoa é única. Respeito e tolerância precisam ser primordiais para entender as diferenças. Quando esses dois valores começarem a fazer parte, com mais frequência, dos nossos ambientes, certamente teremos mais práticas inclusivas e atitudes positivas.

Saber se colocar no lugar do outro praticando a empatia não é um favor, mas um ato de humanidade.

3. Impacto dos vieses cognitivos na inclusão

Janaina Nolasco Gama
Natasha Gabrieli

Se por um instante pararmos para refletir sobre alguns momentos da nossa história em que sofremos, presenciamos ou até mesmo julgamos alguém por alguma característica, escolha, experiência, relacionamento, profissão e tantos outros motivos, certamente eles não caberiam em apenas um capítulo deste livro. Acontece que todos nós, seres humanos, nascemos biologicamente programados para fazermos julgamentos. Essa habilidade faz parte de todo um sistema desenvolvido em nosso organismo para garantir a preservação da nossa espécie.

A autopreservação não é exclusiva dos humanos, todos os animais de alguma forma expressam esse instinto, que é movido essencialmente pelo medo, pela dor e pela potencial ameaça à vida. Em nosso caso, além de aprendermos que não devemos ficar perto de um leão ou brincar com fogo, nascemos com a capacidade de classificar e julgar pessoas, situações, lugares etc. Somado a isso, passamos por nossa construção psicossocial e cultural, onde aprendemos valores que definem o que é certo ou errado, bom ou mau, feminino ou masculino etc. Esse juízo de valor que aprendemos gera o que conhecemos por estereótipo. O dicionário define estereótipo como: padrão estabelecido pelo senso comum e baseado na ausência de conhecimento sobre o assunto em questão, ou seja, um julgamento que fazemos de algo ou alguém a partir de um conhecimento pré-adquirido em nossa construção como ser.

Outro ponto importante de destacarmos é que o nosso cérebro é o órgão que mais consome energia para seu funcionamento – isso representa aproximadamente 20% de todo o gasto energético diário. E para garantir que ele sempre terá energia o suficiente para nos manter em pleno funcionamento, é ao mesmo tempo o órgão mais econômico que temos em nosso sistema.

Para que nosso cérebro suporte todo esse gasto energético sem perder a qualidade de raciocínio, ele se organiza de maneira que facilite uma rápida resposta às situações do cotidiano. Ao depararmos com uma situação, nosso cérebro fará um julgamento em apenas 1/20 de segundo para responder se você está em uma situação de perigo. E essa velocidade só é possível por classificar essas situações no que chamamos de "vieses cognitivos". Segundo a psicóloga e especialista em neurociências Inês Cozzo (2018): "o **viés cognitivo ou inconsciente** é um conjunto de estereótipos sociais, sutis e acidentais que todas as pessoas mantêm sobre diferentes grupos de pessoas. É o olhar automático para responder a situações e contextos para os quais você é treinado culturalmente, como uma programação do cérebro".

Dessa maneira, achamos que ocupamos o topo da pirâmide dos seres vivos, agindo de forma racional e objetiva, quando, na verdade, nossas decisões são muitas vezes enviesadas de tal forma que nem nos damos conta. Nosso cérebro, portanto, prega algumas pegadinhas. Lembremos que percebemos cerca de 11 milhões de *bits* de informação por segundo, mas processamos apenas de 16 a 50 *bits* por segundo.

Eis um teste: "Pai e filho sofrem um acidente terrível de carro. Alguém chama a ambulância, mas o pai não resiste e morre no local. O filho é socorrido e levado ao hospital às pressas. Ao chegar no hospital, a pessoa mais competente do centro cirúrgico vê o menino e diz: 'não posso operar esse menino! Ele é meu filho!'." Encontre a resposta no final deste capítulo.

Sendo os vieses inconscientes atalhos para nosso cérebro economizar energia, o mecanismo de pensamento é muito rápido. Daniel Kahneman (2012), ganhador de um prêmio Nobel em Economia, e Amos Tversky adotaram a nomenclatura de dois sistemas com os quais nosso cérebro trabalha: Sistema 1 e Sistema 2. Esses termos foram criados, originalmente, pelos psicólogos Keith Stanovich e Richard Wets. O primeiro é rápido; com ele reagimos, simplificamos e julgamos. E isso acontece em uma parte que herdamos dos tempos primitivos, em que precisávamos fugir rapidamente dos perigos que podiam custar nossas vidas.

> *O Sistema 1 fornece as impressões que muitas vezes se transformam em suas crenças, e é a fonte dos impulsos que muitas vezes se tornam suas escolhas e suas ações. Ele oferece uma interpretação tácita do que acontece com você e em torno de você, ligando o presente com o passado recente e com expectativas sobre o futuro próximo. Contém o modelo do mundo que avalia instantaneamente os eventos como normais ou surpreendentes. É a fonte de seus julgamentos intuitivos rápidos e muitas vezes precisos. E faz a maior parte disso sem que você tenha conhecimento consciente das atividades dele. (KAHNEMAN, 2012, p. 76 e 77)*

São nessas estruturas cerebrais que se formam os vieses inconscientes, mecanismos de defesa que herdamos do período ancestral. Já o Sistema 2, fruto do processo evolutivo, é gerenciado pelo córtex frontal, cujo desenvolvimento termina no início da vida adulta.

O Sistema 2 surge com a evolução da espécie humana: com ele, avaliamos, ponderamos e analisamos. Entretanto, esse é um sistema muito lento e que gasta mais energia, por isso não é acionado pelo cérebro sempre. Inclusive a Universidade de Harvard criou um teste para que possamos avaliar como reagimos a determinados grupos de pessoas. Convidamos você a verificar como seu Sistema 1 reage no site: <https://implicit.harvard.edu/implicit/takeatest.html>.

Voltando ao Sistema 1, ele é definido por Kahneman como uma "máquina de tirar conclusões precipitadas", é crédulo e propenso a acreditar; já o Sistema 2 fica com a responsabilidade de duvidar. Há mais de 140 tipos de vieses, então analisemos alguns deles que acontecem no Sistema 1. O Sistema 1 caracteriza-se pela representação de categorias como normas, mantendo, em nossa memória, um ou dois exemplos de membros "normais" dessas categorias. Segundo o autor, as representações das categorias sociais são os estereótipos.

O viés confirmatório do Sistema 1, ao contrário da ciência, que estimula a testagem de hipóteses antes de serem descartadas, faz com que nós busquemos informações que se mostrem compatíveis com as crenças que possuímos. E aceitamos sem criticar, ainda que seja algo improvável.

Atualmente, vemos a proliferação e o alcance de notícias falsas sendo divulgadas em sites e mensagens de WhatsApp. Por isso, a importância de checarmos as fontes das informações que recebemos e diversificarmos as fontes de conhecimento, lendo outros autores e tipos de revistas e jornais.

E as organizações também são atingidas por essa proliferação de notícias falsas. Para não alarmar sua equipe, antes de repassar notícias, artigos ou qualquer outro tipo de conteúdo, verifique a fonte e cheque os fatos. Essas dicas também servem para as notícias espalhadas pelos corredores da empresa: informações inverídicas podem gerar ambientes tóxicos, contaminar colaboradores, além de prejudicar o clima organizacional.

Outro tipo de viés é o de afinidade, que contraria o ditado popular de que "os opostos se atraem". O Sistema 1 faz com que nos aproximemos de quem se parece conosco. Reduzir o impacto do viés é fundamental para a consolidação de um ambiente organizacional diverso. Vejamos: sabemos o quanto não basta ele ser diverso, é preciso haver a inclusão dos diferentes grupos de pessoas, de forma que ocupem todos os espaços e cargos das organizações. E o quanto a integração das pessoas é relevante para potencializarmos esse processo inclusivo, desde que estimulemos colaboradores a conhecer pessoas com as quais eles menos se relacionam no dia a dia corporativo.

Outro tipo de viés é o efeito halo, nossa tendência de gostar ou desgostar de tudo o que se refere a uma pessoa, mesmo não conhecendo-a totalmente. Precisamos tomar muito cuidado com ele nos processos de seleção e promoção de pessoas nas empresas. Isso pode levar à contratação de apenas um determinado perfil pela equipe de recursos humanos. Exemplo: Maria está buscando pessoas para uma vaga de gerente de vendas. Em uma das entrevistas, bastou o candidato mencionar que havia se formado na Universidade de São Paulo que ela automaticamente passou a simpatizar com ele, porque também havia concluído os estudos lá. E Maria só focou nos pontos positivos do currículo dele. Já outra candidata, formada em outra faculdade, não mereceu uma avaliação tão atenciosa.

Outro viés com o qual precisamos tomar muito cuidado durante o processo de seleção de pessoas é o de percepção. Ele que surge da característica do Sistema 1 de formar estereótipos. Dessa maneira, tendemos a formar percepções de uma pessoa sem qualquer tipo de análise crítica ou qualquer informação prévia. Então, novamente, Maria está diante da mesma vaga de gerente de vendas e surge, na sala, uma mulher totalmente tatuada. O Sistema 1 dela reage rapidamente e surgem informações que ela obteve ao longo da vida: "ela não vai servir para essa vaga, tem que viajar toda semana... deve ter criança em casa" ou "caramba, toda tatuada... deve ser uma pessoa agressiva... como vai se apresentar desse jeito para os clientes?".

Vejamos, portanto, o quão é relevante as equipes responsáveis pela seleção de pessoas reconhecerem seus vieses e estarem atentas a essas situações, que podem prejudicar a inclusão de pessoas de perfis e características diferentes nas organizações. Muitas organizações têm investido em processos seletivos às cegas. Dessa maneira, são retiradas informações que possam identificar a pessoa, tais como sexo, identidade de gênero, orientação sexual etc.

Estendemos aqui a importância da conscientização sobre vieses também para os processos de progressão na carreira. Uma questão que precisa estar presente: qual perfil está sempre sendo promovido? Isso vai fazer com que essas diferenças rompam os tetos de vidro ou até mesmo de aço que impedem um perfil de ocupar níveis mais altos. Então, algumas corporações investem em processos de promoção na carreira com critérios mais transparentes ou até mesmo que incluam autoavaliação.

E temos o viés efeito de grupo, no qual nos esforçamos para sermos inseridos nele, seja imitando comportamentos ou opiniões de seus membros. No famoso ditado popular, seria a Maria ou o João que vai com as outras ou outros. Mais uma vez, precisamos prestar atenção em nosso comportamento no ambiente organizacional e o quanto ele pode estar excluindo pessoas. Esse viés também reforça a noção de "nós contra os outros", o que acaba por vezes fomentando ambientes hostis e gerando segregações nas equipes, em vez de integração dos colaboradores.

Vimos que os vieses são inatos à natureza humana, já que por eles o Sistema 1 poupa a energia do cérebro e reage rapidamente. Então, o primeiro passo é reconhecermos que nós, assim como todas as demais pessoas, possuímos vieses inconscientes e tomamos decisões nem sempre de forma ponderada e reflexiva. E tentar processar toda informação que chega pelo Sistema 1 para o Sistema 2 geraria um desgaste energético muito grande, e não tomaríamos mais nenhuma decisão de forma mais rápida.

Entretanto, devemos nos preocupar com as decisões rápidas a respeito das pessoas, já que as informações que temos são, em geral, a partir de estereótipos, estigmas, atitudes e opiniões que formamos de certos grupos sociais. Segundo uma pesquisa feita com os resultados do Teste Implícito de Harvard, dentre as pessoas respondentes, 76% relacionam os homens à carreira e as mulheres à família. (PROJECT IMPLICIT, 2011).

Importante lembrar que os estereótipos se formam a partir de informações que vamos obtendo – e sendo reforçadas – ao longo de nossas vidas, nas interações com a família, nas escolas, pelas mídias, produções literárias e cinematográficas. Quando as pessoas respondentes associam as mulheres à família, elas estão buscando em sua memória tudo o que aprenderam sobre essa categoria.

Dessa maneira, desde a infância, é ratificada essa ideia: as meninas são presenteadas com bonecas, panelinhas e aparelhos de chá, sendo, desde muito cedo, estimuladas a lidar com as tarefas de cuidado (de bebê e de casa). Nas escolas, quando há festas, são elas que levam docinhos ou salgados, e os meninos ficam com as bebidas. E, na fase adulta, continuam com a mesma tarefa quando acontecem os cafés de equipe.

Nos comerciais de produtos de limpeza e de cuidados com crianças, elas são as protagonistas. Não nos surpreende que, segundo dados da pesquisa "Vieses inconscientes, equidade de gênero e o mundo corporativo" (PWC; INSPER; MOVIMENTO MULHER 360; ONU MULHERES, 2016), dentre presidentes de 532 empresas, apenas 13% são mulheres, sendo 1% negras. Isso porque ainda é bastante naturalizada a noção de que a mulher possui mais aptidões para as tarefas domésticas do que os homens.

O psicólogo Joseph LeDoux (ROSS, 2020) afirma que o viés é um "detector de perigo inconsciente", que determina nossa segurança diante de uma pessoa ou de uma situação, antes mesmo de fazer esse processamento de forma cognitiva. Como colocamos no início deste capítulo, é nosso instinto de preservação, herdado dos tempos primitivos, fazendo com que decidamos quem faz parte de nosso grupo e quem não faz. E isso é muito importante para nos relacionarmos em um mundo tão complexo e de tantos estímulos.

Apesar de os vieses inconscientes serem algo inerentemente humano, eles são extremamente prejudiciais à sociedade, na medida em que nos leva a discriminar muitas pessoas. O que podemos fazer? O primeiro passo é reconhecermos a existência deles; isso fará com que tenhamos escolhas mais conscientes quando nos relacionarmos com pessoas.

Outra dica importante é questionarmos a primeira impressão que temos assim que conhecemos a pessoa. E conhecer pessoas que sejam diferentes de nós, ampliar nosso círculo de amizades. Frequentar lugares diversos dos quais costumamos ir, ler outros autores, ouvir outros tipos de música ou experimentar novos pratos. Resumindo: fugir de nossa confortável bolha e explorarmos novas experiências.

O cérebro "pensa" que está nos ajudando, mas na verdade acaba por nos afastar das pessoas que consideramos diferentes de nós. E daí a importância da diversidade inclusiva: quando nos damos a chance de nos aproximarmos de quem nos parece diferente, percebemos o quanto somos semelhantes, afinal somos todos seres humanos, com medos, expectativas, sonhos e frustrações. E assim reconhecemos, nas outras pessoas, a humanidade que existe em nós.

Conscientes de nossos vieses, podemos melhorar os processos organizacionais que envolvem gestão de pessoas, além de reduzirmos a possibilidade de termos ambientes tóxicos e sem integração. Não nos tornamos apenas seres humanos mais empáticos, mas também humanizamos as organizações, tornando-as mais inclusivas de fato.

Ah! Voltando ao teste sobre o acidente com pai e filho. Já conseguiu desvendar a resposta? Bom, a mãe do menino é a cirurgiã! Mas apostamos que você pensou em outras possibilidades, como o menino ter dois pais ou até mesmo respostas paranormais, mas não cogitou a possibilidade de uma mulher ocupar um cargo importante no hospital.

4. Estruturas não se rompem facilmente

Marianna Mendes da Costa
Raphael Donaire Albino

Dialogar sobre o racismo: importância fundamental

É de suma importância que todos entendam quão fundamental é não ter/reproduzir comportamentos de opressão e preconceito na sociedade, e sim disseminar a inclusão de todas as pessoas e o respeito à diversidade na sociedade em quaisquer ambientes de interação social.

Parte daí uma necessidade de se aprofundar acerca do tema racismo; é preciso buscar entender o cerne da questão, pois ainda assim é pouco debatido e precisamos versar sobre ele.

Resgatar os marcos e fatos históricos auxilia na análise a ser feita diante de um país com cultura escravista e que ainda hoje vivencia uma realidade marcada diretamente pela desigualdade e opressão racial.

A questão racial pode ser considerada um desses desafios, pois está ligada diretamente à formação do Brasil como país que foi colonizado e que ainda carrega traços e marcas dessa colonização.

Corpos negros foram violados e violentados em diversos âmbitos e aspectos, a partir de um sistema de poder, opressão e hierarquia. Essas características ainda são latentes no cotidiano da população negra.

Corpos das mulheres negras foram violentados e renegados em todo o processo de colonização e barbárie. Para essas mulheres, o trabalho sempre foi forçado e a mercadoria era seu próprio ser.

Se somos mulheres de diversos tipos, sofremos violências de diversos tipos. Por isso existem os recortes de gênero, classe e raça/etnia, que são eixos estruturantes da sociedade, como afirma Saffioti (1999).

Debater e conhecer a história do povo negro é compreender o processo de racismo como fator estruturante e estruturador da sociedade capitalista.

O apagamento da história dessas mulheres que sempre foram renegadas, excluídas e discriminadas é a própria violência simbólica. Mulheres estas que são maioria das usuárias dos programas de assistência e das políticas públicas.

As mulheres negras resistiram durante toda a história de formação, seja na era do escravismo com atos de resistência como os abortos propositais para que seus filhos não fossem escravizados, seja na contemporaneidade com o surgimento do movimento de mulheres negras e o feminismo negro.

A tentativa de embranquecimento da sociedade brasileira não apenas se deu como política de governo como permanece vigente até hoje. Talvez esse fator torne mais difícil a existência de espaços e discussões sobre as relações étnico-raciais.

O mito da democracia racial, conforme aponta Nascimento (2016), é uma face perversa da discriminação racial, pois se cria a falácia de que no Brasil não existe racismo e a partir disso não é preciso debatê-lo.

A miscigenação muitas vezes é utilizada como justificativa de que o racismo realmente não existe, mas é a própria marca da violência que os colonizadores brancos impuseram nos corpos das mulheres negras que foram escravizadas.

É fundamental analisar a questão racial conectada e interligada à questão de gênero, pois dentro de uma sociedade machista e patriarcal, as mulheres são oprimidas e violentadas.

Na sociedade capitalista, para além da superexploração, o mercado de trabalho se mostra seletivo e reproduz as discriminações: raciais, de gênero e de classe. Os espaços e cargos de ocupação das pessoas negras continuam sendo inferiores e com menor remuneração. A mulher negra ocupa o último lugar em uma escala da média salarial e o homem branco, o primeiro lugar.

> *Quando falamos em garantir as mesmas oportunidades para homens e mulheres no mercado de trabalho, estamos garantindo emprego para que tipo de mulher? Fazemos parte de um contingente de mulheres para as quais os anúncios de emprego destacam a frase: "exige-se boa aparência" (CARNEIRO, 2011).*

Esse trecho apresenta como essas mulheres nunca tiveram espaço em nada e como a igualdade e a democracia racial se caracterizam, de fato, como um mito.

Na recuperação histórica, as mulheres brasileiras não tinham o direito ao voto e nem mesmo podiam estudar, conquista esta realizada depois de muita luta. Entretanto, ainda que a proibição se referisse às mulheres de modo geral, as lutas feministas encampadas no começo do século XX não expressavam nem abarcavam as mulheres negras nem as que foram escravizadas.

> *As mulheres brancas que dominam o discurso feminista – as quais, na maior parte, fazem e formulam a teoria feminista – têm pouca ou nenhuma compreensão da supremacia branca como estratégia, do impacto psicológico da classe, de sua condição política dentro de um Estado racista, sexista e capitalista (HOOKS, 2015, p. 196).*

Debater as discriminações contra as mulheres negras em seus espaços de vida, o que inclui seu espaço de trabalho, é importante para a construção de um projeto de combate às opressões e a toda forma de violação de direito. É fundamental para construir formas de enfrentamento do racismo.

Como coloca Davis (ALVES, 2017), não basta não ser racista, precisamos ser antirracistas. É importante garantir espaços seguros e de equidade, com possibilidades de incluir todas as pessoas.

Não seria interessante incluir aqui algumas dicas para ajudar as pessoas a evitar o racismo, quando nem percebem que podem ferir os outros?

Uma reflexão preta é o que te peço

É preciso conhecer o significado de ser uma pessoa negra no Brasil. Negar a existência de uma estrutura que embranquece a sociedade é não empatizar com uma cultura que foi sistematicamente retirada da história do país e que luta para se conservar.

Ser uma pessoa negra no Brasil é ter menos oportunidades, mesmo sendo a maioria da população. É ser a exceção em espaços de destaque por falta de acesso. É não se sentir querida porque o branco é o belo. É ser tachado de mau elemento por simplesmente andar na rua. É se contentar com a sobrevivência porque sonhar é perder tempo. É se alegrar com a migalha porque o banquete só está disponível para o núcleo branco que está no comando. É ter a autoestima baixa porque desde sempre ser uma pessoa negra é sinônimo de preguiça, malandragem e incapacidade. É ser forçado a acreditar em um discurso de igualdade mesmo vivendo em uma nação onde quem é preto ganha menos do que quem é branco (MATIJASCIC; SILVA, 2014).

Bem, se você não acredita que seja necessário discutir sobre a raça preta no Brasil, talvez esta reflexão seja para você.

No mês de novembro, por ser o mês da consciência negra, geralmente escutamos a seguinte fala: "eu não sou a favor de existir um dia da consciência negra. No fundo, precisamos de um dia da consciência do ser humano, afinal de contas, somos seres iguais que merecem ser respeitados".

Pois bem, já diria Orwell (1945), todos os bichos são iguais, mas existem bichos que são mais parecidos que os outros. É preciso admitir que um discurso de universalização é uma forma de mascarar a repressão sofrida por quem é negro no Brasil.

A comunidade negra padeceu por três séculos em um sistema escravocrata que apagou seu passado, demonizou sua religião, tirou seus direitos e lhe tratou como uma mercadoria carente de vontades próprias.

Quando libertas, as pessoas negras foram marginalizadas, uma estratégia de embranquecer o Brasil com as colônias europeias e asiáticas. Por falta de acesso ao capital, negras e negros limitaram-se a uma camada social e década após década lutam diariamente para subsistir.

Famílias foram desmanteladas entre o trajeto África-Brasil e parte das pessoas que adoeciam foi descartada no mar. Já em solos brasileiros, as pessoas morriam de fome, por tortura ou por desgosto ao serem obrigadas a trabalhar sem ganhar dinheiro algum.

Trazendo para os dias atuais, de cada 100 pessoas mortas em nosso país, 71 destas são negras (CERQUEIRA et al, 2017); em outras palavras, as pessoas negras representam a cor que atrai a bala de quem deveria protegê-las.

No mercado de trabalho, pessoas negras são a minoria no alto escalão e quando possuem acesso à "casa grande" correm o sério risco de precisarem embranquecer para se sentirem aceitas (JAIME, 2016).

No mundo das oportunidades, as pessoas negras são iguais até a página dois. Afinal de contas, tente nascer preta, pobre e na favela para entender quantas portas vão se abrir e quantas opções você terá em um mundo tão meritocrático para a pessoa branca que estudou em escola particular, fez curso de inglês e fez faculdade nas melhores escolas do país.

A sociedade brasileira tenta desenvolver um discurso no qual o racismo não existe e que as pessoas são iguais (NASCIMENTO, 2016). Contudo, ao mesmo tempo, carrega em seu vocabulário falas como: "a coisa tá preta"; "não sou racista porque tenho amigo preto"; "o meu cabelo é cortado por uma pessoa preta"; "a pessoa é inteligente e é preta"; "a mulher é negra com traços finos"; "o cabelo dele é ruim, mas é maneiro"; "você é negro, mas é bonito"; "neguinho é muito folgado"; "não sou tua nega"; "você é uma morena linda"; e "você é da cor do pecado".

Diante de tudo que foi descrito, ainda é preciso justificar que a luta pela queda do racismo estrutural é de todos, todas e *todes*?

Esperamos que este breve ensaio realce a dimensão de que a insistência em se fechar os olhos para a ideia construída ao longo da história de que o Brasil já superou o racismo seja substituída pela necessidade de criar estratégias, pontes e ações afirmativas que promovam uma nação mais justa, igual e amorosa.

5. Mulheres, boas estátuas e enfeites

Janaina Nolasco Gama

Onde estavam as mulheres das cavernas?

A sociedade espera determinados comportamentos e atitudes de homens e mulheres. Esses comportamentos foram se adequando às diferentes épocas históricas, mas percebemos que há algumas características que se fortaleceram ao longo do tempo e passaram a estruturar todos os espaços e relações sociais até a atualidade. Então, para entendermos como é ser homem ou mulher, precisamos voltar à era pré-histórica.

Na era pré-histórica, períodos paleolítico e neolítico, várias imagens surgem à mente: homem das cavernas, caça, fogo, animais silvestres. E muitas delas são conhecidas por conta das pinturas rupestres – feitas no interior das cavernas – bem como traços que foram interpretados como lanças porque os homens dominavam a arqueologia. Quando as mulheres começaram a entrar nesse campo, as interpretações foram diferentes. E os estudos delas começaram a perceber que as figuras eram um culto às deusas, e as lanças eram folhas e ramagens.

Com essa nova maneira de as mulheres produzirem conhecimento, percebeu-se que havia povos matrilineares, ou seja, neles as mulheres tinham uma importante função no culto no período neolítico. As mulheres eram valorizadas porque desempenhavam um papel central, como líderes dos clãs e sacerdotisas, além de haver o culto à Deusa. Não há evidências de desigualdade, ou seja, não há evidências de que elas fossem oprimidas pelos homens.

> *[...] mulheres são retratadas supervisionando a preparação e desempenho de rituais dedicados aos vários aspectos e funções da Deusa. [...] As criações mais sofisticadas da Europa Antiga, os mais raros vasos, esculturas etc. de que se tem notícia foram todos obra de mulheres (EISLER, 2007, p. 55).*

Trata-se, portanto, de uma sociedade matrilinear, na qual a descendência e a herança eram determinadas pela mãe. Os grupos se organizavam coletivamente sem o uso de força. Homens e mulheres dividiam as tarefas do grupo e havia a dominância de um pelo outro. Esses eram grupos sedentários, alimentavam-se da colheita.

Os ventos em direção a uma sociedade patriarcal começaram a soprar por volta de 5.000 a.C., período em que se iniciou a destruição das sociedades neolíticas. Povos nômades, conhecidos como indo-europeus, invadiram o norte da Ásia e da Europa, liderados por sacerdotes e guerreiros.

Com os indo-europeus, porém, a finalidade foi outra: saquear, matar e escravizar. Desde então, a relação de parceria entre homens e mulheres que existia entre os povos do neolítico foi substituída pela relação de dominação. O sistema tornou-se patriarcal, em que o homem passou a ser o elemento principal no grupo social.

> *O patriarcado pode ser entendido como um conjunto de discursos normativos. Esses discursos incluem basicamente os seguintes elementos: a família como um dado da natureza: o papel central do homem adulto na família; a submissão das mulheres e das crianças. As atividades masculinas são vistas como hierarquicamente superiores. Na estrutura familiar patriarcal, cabe aos homens a garantia da vida maternal e, às mulheres, a reprodução biológica. Com efeito, a mulher pode assumir três papéis fundamentais: filha, esposa e mãe. O caráter impositivo dessa 'natureza feminina' é uma ação violenta endereçada contra o sexo feminino (NOGUEIRA, 2018, p. 58-59).*

Veremos como esse modelo foi propagado durante a História Antiga, mas, antes de continuarmos, é importante lembrar que analisamos aqui as influências ocidentais que ainda hoje reverberam nas relações humanas, já que herdamos uma estrutura regida pelo poder patriarcal.

Todas as mulheres são de Atenas?

> *Elas não têm gosto ou vontade*
> *Nem defeito, nem qualidade*
> *Têm medo apenas*
> *Não têm sonhos, só têm presságios*
> *O seu homem, mares, naufrágios*
> *Lindas sirenas, morenas*
> *Mulheres de Atenas*
>
> *(Chico Buarque)*

As mulheres de Atenas "não têm gosto ou vontade, nem defeito, nem qualidade, têm medo apenas". Chico Buarque, em seu trabalho de escultor das palavras, soube retratar a situação feminina na Antiguidade. Em um período histórico, berço da filosofia, da matemática e da democracia, as mulheres, assim como as pessoas escravas, não eram consideradas cidadãs. Então, confinadas ao espaço doméstico, elas não participavam da esfera pública.

Os mitos são formas ficcionais de entendimento da realidade. E, por serem um produto social, refletiam os estereótipos da época. "É uma explicação da realidade que narra o nascimento do mundo, do ser humano e de como ele deve viver e encontrar sentido para sua existência" (NOGUEIRA, 2018). Vejamos alguns exemplos de deusas e suas características e como elas ainda se encontram presentes em nosso imaginário.

Héstia era a divindade do lar e da família, naturalizando as aptidões da mulher para os cuidados domésticos e afastando os homens desse lugar. Essa distribuição do trabalho doméstico permanece bastante desigual. E, por conta da pandemia de COVID-19, e consequentemente do isolamento social, elas acabam sendo as mais impactadas por essas tarefas e as principais responsáveis por cuidar de alguém dentro de casa.

Ártemis é uma divindade mais conhecida que Héstia (reflexo da desvalorização do trabalho doméstico não remunerado). Ela é uma guerreira e caçadora que utiliza seu arco e flecha de forma habilidosa. Ela se apaixona por Órion, um gigante, mas esse relacionamento é desaprovado por seu irmão Apolo. Com esse mito, reforça-se a ideia de que, em uma sociedade patriarcal, é necessária a "aprovação" do relacionamento da mulher pela família. Outro ponto que esse mito reforça é que o pretendente possuía uma posição inferior à da deusa, portanto, fugia ao estereótipo esperado pelo homem: provedor do lar.

Hera representa o arquétipo da esposa de Zeus, que reforça sua supremacia masculina, sendo o mais poderoso do Olimpo. Ela é o arquétipo da mulher cuja completude somente acontece com o matrimônio e Zeus representa uma masculinidade tóxica. Inclusive, essa divindade é bastante conhecida pela quantidade de casos amorosos, e o ciúme entre as mulheres foi uma forma de o mito disseminar a rivalidade feminina.

Os mitos também fomentam o ideal de beleza feminina. Medusa era conhecida por sua cabeça coberta de serpentes. Entretanto, antes de ser transformada nesse monstro, ela foi escolhida por Atena para ser sua guardiã. Dona de uma grande beleza, ela acabou sendo violentada por Poseidon, após ter resistido ao seu assédio. A situação abalou Medusa, e Atena, ao saber do ocorrido, decidiu puni-la, transformando seus cabelos em cobras. Amargurada, passou a transformar os homens que olhavam para ela em pedra.

Medusa apresenta algumas características de uma sociedade patriarcal: existe uma ditadura de um padrão de beleza, que pressiona as mulheres diante do risco de serem rejeitadas. E diante dessa beleza descomunal, elas são punidas por despertarem esse desejo incontrolado masculino. Além disso, sem beleza e sem castidade, a mulher perde seu valor social, restando a ela o isolamento e a vergonha pública. E no mito de Medusa, Atena simboliza a rivalidade entre as mulheres.

Apresentamos apenas alguns mitos para exemplificar como eles são modo de não apenas explicar a realidade, mas também de dar forma a uma sociedade desigual nas relações de poder entre homens e mulheres. Cabe aqui uma observação importante: estamos analisando essas relações por meio de mitos ocidentais, uma vez que, com o processo de colonização, foi esse imaginário que herdamos dos povos vencedores. Contudo, existem cada vez mais estudos sobre os mitos africanos, que também compõem a cultura brasileira, que apresentam maior horizontalidade nas relações entre homens e mulheres.

Eva e as bruxas

Damos um salto em direção à Idade Média, por volta do século XII, período em que havia um forte domínio da Igreja Católica Ocidental sobre a sociedade, não apenas no âmbito político, mas também na vida privada. E vamos perceber o quanto o discurso dominante da época perpetuava o sistema patriarcal.

Diante da propagação da ideologia católica, começamos pela personagem feminina que deu início ao sofrimento humano: Eva. Para quem não conhece essa personagem bíblica, ela foi criada por Deus para fazer companhia a Adão, que vivia sozinho no Paraíso. A primeira característica da inferioridade feminina surge de como ela foi criada: a partir da costela de Adão. A mulher não é um ser completo, ela é a parte de um todo. E o Criador foi bem explícito: jamais poderiam comer o fruto da Árvore Proibida.

Eles viviam no Paraíso, sem nenhum tipo de infelicidade ou desejo, até que Eva cedeu à tentação da serpente que vivia na árvore e comeu do fruto. E convenceu Adão a saboreá-lo também. Resultado da infração de Eva: ambos foram expulsos do Paraíso e condenados ao sofrimento eterno, e a ela caberia sentir dores horríveis durante o parto e estar sob o domínio do homem.

Mais uma vez, utiliza-se um mito para justificar e criar uma realidade de dominação dos homens pelas mulheres. Eva é o arquétipo da mulher sem retidão moral e por isso ela consegue ludibriar Adão, agindo de forma ardilosa e fazendo com que sejam punidos severamente por Deus. E por ser ainda um ser incompleto, criado a partir de uma costela, ela precisa de uma figura masculina para conduzi-la, já que não possui nenhuma autonomia. Outro elemento do mito é que a mulher seria a causadora de todo o mal na sociedade.

O ensinamento dos textos bíblicos para o povo caberia, então, aos homens da Igreja. Nas praças, divulgam esses ideais de um sistema que estimulava a opressão das mulheres. Elas não eram confiáveis porque se utilizavam de unguentos e ervas para enganar os homens, e não eram dirigidas pela razão.

> *A ratio é dita virilis: a razão não é senão o princípio masculino; quanto ao feminino, identifica-se ao appetitus, ao desejo. A mulher, como o homem, é dotada de razão; no entanto, a parte animal, desejosa, predomina nela; ao passo que nele, o racional, portanto, o espiritual, prevalece. Em consequência, o homem domina, intermediário entre Deus, fonte de sabedoria, a quem deve obedecer, e a mulher, que ele deve comandar (DUBY, 2001, p. 48-49)*

O sistema vigente nessa época era o feudalismo, desenvolvido na Europa entre os séculos V e VII. As pessoas servas e as terras eram posses dos senhores, cuja lei ditava as transgressões a partir de acordos consuetudinários. E era concedida às pessoas servas uma parcela de terra, na qual podiam plantar para sua subsistência e de sua família. Contudo, essas terras eram entregues aos homens e transmitidas pela linhagem masculina.

Além de pais e maridos controlarem a vida das mulheres, os próprios senhores de terra decidiam não apenas sobre o trabalho, mas também sobre seu casamento e sua conduta sexual. Entretanto, a divisão sexual do trabalho era menos acentuada e os trabalhos eram feitos de forma coletiva. Isso possibilitou uma maior solidariedade feminina, permitindo a elas confrontar os homens. E mais do que isso, havia algo que unia homens e mulheres: revolta contra os senhores feudais (FEDERICI, 2019).

Essa união, contudo, foi desfeita com a prática da caça às bruxas. Na metade do século XV, havia epidemias e revoltas dos camponeses contra o sistema feudalista em crise. A Igreja tornou a bruxaria uma heresia e iniciou os primeiros julgamentos.

Nesse mesmo período foi escrito "O Martelo das Feiticeiras" (KRAEMER; SPRENGER, 2020), obra que apresentava argumentos jurídicos e religiosos sobre a inquisição.

Houve uma forte campanha da Igreja para instruir a população a reconhecer uma bruxa e os perigos dessa prática. Diante do medo instalado, as acusações eram feitas por vizinhos e até mesmo entre mulheres, ficando desfeita a sororidade que as unia inicialmente.

Diante do Tribunal do Santo Ofício (Inquisição) eram conduzidos julgamentos que em sua maioria acusavam mulheres. Embora elas pudessem ser de diversas classes sociais, geralmente eram as mais vulneráveis, mais velhas ou até mesmo viúvas que tentavam sobreviver por meio de remédios feitos à base de ervas ou por atendimento nas casas. A pena geralmente era ser queimada na fogueira ou estrangulamento, caso confessasse.

Para Federici (2019), a caça às bruxas criou um espaço para um novo sistema econômico que surgia em resposta à crise do sistema feudal: o capitalismo. "A caça às bruxas foi também instrumento da construção de uma nova ordem patriarcal em que os corpos das mulheres, seu trabalho e seus poderes sexuais e reprodutivos foram colocados sob o controle do Estado e transformados em recursos econômicos" (FEDERICI, 2019, p. 305-306).

Então a caça às bruxas legitimou a violência contra a mulher, estimulou o controle de seus corpos e de sua sexualidade, principalmente os aspectos relacionados à reprodução, e produziu sentimentos de medo e ódio contra elas (misoginia). Essas atitudes reverberam em todas as sociedades, no mundo todo, até os dias de hoje. Segundo a representante da ONU Mulheres no Brasil (ANTUNES, 2020), não existe nenhum país que tenha alcançado as mesmas oportunidades e direitos para homens e mulheres.

Em meio à crise proporcionada pela pandemia do vírus COVID-19, a desigualdade entre homens e mulheres fica acentuada. A ONU Mulheres (NAÇÕES UNIDAS BRASIL, 2020) já destacou a extrema importância de uma abordagem de gênero na implementação de medidas de enfrentamento da doença, por diversos motivos. Elas são 70% da força de trabalho atuante nos serviços sociais e de saúde.

Além disso, o isolamento social é um fator potencializador da violência doméstica. A restrição de deslocamento também diminui a capacidade econômica feminina, já que elas estão em empregos informais ou mal remunerados e, consequentemente, impactando sua subsistência e de sua família. Embora a pandemia atinja todas as pessoas, seus efeitos são mais prejudiciais para as mulheres.

Outro ponto importante para o debate é relacionarmos gênero[1] e raça no Brasil, país que apresenta desigualdades raciais. Então, os impactos anteriormente elencados atingirão com mais força as mulheres negras, uma vez que elas estão em situação de maior vulnerabilidade social e econômica.

Diante dos desafios pós-pandemia, portanto, os direitos das mulheres devem estar presentes na agenda de sustentabilidade em instituições governamentais, públicas e privadas. Em 2015, inclusive, países ratificaram seu compromisso com 169 metas para enfrentar a degradação ambiental, a mudança climática e a proteção dos direitos humanos, a partir de 17 Objetivos de Desenvolvimento Sustentável (ODS), baseados nos Objetivos de Desenvolvimento do Milênio (ODM).

Um desses objetivos é o da equidade de gênero (quinto ODS), e suas metas estão relacionadas à eliminação de qualquer tipo de discriminação e violência contra as mulheres, em âmbito público e privado; garantir sua plena participação nos espaços de poder e decisão; efetivar seu acesso aos recursos econômicos e tecnológicos; assegurar seu acesso aos direitos sexuais e reprodutivos; e fortalecer políticas em prol do seu empoderamento.

Essas metas buscam tornar nossa sociedade mais inclusiva. Elas também visam gerar mudanças nas normas sociais existentes, que, como já vimos, herdamos de um sistema patriarcal iniciado na época pré-histórica e que foi transmitido ao longo dos períodos históricos, sistema este que afetou, e ainda afeta, a construção dos papéis de homens e mulheres até os dias de hoje. O objetivo deste capítulo não foi abordar os impactos do sistema patriarcal sobre os homens, mas abordar que ele estimula diversos aspectos nocivos para a construção da identidade masculina, além de excluir os diferentes tipos de masculinidade.

Em outras palavras, a equidade de gênero não é algo que beneficia somente as mulheres, mas, sim, toda a sociedade. Precisamos agir diante dos desafios impostos pela crise para que a pauta não retroceda. Lembremos do lema dos Objetivos de Desenvolvimento Sustentável, "não deixar ninguém para trás", já que temos o desafio de garantir os direitos de 50% da população mundial que está sendo abandonada há muitos milênios.

---

1 Escolhemos para este capítulo a definição de gênero elaborada por Joan Scott: "'elemento constitutivo de relações sociais fundadas sobre as diferenças percebidas entre os sexos, e o gênero é um primeiro modo de dar significado às relações de poder'. Estas diferenças se fundam em símbolos culturalmente disponíveis que evocam representações simbólicas e mitos" (TORRÃO FILHO, 2005).

6. Mantendo máscaras: caminho para o fracasso

Susana Santos

Ser uma pessoa LGBTQIA+ é enfrentar ao longo da vida inúmeras situações de preconceito e discriminação que afetam, diretamente ou indiretamente, tanto a saúde física e mental quanto a vida profissional.

No mercado de trabalho, é necessário lidar constantemente com o medo de represálias. Mesmo que a pessoa esteja inserida em uma equipe em que não haja discriminação, basta a mudança de um gestor para o ambiente se tornar opressor. Às vezes nem precisa ser uma pessoa que esteja acima na hierarquia; um colega de trabalho no mesmo nível pode começar comentários que serão entendidos pelos outros como simples piadas e o funcionário LGBTQIA+ decide se calar, pois, ao se manifestar, pode ser considerada fútil ou de difícil convivência.

De concessão em concessão, aprendemos ao longo da vida a mascarar nossa personalidade, nossos gostos, nossas preferências, nossa sexualidade. Mesmo as pessoas que se assumem LGBTQIA+ dentro de suas empresas o fazem de uma forma modesta, sem falar muito sobre o assunto. Colocamos máscaras para nos adaptar à sociedade.

Máscaras são comuns; nós todos, sem exceção, as usamos. Não somos a mesma pessoa na família, com amigos e no trabalho. Máscaras são importantes para a convivência social, não é adequado no ambiente de trabalho você se comportar como em uma festa e vice-versa. Assim como em um local é adequado estar de bermuda e chinelo e brincar fazendo piadas sobre futebol, falar sobre as eleições e gostos pessoais e em outro esperam-se roupas mais formais ou modestas e assuntos menos polêmicos, visando a convivência mais harmônica com pessoas que talvez não tenham as mesmas opiniões que você.

É interessante observar que falar que alguém está usando uma máscara é ofensivo, soa como se a pessoa estivesse sendo falsa ou possuísse um objetivo por trás. Mas, ao contrário do que o senso comum acredita, nenhuma dessas facetas é mais ou menos verdadeira. Você não está suprimindo a sua identidade no seu trabalho quando não fala sobre suas crenças políticas e nem com os amigos quando não usa roupa social. Todas essas facetas são parte da identidade que escolhemos mostrar ou esconder.

Na psicologia junguiana, essa máscara é chamada de persona. Persona é o nome dado para o lado que escolhemos mostrar, são características que escolhemos enaltecer. Seja porque acreditamos que tais características são boas ou porque existe uma demanda social e nos moldamos para atender às expectativas externas. A persona é importante para nossa adaptação a diferentes contextos sociais. Contudo, ela pode por si só ser nociva quando a deixamos suplantar nossa essência, desvalorizando-a, bem como pode deixar de ser nociva quando conseguimos formá-la a partir da nossa personalidade, reconhecendo-a como característica a ser enaltecida. A nossa essência é a conexão entre as diferentes máscaras que utilizamos ao longo da vida.

Quando nos moldamos, podemos deixar de lado características nossas que apreciamos e que consideramos importantes apenas para atender às expectativas do meio em que estamos inseridos. A persona pode ocultar características nossas e criar uma falsa imagem de nós mesmos. Falsa para os outros, mas também para nós mesmos.

O mercado de trabalho é um ambiente que exige do indivíduo que ele se molde para ser aceito. Cor e corte de cabelo, postura nas redes sociais, *piercing*, tatuagem e até mesmo cor das unhas são, dependendo da profissão, motivo para ser aceito ou não nesse ambiente. Quando falamos de profissionais LGBTQIA+, a exigência é maior, ela ultrapassa as questões estéticas e chega nas questões sexuais e afetivas. Um profissional que trabalha diretamente com o público tem a sua imagem atrelada à empresa que ele representa, de modo que é comum que a empresa exija que ele evite polêmicas nas redes sociais. Se o profissional for LGBTQIA+, pode ser considerado uma pessoa polêmica por causa de uma simples foto com seu parceiro em um restaurante no dia dos namorados ou de uma reação a situações de LGBTfobia.

Os indivíduos que se aproximam da norma social hétero, cisgênero e monogâmica se permitem demonstrações da sua sexualidade em conversas informais durante o almoço ou o *happy hour*. Para as pessoas que fogem da norma, a regra social é mais restrita. Homossexualidade, bissexualidade, não monogamia e transgeneridade (que não está no âmbito da sexualidade, mas de gênero) são tabus.

A repressão sexual é a repressão da expressão afetiva. A afetividade de pessoas LGBTQIA+ é socialmente reprimida. Enquanto um homem cisgênero hétero coloca nos contatos profissionais a foto do dia do seu casamento e uma mulher cisgênero hetero chega radiante no trabalho exibindo seu anel de noivado e contando em detalhes como foi o pedido de casamento, pessoas LGBTQIA+ que ousam falar mesmo que timidamente de sua vida afetiva precisam lidar com represálias: "aqui não é lugar disso", "pra quê se exibir tanto?", "respeite para ser respeitado".

Em uma análise superficial, o discurso parece algo simples de ser contornado: basta apenas não contar para um grupo de pessoas algo que é íntimo seu. No entanto, o constante reforço, desde o início da vida, de que essa característica é algo que deve permanecer na sombra molda a forma como pessoas LGBTQIA+ lidam com as próprias experiências afetivo-sexuais, mesmo quando estão longe de olhos julgadores. Reprimir algo considerado tabu causa mais danos que reconhecer e aprender a lidar.

Retomando os conceitos definidos por Jung, a sombra é composta por características da nossa personalidade que em algum momento das nossas vidas entendemos que não eram adequadas. É a parte que queremos ocultar, o que consideramos negativo ou socialmente inaceitável.

Todos nós possuímos uma sombra. A sombra é inconsciente, é o nosso lado reprimido. O que não significa necessariamente algo ruim; é apenas oculto. Características apreciadas por nós ou pela sociedade podem estar na sombra, pois em algum momento da nossa construção como indivíduo acreditamos que elas deveriam ser escondidas. Mas se usar máscara e ter uma sombra não é necessariamente ruim, por que colocar à sombra a sexualidade ou o gênero seriam?

Ser LGBTQIA+ é ter sua sexualidade, sua afetividade e/ou seu gênero associados ao que Zweig e Abrams (1994) classificam como sombra coletiva.

> *Hoje em dia, defrontamo-nos com o lado escuro da natureza humana toda vez que abrimos um jornal ou ouvimos o noticiário. Os efeitos mais repulsivos da sombra tornam-se visíveis na esmagadora mensagem diária dos meios de comunicação, transmitida em massa para toda a nossa moderna aldeia global eletrônica. O mundo tornou-se um palco para a sombra coletiva. [...] Enquanto a maioria das pessoas e grupos vive o lado socialmente aceitável da vida, outras parecem viver as porções socialmente rejeitadas pela vida. Quando essas últimas tomam-se objeto de projeções grupais negativas, a sombra coletiva toma a forma de racismo, de busca de "bode expiatório" ou de criação do "inimigo" (ZWEIG; ABRAMS, 1994).*

A sexualidade é uma parte importante da essência humana que constantemente é escondida a todo custo, diferentemente de uma preferência por um estilo musical, que apenas é deixada de lado durante uma reunião de família ou durante o expediente, mas que é mostrado abertamente em redes sociais com fotos em shows e compartilhamento de conteúdo sobre a banda favorita. Os olhos atentos dos colegas de trabalho adicionados no Facebook não podem receber uma notificação de que você vai comparecer a uma festa de BDSM, por exemplo. Pessoas LGBTQIA+ aprendem desde cedo que precisam vigiar cada fala e gesto para serem aceitas. É um processo que se torna automático e é feito mesmo quando não é necessário.

De acordo com a pesquisa "Assumido, com orgulho" (LINKEDIN, 2019), das pessoas LGBTQIA+ que não falam sobre sua sexualidade ou gênero no trabalho, 51% não o fazem por não ver necessidade e 37% por não gostar da vida pessoal no trabalho. Ou seja, 88% se privam de questionar se podem colocar o parceiro no plano de saúde, ter seu nome respeitado, usar o banheiro correto de acordo com o seu gênero ou apenas falar casualmente que ganhou um presente no Dia dos Namorados.

Pessoas cisgênero e hetero têm total liberdade para existir sem necessidade de autorregulação, enquanto pessoas LGBTQIA+ estão acostumadas a ter a expressão da sua afetividade, mesmo que sejam expressões inocentes e cotidianas, associada à promiscuidade, portanto sem espaço no ambiente de trabalho. Pessoas LGBTQIA+ precisam sempre podar sua personalidade para se encaixar. Vai muito além de um corte de cabelo, *piercing* ou tatuagem; precisamos esconder a nossa voz, o jeito de falar, o jeito de nos movimentarmos etc. É preciso se fiscalizar e se conter para estar sempre o mais próximo possível da norma cis e hétero, já que até a voz é considerada antiprofissional. Estar diariamente em um ambiente que constantemente reforça que uma parte importante da construção da essência do indivíduo é algo que precisa ser colocado à sombra prejudica a imagem que o sujeito tem de si próprio.

São tantos os esforços que precisamos fazer para sermos outra pessoa, para nos encaixarmos na sociedade, que, em um determinado momento, não sabemos mais o que é a nossa essência e o que é a nossa máscara. Quando o "eu" fica atrelado à persona, passamos a agir e vivenciar uma personagem em todos os âmbitos da vida; agimos como estamos condicionados sem nem nos darmos conta disso. A identificação com uma máscara nos limita ao papel representado pela persona, o que causa insatisfação, um sentimento de vazio e frustração. A pessoa que aprende que sua afetividade é errada evita andar de mãos dadas na rua com o seu parceiro. Claro que isso pode se dar por uma preferência pessoal, mas é curioso como essa preferência pessoal parece acontecer com mais frequência com pessoas LGBTQIA+.

O mercado de trabalho não está dissociado de toda a sociedade: nos últimos anos há uma tendência de se falar em diversidade nas empresas, sobre como incluir pessoas LGBTQIA+, mas pouco se fala em como manter esses funcionários. As políticas de diversidade não englobam mudanças na cultura da empresa, deixando os funcionários LGBTQIA+ vulneráveis em ambientes corporativos preconceituosos. Se o funcionário se queixar de piadas e comentários inconvenientes, será entendido como bobagem e falta de maturidade para levar com leveza pequenas brincadeiras.

É necessário questionar também a quais LGBTQIA+ estão direcionadas essas políticas de diversidade: as empresas estendem essas políticas aos cargos com menor grau de escolaridade ou se voltam apenas para a mão de obra especializada que está cansada de ambientes de trabalho tradicionais e aceita receber menos para ter respeito?

De acordo com a pesquisa feita pela consultoria de engajamento Santo Caos (2015), 61% dos funcionários LGBTQIA+ optam por esconder a sexualidade de colegas e gestores, 40% dos entrevistados declararam ter sofrido discriminação por conta da orientação sexual e 33% dos gestores não contratariam pessoas LGBTQIA+ para cargos de chefia. Quando falamos exclusivamente de pessoas trans e travestis, 90% não conseguem uma colocação no mercado de trabalho e precisam recorrer ao trabalho sexual para tirar seu sustento.

Construir uma identidade é definir-se. A profissão ocupa cada vez menos o local de uma forma de sustento e passa a ser parte fundamental da identidade. É comum que, ao se apresentar, as pessoas falem da sua profissão como um dos cinco primeiros itens sobre si. O amor pelo ofício contrasta com o auto-ódio contido em precisar estar no armário, fingir ser quem não é e, por consequência, levar uma parte importante da sua essência para a sombra a fim de exercer a atividade profissional.

A autoestima está atrelada à imagem que a própria pessoa faz de si mesma. A imagem que o indivíduo forma de si influencia na forma como ele encara os desafios da vida. Pessoas com baixa autoestima não se sentem capazes e atribuem seu próprio sucesso a fatores externos. São inúmeras as consequências da baixa autoestima na vida profissional, como, por exemplo, o profissional ter seu rendimento prejudicado, procrastinar por medo de uma tarefa, sentir necessidade de compensar alguma coisa e até mesmo não conseguir progredir na carreira seja por não enxergar a possibilidade de ocupar cargos maiores, seja por se manter em empresas ruins sem vislumbrar a possibilidade de mudança.

A sensação de inadequação, de ser uma fraude e de que em algum momento vão descobrir que você não é quem pensam ser leva a frustração e infelicidade. Nem todos vão vivenciar igualmente; algumas pessoas podem ter o rendimento reduzido, enquanto outras aumentam a produtividade para tentar compensar algo. Aumentar a produtividade no primeiro momento pode parecer algo positivo, mas a longo prazo possui um alto custo emocional e é o caminho certo para crises como, por exemplo, *burnout*. Por vezes, violamos os nossos próprios valores e princípios, e ignoramos nossas próprias necessidades em nome de uma performance maior no trabalho. Entregamos o nosso melhor para a empresa e não temos mais energia para fazer o nosso melhor por nós mesmos.

Para se relacionar com o mundo de forma mais saudável, é necessário fortalecer a autoestima. Olhar com atenção para todas as características que foram colocadas à sombra e refletir se elas são realmente inaceitáveis ou o problema é a sociedade. Não apenas aceitar, mas acolher toda a essência. O baixo rendimento no trabalho pode ser frustrante, mas ao mesmo tempo pode significar uma não adequação ao meio justamente por estarmos mais conectados com a nossa essência e a máscara que usamos para ter aquele emprego não nos cabe mais.

Em determinado momento tomamos consciência da nossa sombra e a trazemos para a luz. Sair do armário talvez seja um caminho sem volta quando o nosso "eu" interior grita por isso em meio a reflexões, mas nem sempre é possível. Trabalhar não é uma escolha, mas uma necessidade, portanto, dependendo da nossa realidade, é necessário nos prepararmos para as consequências. Conseguir uma qualificação para mudar de emprego, esperar ter experiência suficiente para conseguir um emprego melhor, mudar de uma cidade para outra que seja menos conservadora, mudar de área mesmo que isso signifique ganhar menos e preparar a vida para isso. São inúmeras as estratégias para cada realidade, e o autoconhecimento é a chave para determinar o melhor caminho a seguir.

O armário não é a única forma de tolher a nossa essência. É possível estar fora do armário e mesmo assim conter seus trejeitos. Por exemplo, um homem gay ou bissexual afeminado que vigia a própria voz por ter sido ensinado a ter vergonha dela. Alguns ambientes só vão aceitar pessoas LGBTQIA+ que estejam mais próximas da norma cis hetero ou que estejam de acordo com os estereótipos que criaram para pessoas LGBTQIA+. Esses ambientes nos aceitam mesmo ou apenas têm outra forma de nos moldar? Vale a pena estar nesse ambiente para atender às expectativas alheias?

O processo não é simples, nem rápido e nem igual para todos. Algumas pessoas vão passar por isso na adolescência e lidar com todas as batalhas que existem quando ainda se é dependente da família. Outras pessoas vão passar na velhice e lidar com as questões de uma vida inteira sem autoaceitação. Não existe momento certo, existe o momento de cada um.

Tomar consciência da própria essência, abraçar quem nós somos sem ter vergonha nem esconder nada nos torna mais fortes e possibilita uma vida que esteja dentro dos nossos valores e princípios. "Orgulho LGBTQIA+" não usa essa palavra à toa. Quando você se aceita, se empodera, e nenhuma opinião alheia pode tirar o seu orgulho.

PARTE III. PESSOAS E SUAS PARTICULARIDADES

Quando deixamos explícitas as características de alguns grupos sociais, quebramos preconceitos e estimulamos a construção de uma nova identificação com esse público.

7. Deficiência visual

Alexandre Santos Costa

Este capítulo será um pouco mais autoral, já que está sendo escrito por uma pessoa com deficiência visual com muitos anos de experiência no mercado de trabalho.

Começo dizendo que a pessoa com deficiência visual é aquela que, seja por condições genéticas ou causadas por eventualidade, não possui o sistema visual totalmente visual. Consideramos totalmente visual a capacidade de captar todas as informações visuais que podem ser absorvidas por nossos olhos e processadas por nosso cérebro.

É conhecido da humanidade que determinadas moléstias oculares podem, por exemplo, em alguns casos, impedir que a pessoa enxergue algumas cores e em outros casos todas as cores, ou até impedir que a pessoa faça a detecção da luz ou a interpretação de determinadas estruturas.

Em todo caso, conseguimos dividir as pessoas com deficiência visual em dois grupos:

- ✓ **Baixa visão:** nela há acuidade visual superior a uma determinada porcentagem no pior olho.
- ✓ **Cegueira:** nela há acuidade visual nula ou inferior a determinada porcentagem em ambos os olhos.

Mas por que é tão desafiador ser uma pessoa com deficiência visual?

Historicamente falando, a humanidade se desenvolveu através da caça antes mesmo de dominar a agricultura e a domesticação de animais.

Por sermos presas fáceis para a maioria dos predadores, tínhamos que ser grandes observadores, para que, com base em nossa inteligência superior, conseguíssemos nos aproveitar de caçadores mais poderosos e habilidosos até que tivéssemos desenvolvido ferramentas para caça.

Podemos perceber então que, para a sobrevivência e, consequentemente, para a evolução de nossa espécie, a visão teve, e tem, um papel fundamental que vem se refletindo em nossa sociedade até hoje.

Estamos sempre em busca de tecnologias que nos permitam emitir o máximo de luz com o menor gasto energético possível. A indústria do entretenimento tenta trazer para as telas o que há de mais moderno em qualidade de imagem, tentando enganar nossos receptores visuais de que uma imagem gerada por computador é totalmente real.

Realidade virtual e realidade aumentada são conceitos atuais de imersão que trazem para óculos e lentes imagens que misturam o virtual e o real, tornando quase impossível distinguirmos um do outro.

Logo, podemos dizer que nossa sociedade, desde sua origem, baseou toda a sua comunicação em estímulos visuais. Utilizamos luzes, placas, símbolos, desenhos, diagramas e pinturas que são úteis e perceptíveis apenas para pessoas que enxergam.

Isso torna a vida daqueles que não possuem o sentido da visão ainda mais complicada, já que muitos dos conceitos, naturalmente triviais para quem nasceu enxergando, tornam-se completamente abstratos para quem nunca viu, por exemplo, uma cor.

Impactos na infância

A criança com deficiência visual, principalmente por falta de capacitação dos pais, recebe pouco ou quase nenhum estímulo.

Brinquedos desenvolvidos para bebês possuem apelo visual, com cores vibrantes que chamam a atenção da criança para que ela as siga com os olhos e então interaja com as mãos.

Para a criança com deficiência visual, brinquedos e brincadeiras sonoras e elementos táteis de diferentes texturas ajudam não só a criar uma melhor noção espacial como também as prepara para o modo como irá explorar o mundo.

Aproveito aqui para esclarecer que, por nascer com uma deficiência visual, uma pessoa não desenvolve superpoderes como superaudição, superolfato e supertato. As pessoas com deficiência visual possuem os sentidos nos mesmos níveis que uma pessoa sem deficiência. A diferença está no fato de que as pessoas com deficiência visual mudam seu referencial para esses sentidos.

Conforme a criança cresce e se desenvolve, outros desafios são inseridos em sua vida. A superproteção familiar que impede que essa criança realize atividades cotidianas em casa por medo de que ela se machuque faz com que isso tenha impacto posteriormente em sua vida adulta e na sua integração com as outras pessoas.

Em casos extremos, inclusive, essa proteção faz com que a pessoa seja excluída do contato com qualquer um que não faça parte de seu círculo familiar.

Outro fator que também implica em um déficit de desenvolvimento do indivíduo é a falta de incentivo, reduzindo sua estima e criando um falso sentimento de falta de perspectiva.

É notório que, em famílias mais preparadas, com apoio desde o nascimento e passando por acompanhamento em associações e instituições, essa criança se desenvolve de maneira muito mais natural.

O apoio de profissionais de pedagogia que se utilizam de brinquedos adaptados, além de técnicas de estimulação nas crianças, faz com que elas cresçam mais confiantes e com uma maior noção do mundo ao seu redor, além de uma melhor conscientização de sua condição.

Aulas de atividades da vida diária (AVD), orientação e mobilidade (uso da locomoção com bengala) e atividades de socialização preparam essas crianças para outros desafios que aparecerão durante todo o seu desenvolvimento.

A abertura de um novo mundo na escola

Vencidos os primeiros anos e o convívio familiar, as próximas batalhas pela autonomia e independência vêm acompanhadas dos primeiros anos escolares.

Seja em redes públicas ou privadas, a falta de material de apoio e de preparo de pais e professores torna o simples ato de estudar ainda mais árduo.

Mesmo quando ocorre precocemente a alfabetização em Braille, método criado pelo francês de mesmo nome, para permitir a leitura e escrita por pessoas cegas, a escassez de materiais neste formato impede o rápido acesso e independência nas consultas e a leitura autônoma de obras clássicas. O mesmo se aplica a materiais ampliados ou com formatação diferente para pessoas com baixa visão.

A estrutura de salas de aula, com matérias sendo escritas no quadro negro e copiadas dele, além das explicações normalmente baseadas em indicações visuais para elementos com frases como "aqui e ali", criou a necessidade não só de ledores em sala de aula, isto é, pessoas que passavam esse material para as pessoas com deficiência visual, como das salas de apoio, onde o aluno receberia, por exemplo, aulas de reforço para notação Braille de elementos matemáticos e quaisquer adaptações necessárias.

Por sorte, e com o advento e a evolução da tecnologia, essa situação vem mudando. A utilização de computadores com leitores de telas, tecnologia que permite a conversão de texto em síntese de voz, aliada a um aumento crescente de livros eletrônicos em formato acessível, tem trazido cada vez mais material adequado ao ensino de alunos com deficiência.

Para materiais mais específicos como a matemática, iniciativas como o multiplano, uma espécie de tabuleiro com pinos e elásticos para a criação tátil de gráficos, permitem uma compreensão muito maior dos alunos com deficiência do mesmo conteúdo passado para os demais alunos sem deficiência.

A entrada no mercado de trabalho

Após superar as barreiras em casa e na escola, a pessoa com deficiência depara com o que até o momento parece ser o seu maior desafio: a entrada no mercado de trabalho.

Voltando um pouco ao tema anterior, vale ressaltar que o índice de evasão escolar de pessoas com deficiência é muito superior ao índice de evasão escolar de pessoas sem deficiência.

Isso faz com que um número ainda menor chegue ao mercado de trabalho, já que viver em um país com alto índice de desemprego torna a concorrência por cada vaga ainda maior, fazendo também com que apenas os mais bem classificados sejam contratados.

Este na verdade é o maior motivo, segundo as empresas, da dificuldade da inclusão de pessoas com deficiência, principalmente as com deficiências visuais, no mercado de trabalho.

Apesar de em certo ponto isso ser uma verdade, vamos colocar aqui alguns outras questões em perspectiva:

- ✓ Segundo o censo de 2010, temos no Brasil cerca de 45 milhões de pessoas declaradas com algum tipo de deficiência.
- ✓ A lei de cotas, se aplicada em seu número máximo de 5%, criaria cerca de 300 mil vagas, um número muito menor do que o total de pessoas.
- ✓ Mesmo com a geração de 300 mil vagas, não temos nem 30 mil pessoas com deficiência trabalhando no mercado formal.

Vemos então que existe na verdade um esforço mútuo a ser investido para que mudemos essa realidade.

Por parte das empresas, é necessário entender que, apesar de nem sempre estarem à disposição profissionais qualificados, existem hoje muitas pessoas à procura de uma oportunidade de qualificação.

O segundo ponto é que, diferentemente do que se pensa, a inclusão e a adaptação de ambientes para pessoas com deficiência visual não são muito caras.

Existem hoje inúmeros softwares gratuitos, tais como o NVDA, leitor de telas para Windows, que são totalmente eficientes comparados a seus concorrentes comerciais.

Já em relação às atividades, provavelmente muito do que já é feito hoje de forma eletrônica é alcançável, muitas vezes com pouca ou nenhuma adaptação, por pessoas com deficiência visual.

Além disso, grandes empresas têm investido na criação de células de teste de acessibilidade não só aumentando a diversidade e produtividade de seus times internos, mas também aumentando a qualidade e o alcance de seus produtos.

Perspectiva para o futuro

É inquestionável que as pessoas com deficiência hoje têm mais qualidade de vida com tecnologias assistivas como: leitores de tela, lupas eletrônicas e linhas Braille, além de livros eletrônicos.

Mesmo assim, ainda mais pode ser feito – e, como toda inovação tecnológica produzida com diferentes fins, pode ser facilmente adaptada para promover uma vida melhor para todas as pessoas.

Neste caso, gostaria de falar sobre a visão computacional e os carros autônomos.

Apesar de ser um sonho ter um carro que me leve com total independência para qualquer lugar, sem sombra de dúvidas toda a tecnologia envolvida na produção desses carros trará saltos ainda maiores na qualidade de vida de pessoas com deficiência visual.

O reconhecimento de objetos e de diferentes situações de colisão pode ser adaptado para uso das pessoas em sua locomoção a pé. A identificação do estado dos semáforos proporcionará ainda mais segurança na travessia de ruas. Até mesmo a localização de lojas e estabelecimentos, de produtos dentro de um supermercado ou a identificação de pessoas em locais muito cheios torna-se possível e viável.

Todo esse avanço me leva a pensar inclusive no desenvolvimento de olhos biônicos, que, tal qual suas irmãs próteses de membros inferiores e superiores, poderiam colocar os seus usuários em vantagem em relação às pessoas sem deficiência.

Ainda é um assunto novo, muita pesquisa terá que ser feita, mas é uma área na qual entendo que em um futuro muito próximo diferentes produtos e serviços poderão ser ofertados.

8. Autismo

Karla Mota

O autista não tem uma característica específica para ser reconhecido no meio social ou no meio profissional, e muitos recebem o diagnóstico já na fase adulta.

Em alguns casos, tem autista que não se adapta a uma rotina corporativa por ter algumas particularidades e problemas de socialização.

É muito fácil perceber que as pessoas do espectro autista têm uma facilidade com o mundo de exatas, pois a linha de raciocínio é um pouco diferente dos demais que atuam na área de TI.

Os autistas são pessoas que se caracterizam, por exemplo, por ter muito foco nas atividades que desenvolvem em seus ambientes profissional e familiar.

Muitos, por problema de socialização, acabam escolhendo a TI por acharem que, por ser uma área exata, não existe a necessidade de lidar com pessoas, porém se enganam, pois é uma área que tem como característica ser colaborativa ainda mais nos dias de hoje, como, por exemplo, com os métodos ágeis e *DevOps*.

Eu não tinha muita noção de qual curso faria na faculdade, porém sempre achava mais fácil lidar com os cálculos do que com as pessoas, e com esse pensamento comecei a me interessar por tecnologia e tinha a ilusão de que não precisaria lidar com pessoas e sim apenas com máquinas, pois nunca fui fã de socializar.

E mesmo na escola e na faculdade tinha o sentimento de que as pessoas não entendiam a minha forma de pensar, pois algumas informações que para mim eram claras, para o resto da sala não eram e acho que por isso não me esforçava para fazer amizade, pois estava ali apenas para apresentar e conseguir trabalhar na área que eu tinha escolhido.

Fiz amizades na faculdade mesmo achando que não seriam duradouras e sempre fazia esse tipo de comentário para as pessoas que estavam comigo, e elas não conseguiam entender o motivo de eu falar essas coisas. Eu falava porque era o que eu acreditava e não tinha noção de que poderia estar magoando alguém; para mim eu estava só sendo sincera.

Após o término da faculdade e da minha pós-graduação, eu já atuava na área de TI. Eu fazia parte de um time que atuava e ainda atua na plataforma *mainframe*, e foi ali que eu me desenvolvi como profissional e obtive um vasto conhecimento sobre a plataforma, a arquitetura, a segurança, entre outras informações sobre a tecnologia, porém sempre com as minhas particularidades.

Tenho a tendência de não gostar muito de socializar e de preferir seguir minha rotina, pois me traz segurança nas atividades em que atuo e nas minhas tomadas de decisão.

Em 2019, comecei a fazer um tratamento de hipnose e com isso a doutora Paula Duran me apresentou o diagnóstico de um tipo de autismo leve. No começo achei que não tinha nenhuma característica de autismo, porém comecei a pesquisar melhor sobre o assunto e percebi que me encaixava em alguns aspectos típicos de autista.

Comecei a me observar tanto na esfera profissional quanto na familiar e foi ali que percebi que era autista. Porém, como a doutora Paula Duran me classifica como autista leve funcional, isso significa que tenho o controle do meu raciocínio e que ele funciona de certa maneira diferente dos outros que trabalham comigo.

Pude perceber que era uma pessoa que não sabia lidar com mudanças de forma fácil como qualquer outra pessoa do time, que minha cabeça processava mil informações, mas não sabia como expor para o meu time uma simples explicação que elaborei na minha mente em cinco minutos.

Precisei ter meu período de adaptação e aceitação para entender que toda a minha forma de agir era derivada do autismo e não por estranhezas minhas. Tive que entender que eu não era boa em entender sentimentos ou as famosas frases ocultas que a maioria das pessoas consegue entender.

O tipo de autismo que tenho hoje é um leve que me trava em relação às mudanças, a ter que lidar e demonstrar sentimentos e a entender as situações com a mesma agilidade que uma pessoa que não é autista.

O meu diagnóstico veio tarde e isso gerou muita insegurança na minha carreira, e acho que é um sentimento comum das pessoas do espectro autista, pois não sabemos como o nosso time e a nossa hierarquia vai nos tratar, pois autismo ainda não é um assunto difundido nas grandes corporações.

E acredito que muitos autistas que trabalham na área de TI não divulgam que são autistas para seus times e líderes por receio de serem vistos de forma diferente e não pela competência que eles têm na atividade que executam.

Infelizmente, o assunto autismo ainda não é bem divulgado, aceito e explicado para o público e muitos têm que se lembrar de que há autistas com um nível mais grave do espectro e que possuem limitações severas.

Como abordado anteriormente, os autistas não têm características que podem ser reconhecidas, mas o que se pode perceber em relação ao autismo e à abordagem dele com a sociedade é seu olhar, sua postura de ser uma pessoa rígida, pois os autistas normalmente são pessoas que levam as coisas ao pé da letra ou são sinceras ao extremo e muitas vezes não percebem que podem estar ofendendo ou diminuindo alguém pela forma de falar.

Possuo experiência de 13 anos trabalhando na área de TI e me dedicando ao máximo para atingir os meus objetivos na instituição onde trabalho, porém admito que tenho muito receio de abordar o assunto autismo com a minha hierarquia e acabar sendo "punida", digamos assim, por ser relativamente diferente dos meus colegas de profissão.

Temo que, ao deixar claro para todos que tenho essa particularidade, no momento de uma premiação ou promoção, isso possa me prejudicar pelo desconhecimento e pré-julgamento que as pessoas têm em relação ao espectro autista e que não me avaliem por tudo que já desempenhei e que entreguei.

Acredito que muitos autistas têm essa mesma insegurança de expor esse detalhe tão particular para pessoas que infelizmente podem não os entender.

Admito que ainda não me sinto à vontade de falar para meus líderes sobre o autismo, pois não sei o quanto eles conhecem e querem conhecer do assunto para entender que uma profissional do time deles tem essa particularidade e ainda é mulher, pois infelizmente a representação feminina na discussão técnica ainda é muito pequena.

No decorrer desse ano acabei explicando para algumas pessoas da minha equipe que tinha autismo, mas que era leve. Como muitas das coisas que eu cobrava deles eram características minhas por ser autista, quando compartilhei isso com o time foi uma grande alegria porque consegui explicar para eles que alguns hábitos que eu tinha, como não gostar de toque, de aproximação e das minhas linhas de pensamento enquanto estamos trabalhando em algum projeto, eram ligados ao espectro autista.

Tenho muita sorte de trabalhar com um *squad* maduro e que soube se adaptar para trabalhar comigo e respeitar as minhas diferenças, ao mesmo tempo respeitando a profissional de TI que trabalha com eles já há alguns anos.

Gostaria de ver e saber de áreas de TI com mais autistas e que isso será uma coisa normal na área, com eles tendo as mesmas possibilidades de obter uma carreira de sucesso como qualquer outro profissional de TI ou em qualquer outra área que queiram trabalhar.

9. Deficiência física

Daniel Vizeu
Fernanda Belmont Reis

Sabe-se que deficiência física é definida como qualquer limitação ou incapacidade para o desempenho de atividades em consequência de lesões neurológicas, neuromusculares, ortopédicas ou más-formações congênitas ou adquiridas que, em diferentes condições, acometem as pessoas, podendo comprometer a coordenação motora geral, a mobilidade, a flexibilidade, a percepção e a fala, podendo ser ainda permanente ou transitória. Usando ainda outras palavras, segundo Santos (2001, *apud* SILVA; HENRIQUE; ROCHA, 2015, p. 18), "a deficiência é toda perda ou anormalidade de uma estrutura ou função psicológica, fisiológica ou anatômica que gere incapacidade para o desempenho de atividade, dentro do padrão considerado normal para o ser humano".

Todavia, mais importante do que conhecer sua definição é saber que a deficiência física não é um veredito que serve de rótulo para nossas vidas.

Para isso, leitor, o convidamos a refletir sobre esta paráfrase, falada no Teleton de 2019: "antigamente, a deficiência era uma sentença. Hoje, deficiência é uma característica".

Enquanto PcDs, buscamos a cada dia, mais e mais, em todos os ambientes da vida, seja dentro ou fora das empresas, a igualdade nas diferenças e a consciência de que todos, PcDs ou não, temos alguma incapacidade ou limitação, pois ninguém é autossuficiente.

Contudo, vamos destacar pontos que consideramos pertinentes – claro que em todos os lugares, mas também no ambiente empregatício:

Nossas buscas

- ✓ Buscamos acessibilidade nas empresas (adaptação personalizada). Uma empresa inclusiva deve tornar o ambiente de trabalho igualitário para todos.

Independentemente do seu grau de dificuldade, qualquer pessoa deve ter as mesmas condições para exercer suas funções. Como referência, vale lembrar que temos a Norma ABNT 9050 (2004), que padroniza as adaptações necessárias para PcDs em edificações, mobiliário, espaços e equipamentos urbanos; entretanto, visto que não somos todos iguais, é importante que se chegue em um ambiente bom para todos. Estamos cientes de que ainda há um longo caminho a ser percorrido, mas nos alegramos em saber que já existem empresas empenhadas para que isso aconteça. Em algumas delas, assim que o profissional chega é perguntado a ele se precisa de algo a mais ou a menos do que foi feito, e, caso necessário, a empresa se dispõe a fazer as modificações, na medida do possível.

- ✓ Buscamos ser tratados de maneira natural, como iguais, apenas pessoas com particularidades como qualquer outra. Queremos cumprir a importante missão de minimizar atitudes como o "coitadismo", decorrente de um não conhecimento/pré-conceito e mostrar que cada dia mais temos buscado estudar e nos qualificar para deixarmos de ser apenas uma "cota" para sermos profissionais ativos e proativos, entregando valor para as empresas das quais fazemos parte.
- ✓ Buscamos espaço dentro das empresas para conscientizar, por meio de fóruns/palestras (ou com cartilhas), os funcionários acerca de diversos temas relacionados ao "universo" PcDs, como por exemplo: como se colocar no lugar do outro; quais são nossas necessidades; e as melhores maneiras de como falar/agir com PcDs.

É lógico que as melhores maneiras de como agir/falar com PcDs vão variar de pessoa para pessoa e vai caber a ela (PcD) conduzir a situação como achar melhor, mas temos situações, por conhecimento de causa, que podemos deixar como exemplos e reflexão.

Daniel: eu uso cadeira de rodas e como uma pessoa cadeirante sei que a melhor maneira de uma pessoa sem deficiência se dirigir a mim em uma conversa é ela estando sentada em minha frente para que possamos ter uma conversa "olho no olho".

Fernanda: eu uso duas muletas, de modo que estou sempre com as duas mãos "ocupadas" quando estou em pé, e por inúmeras vezes as pessoas já me estenderam a mão para que eu as cumprimentasse com um aperto de mão e meio que aguardavam que eu o fizesse, cabendo a mim "sinalizar" que não era possível.

Esses nossos exemplos são apenas para mostrar que ansiamos nos deixar conhecer para que os "estranhamentos do diferente" não mais existam.

Esperamos que, a partir do conhecimento de nossas buscas, tanto dentro quanto fora das empresas, nossas buscas para a vida, possamos todos nos tornar mais sensíveis: pessoas capazes de "se colocar no lugar do outro".

A importância de "se colocar no lugar do outro"

Sabemos que este "se colocar no lugar do outro" não é algo fácil quando não se vive uma determinada situação "na pele", e não desejamos que você precise viver para compreender, mas é bem verdade que qualquer pessoa pode passar por um período de limitação transitória, por algum acidente ou problema de saúde, por exemplo.

Nós dividimos experiências com pessoas sem deficiência próximas de nós que passaram por esse período de limitação transitória.

Daniel: minha ex-gerente, após um acidente, passou alguns meses usando cadeira de rodas e só depois que ficou naquela situação ela teve noção de quão difícil é andar nas ruas ou até mesmo dentro de casa/empresa.

Fernanda: meu professor na faculdade, José Manuel da Silva (Zé), precisou fazer uma cirurgia no quadril e ficou andando de muletas durante seu período de recuperação da cirurgia. Lembro-me de que conversamos muito e ele me contou sobre situações pelas quais passou nesse período, como a impaciência dos motoristas, e até mesmo dos passageiros, por causa de sua "demora" para embarcar no ônibus. O ocorrido o tornou mais sensível a questões como a acessibilidade das ruas e dos estabelecimentos, dentre tantas outras.

Todavia, sabemos que o "se colocar no lugar do outro" está longe de ser uma realidade absoluta, seja nas empresas ou na vida. Contudo, assim como podemos usar os bons exemplos para refletir sobre quem podemos/desejamos ser, podemos observar os exemplos negativos a fim de refletir sobre quem NÃO podemos/desejamos ser.

Cientes de que "a vida não é um mar de rosas" e de que, infelizmente, os exemplos negativos estão aí, deixaremos este para que sirva de reflexão para você, leitor, como um exemplo (dentre tantos outros que existem) a NÃO ser seguido por nenhuma empresa/pessoa. Ele mostra o quão frustrante pode ser quando o "se colocar no lugar do outro" não acontece.

Era uma segunda-feira ensolarada no Rio de Janeiro. Eu (Daniel) tinha acabado de sair de uma consulta médica em Botafogo, bairro da zona sul do Rio de Janeiro, e precisava voltar para o trabalho, que se localizava, em condições normais de trânsito, a 20 minutos dali. Existiam duas opções: eu poderia aguardar um táxi grande que coubesse minha cadeira de rodas ou esperar uma determinada linha de ônibus para chegar ao meu destino. Eu optei, mesmo tendo uma experiência negativa das outras vezes, por usar o sistema público de transporte carioca.

A linha que eu poderia usar para chegar ao meu destino oferecia aproximadamente um ônibus a cada 10 minutos: passaram quatro deles, mas nenhum conseguiu me atender: ora o elevador (usado para subir com a cadeira de rodas) estava quebrado ou simplesmente o motorista não sabia operar o equipamento, fora os que passavam direto sem dar nenhuma satisfação. Quando me dei conta, eu já estava há mais de 45 minutos tentando exercer meu direito de usar o transporte público, como qualquer cidadão. Confesso que minha paciência já estava no final. Quando olhei, estava vindo mais um ônibus e fiquei determinado, iria naquele de qualquer forma, mas mal sabia eu que estava prestes a passar por um momento de grande humilhação em público.

O ônibus parou bem longe do meio-fio, o que me obrigou a ir para a rua. O motorista abriu a porta da frente e me falou que o elevador estava quebrado. Tentei conversar dizendo que eu já estava muito tempo esperando e se era possível ele me ajudar a subir mesmo sem o elevador. Com extrema má vontade ele me disse que não, que eu deveria esperar o próximo. Insisti, mas ele continuou irredutível. Foi aí que resolvi ligar para a polícia. Quando já estava passando meus dados e o local para a chegada da viatura, ele me falou para desligar e disse que iria resolver a questão. Nesse momento, desliguei o telefone e me dirigi para a parte traseira do ônibus juntamente com o motorista. Quando já estávamos próximos ao elevador ele voltou correndo para dentro do ônibus e arrancou a toda tirando um fino de mim sem dar nenhuma satisfação. Nessa hora fiquei sem chão. As pessoas que estavam próximas a mim se sensibilizaram e me deram total apoio, além de me incentivar a processar a empresa de ônibus se oferecendo a testemunhar a meu favor em um possível julgamento.

Eu fiquei com uma mistura de raiva e vergonha na hora do acontecimento. Decidi que iria sim processar, mas com a intenção de melhorar esse serviço. Infelizmente, durante a audiência eu me dei conta de que eu só estava ali para compor uma encenação na qual os advogados da empresa e o sistema judiciário eram os atores principais e seguiam um roteiro bem determinado que previa um acerto rápido entre as partes sem a menor intenção de melhorar o serviço de transporte público.

Esse episódio retrata como ainda há empresas que não estão preparadas para lidar com as diferenças. Ao contar essa história, não temos de modo algum o propósito de nos vitimizar enquanto PcDs; queremos apenas ser respeitados em nossos direitos.

Após exposição desses pontos acerca da importância de "se colocar no lugar do outro" com exemplos a serem e a não serem seguidos, ressaltamos que o nosso desejo é que o "se colocar no lugar do outro" não se resuma a fazer isso apenas após "viver na pele" alguma situação, mas sim que o "se colocar no lugar do outro" seja também sinônimo de respeito.

Como considerações para este capítulo, queremos deixar registrado que é de suma importância que todos, PcDs ou não, tomemos para nós a responsabilidade de tornar tais pontos conhecidos, sem esperar que o outro o faça, mas que parta de cada um o desejo de tornar o mundo um lugar melhor onde a quebra das barreiras física, comunicacional, social e atitudinal[2], a extinção dos preconceitos, o fortalecimento do reconhecimento das potencialidades na diversidade e o respeito incondicional, sem estereótipos, sejam realidade.

---

[2] Barreira física (ou arquitetônica): obstáculos para o uso adequado do meio, geralmente originados pela morfologia de edifícios ou áreas urbanas.

Barreira comunicacional: dificuldade gerada pela falta de informações a respeito do local, em função dos sistemas de comunicação disponíveis (ou não) em seu entorno, quer sejam visuais (inclusive em Braille), lumínicos e/ou auditivos.

Barreira social: relativa aos processos de inclusão/exclusão social de grupos ou categorias de pessoas, especialmente no que se refere às chamadas "minorias", como grupos étnicos, homossexuais, pessoas com deficiência e outros.

Barreira atitudinal: gerada pelas atitudes e comportamento dos indivíduos, impedindo o acesso de outras pessoas a algum local, quer isso aconteça de modo intencional ou não (PRADO; LOPES; ORNSTEIN, 2010, p. 118-119).

10. A consolidação dos direitos sociais da pessoa com deficiência auditiva/surda no mercado de trabalho

Rubens Ribeiro

Breve histórico sobre a surdez

As pessoas com deficiência auditiva e/ou surdas não são vistas por grande parte da sociedade por suas potencialidades, mas pelas limitações impostas por sua condição. Dessa maneira, são enxergadas apenas como pessoas deficientes incapazes.

As pessoas com deficiência auditiva e/ou surdas apresentam características que merecem uma análise mais profunda. São muitos os fatores que determinam os problemas causados pela surdez e somente com uma avaliação bem ampla da realidade é possível perceber as diversas situações que acabam por originar tais problemáticas – acrescenta-se a isso as dificuldades que essas pessoas enfrentam para poder se manter com dignidade.

A questão da surdez não pode ser observada como um fenômeno dos tempos modernos, pois ela sempre existiu, mas passava despercebida aos olhos das pessoas, ou, pior ainda, excluíam as pessoas com deficiência auditiva e/ou surdas por entender que estas seriam um problema para a sociedade.

Nos dias atuais, as pessoas com deficiência auditiva muitas vezes ainda são consideradas "invisíveis" diante da sociedade, pelo fato da dificuldade de comunicação.

Os preconceitos são inúmeros. Além de imperfeita, inútil, incapaz e dependente, costuma-se pensar que a pessoa com deficiência é doente e precisa, essencialmente, de cuidados médicos ou de cura para ter condições de realizar trabalho e ter uma vida digna.

Caracterização da pessoa com deficiência auditiva e/ou surda

Em outros tempos, os deficientes[3] eram segregados e afastados de qualquer convívio social. A sua "diferença" era vista como maldição desconhecida e fonte de medo. Desse medo, nascia o preconceito que acabava excluindo as "pessoas diferentes". Percebeu-se, então, que em todos os momentos da história da humanidade as pessoas com deficiência foram alvo de comportamentos distintos e contraditórios de exclusão e integração nos diferentes contextos da sociedade. As pessoas com deficiência incomodam.

É importante ressaltar que ter um amigo, um familiar ou ser uma pessoa com deficiência não é receber um castigo, pois deficiência não é sinônimo de incapacidade.

Decreto nº 3.298, de 20 de dezembro de 1999
Regulamenta a Lei nº 7.853, de 24 de outubro de 1989, dispõe sobre a Política Nacional para a Integração da Pessoa Portadora de Deficiência, consolida as normas de proteção, e dá outras providências (Redação dada pelo Decreto nº 5.296, de 2004).

> *II – deficiência auditiva – perda bilateral, parcial ou total, de quarenta e um decibéis (dB) ou mais, aferida por audiograma nas frequências de 500HZ, 1.000HZ, 2.000Hz e 3.000Hz (Redação dada pelo Decreto nº 5.296, de 2004).*

Concepções terminológicas sobre a surdez

É bastante comum ouvirmos as pessoas se referirem ao surdo como "mudo", ou pior, "mudinho", surdo-mudo, deficiente auditivo, entre outros. A maioria dos surdos não apresenta nenhuma deficiência no aparelho fonador, ou seja, seus órgãos internos e externos da fala estão intactos. Por isso, não podem ser considerados **mudos**.

Todos os surdos vocalizam, algumas vezes produzem sons mais graves, outras vezes, mais agudos, porém, por não ouvirem, não têm ***feedback* auditivo**[4].

---

3 Termo utilizado atualmente: pessoa com deficiência.

4 ***Feedback* auditivo** é uma expressão para designar um retorno auditivo que permite o autocontrole da fala.

As pessoas da família ou outros **ouvintes**[5] que convivem com a pessoa surda já estão mais acostumados com seu tipo vocal, por isso compreendem melhor o que ela diz.

A oralidade no surdo depende de alguns fatores, entre os quais estão o momento do aparecimento da surdez, que pode ser pré-lingual, peri-lingual ou pós-lingual[6]; do grau de surdez, que varia de perda leve, moderada, severa, profunda e total[7]; e do estímulo da fala – quanto mais precoce, maiores as possibilidades de uma criança com surdez severa ou profunda desenvolver a oralidade.

Caracterizando a surdez

O conhecimento sobre as características da surdez permite àqueles que se relacionam ou que pretendem desenvolver algum tipo de trabalho pedagógico com pessoas surdas a compreensão desse fenômeno, aumentando sua possibilidade de atender às necessidades especiais constatadas.

Conforme Maia (2006), quanto aos períodos de aquisição, a surdez pode ser dividida em dois grandes grupos:

- ✓ **Congênita:** quando o indivíduo já nasceu surdo. Nesse caso, a surdez é pré-lingual, ou seja, ocorreu antes da aquisição da linguagem.
- ✓ **Adquirida:** quando o indivíduo perde a audição no decorrer da sua vida.

Nesse caso, a surdez poderá ser pré ou pós-lingual, dependendo da sua ocorrência ter se dado antes ou depois da aquisição da linguagem.

Quanto à etiologia (causas da surdez), ela se divide em:

- ✓ **Pré-natais:** surdez provocada por fatores genéticos e hereditários, doenças adquiridas pela mãe na época da gestação (rubéola, toxoplasmose, citomegalovírus) e exposição da mãe a drogas ototóxicas (medicamentos que podem afetar a audição).

[5] **Ouvinte** é o termo utilizado pelos surdos para se referirem aos não surdos.

[6] **Surdez pré-lingual** é caracterizada pela total ausência de memória auditiva, sendo por isso extremamente difícil a estruturação da linguagem. **A surdez peri-lingual** surge nas crianças que falam, mas que ainda não leem, situação em que, se não existir um acompanhamento eficaz, se dá uma rápida degradação da linguagem.

[7] **Perda total**: dependendo do grau de surdez, a prótese auditiva pode ser muito útil na aprendizagem da fala. Nos casos de perda severa a total, a prótese não produz muitos efeitos.

✓ **Peri-natais:** surdez provocada mais frequentemente por parto prematuro, anoxia cerebral (falta de oxigenação no cérebro logo após o nascimento) e trauma de parto (uso inadequado de fórceps, parto excessivamente rápido, parto demorado).

✓ **Pós-natais:** surdez provocada por doenças adquiridas pelo indivíduo ao longo da vida, como meningite, caxumba, sarampo. Além do uso de medicamento ototóxico, outros fatores também têm relação com a surdez, como o avanço da idade e acidentes.

O audiômetro é um instrumento utilizado para medir a sensibilidade auditiva de um indivíduo. O nível de intensidade é medido em decibel (dB).

Por meio desse instrumento, são realizados alguns testes e a partir de seus resultados obtém-se uma classificação da surdez quanto ao grau de comprometimento (grau e/ou intensidade da perda auditiva), a qual será classificada em níveis de acordo com a sensibilidade auditiva do indivíduo.

Conforme Decreto nº 3.298, de 20 de dezembro de 1999, pode-se dividir a perda auditiva em cinco categorias + Anacusia[8].

Surdez leve: perda auditiva entre 25 db e 40 db	**Surdez moderada:** perda auditiva entre 41 db e 55 db	**Surdez acentuada:** perda auditiva entre 56 db e 70 db	**Surdez severa:** perda auditiva entre 71 db e 90 db	**Surdez profunda:** perda auditiva acima de 91 db

✓ **Surdez leve:** nesse caso, a pessoa pode apresentar dificuldades para ouvir o som do tique-taque do relógio, ou mesmo uma conversação silenciosa (cochicho).

✓ **Surdez moderada:** com esse grau de perda auditiva, a pessoa pode apresentar alguma dificuldade para ouvir uma voz fraca ou um canto de um passarinho.

✓ **Surdez acentuada:** com esse grau de perda auditiva, a pessoa poderá ter alguma dificuldade para ouvir uma conversação normal.

✓ **Surdez severa:** com esse grau de perda auditiva, a pessoa poderá ter dificuldades para ouvir o telefone tocando ou ruído das máquinas de escrever em um escritório.

✓ **Surdez profunda:** com esse grau de perda auditiva, a pessoa poderá ter dificuldades para ouvir o ruído de caminhão, de discoteca, de uma máquina de serrar madeira ou, ainda, o ruído de um avião decolando.

---

8 Anacusia: este termo significa falta de audição, sendo diferente de surdez, onde existem resíduos auditivos. Audição considerada normal – perda de 0 a 24 db nível de audição.

A surdez pode ser ainda classificada como unilateral, quando se apresenta em apenas um ouvido, e bilateral, quando acomete ambos os ouvidos.

Como se comunicar com uma pessoa surda

Conforme o site "Crônicas da Surdez" (MOREIRA, 2020), comece falando da forma como você conversaria com uma pessoa qualquer. Seguem dicas:

- ✓ Se precisar, ela lhe dará pequenos toques para a melhoria da comunicação. Não se sinta constrangido ao conversar com ela. Seja o mais natural possível.
- ✓ **Se chamar a pessoa pelo nome e ela não responder**, por favor cutuque-a ou coloque a mão no seu ombro e coloque-se no campo de visão dela.
- ✓ **Não tenha medo do surdo não entender o que você fala.** Ele se esforçará para entender e ser compreendido. A nossa meta é entender a conversa e ficamos felizes quando entendemos.
- ✓ **Não se apavore ao visualizar os aparelhos auditivos** e perceber que a pessoa é surda. Saiba que os aparelhos são muito importantes para que o escute e o entenda melhor.
- ✓ **Quando você convida um surdo para um bate-papo em um restaurante, bar ou cafeteria**, procure mesas bem iluminadas. Se possível, com boa acústica, pois ambientes escuros e ruidosos dificultam o nosso entendimento.
- ✓ Não entendi o que disse, por favor repita.
- ✓ **Procure falar de frente para a pessoa**, para que ela possa fazer a leitura labial do seu rosto. Fale de forma fluida e mais natural possível! O movimento superlento de fala dificulta o entendimento.
- ✓ **Por favor, não fale alto nem grite**, pois se você fizer isso distorcerá o som da fala, dificultando mais ainda seu entendimento. Os aparelhos auditivos já estão amplificando a sua voz, por isso não é preciso gritar. Articule bem a boca para que a leitura labial tenha mais qualidade. Os surdos associam o som da fala com a leitura labial.
- ✓ **Falar baixo também atrapalha**, pois os detalhes da fala ficam mais difíceis de ser percebidos. Procure falar sempre no tom normal.
- ✓ **Evite falar e mexer as mãos ao mesmo tempo**. Os movimentos das mãos distraem e podem cobrir a boca em alguns momentos, dificultando a leitura labial.
- ✓ **Caso o surdo não esteja entendendo de jeito algum** uma palavra específica, escreva-a em um bloco de notas ou em um celular.
- ✓ Se um surdo perguntar: "do que estão falando?", por favor explique para ele.

- ✓ **Os aparelhos auditivos não são ouvidos novos!** Mesmo com o uso deles, os surdos ainda têm dificuldade para ouvir em determinados ambientes ou situações.
- ✓ **Existem surdos que conseguem entender áudio de telefone com a ajuda da tecnologia auditiva**, mas há muitos que não conseguem entender o que ouvem no telefone nem com o melhor aparelho auditivo. O som vem muito embolado e robótico. Por causa dessa enorme dificuldade, o telefone se tornou o maior terror.
- ✓ **Nunca envie mensagens de áudio para um surdo no WhatsApp**, envie somente mensagens de texto! Mesmo existindo aplicativos que convertem áudios em textos, nem sempre as conversões são fiéis às mensagens originais.

Diferença no atendimento entre pessoa surda e pessoa com deficiência auditiva

Material pesquisado da apostila Fundação de Articulação e Desenvolvimento de Políticas Públicas para Pessoas com Deficiência e Pessoas com Altas Habilidades no RS (FADERS, 2018).

A pessoa com deficiência auditiva pode ser atendida normalmente, desde que haja um direcionamento do olhar para ela, com falas calmas e articuladas, sem exagero. Na falta do entendimento, utilizar gestos de apoio como apontar ou mostrar objetos. Ela é uma pessoa que compreende pela audição (mesmo que tenha pouca) ou pela leitura labial e não é usuária de Libras.

Em relação ao atendimento aos surdos, o direcionamento do olhar também é importante. Os surdos são reconhecidos pela sua forma de expressão, que é totalmente em língua de sinais. Seria interessante os espaços disporem de pessoas que saibam Libras.

Seguem algumas atitudes que fazem a diferença:

Se a pessoa surda estiver acompanhada de um intérprete, fale diretamente com ela e não com o intérprete.

Enquanto estiverem conversando, mantenha contato visual; se olhar para outro lado enquanto está conversando, a pessoa surda pode pensar que a conversa terminou.

Se você quer falar com uma pessoa surda, chame a atenção dela, seja sinalizando com a mão ou tocando no seu braço.

Ao planejar um encontro, lembre-se de que os avisos visuais são úteis aos participantes surdos.

Quanto à contratação de trabalhador surdo, os aspectos comunicativos deverão ser apresentados aos outros trabalhadores.

Na abordagem à pessoa surda que chega ao restaurante, podem ser mostradas mesas com variações de lugares para que o surdo escolha o lugar.

Oferecer o cardápio para que o surdo escolha e aponte o item desejado. É interessante oferecer cardápio com imagens.

Ao dirigir-se à recepção do hotel, é importante que a pessoa surda entenda todas as informações que lhe forem dadas, incluindo o valor da diária. Caso necessário, fornecê-las por escrito.

Caso o surdo prefira fazer suas refeições no quarto, o hotel deve disponibilizar um número de celular para mensagens de pedidos.

Ao receber um passageiro surdo, este normalmente tem o endereço por escrito. Em caso negativo, é importante que o motorista tenha em mãos papel e caneta.

11. Qual seria a sua idade se você não soubesse quantos anos você tem?

Mauro Wainstock

A classificação da sociedade por meio das gerações etárias sempre auxiliou os pesquisadores a entender as mudanças históricas e a mapear as necessidades específicas de cada um desses grupos. Mas será que um indivíduo com 39 anos é tão diferente daquele que acabou de completar 40 anos só pelo fato de que de forma automática passou a pertencer a um outro segmento? Será que este aniversariante se sente em outra etapa da vida no momento seguinte em que assopra a velinha?

O admirável mundo "algoritmizado" propiciou o surgimento de uma nova categoria que não é baseada necessariamente nos anos de vida, mas nos desejos, interesses e comportamentos comuns, independentemente da faixa de idade. Trata-se do conceito de "ageless generation" ou "perennials", termo cunhado por Gina Pell, chefe de conteúdo da *The What*. Ela explica que: "o mercado busca catalogar e homogeneizar nossos interesses, hábitos de consumo, até mesmo nossos valores e referências morais. Mas a realidade é que muitos de nós não se alinham com os rótulos que recebemos. Temos enorme capacidade de nos adaptarmos a mudanças, somos curiosos e estamos sempre florescendo. Enquanto estivermos com saúde, devemos continuar a crescer, aprender e explorar o que podemos fazer" (ALEX FYI STAFF, 2017).

Essa segmentação, que se caracteriza pelo *mindset* semelhante, é composta por indivíduos de qualquer geração que vivem o presente. Ela é atualizada tecnologicamente de acordo com a forma como esses indivíduos circulam em ambientes diversificados e convivem com múltiplas faixas etárias. Enfim, estão em constante evolução. Parafraseando o escritor francês Honoré de Balzac, "o homem começa a morrer na idade em que perde o entusiasmo".

A cronologia cede espaço para a identidade social. Esses grupos não se moldam às expectativas geracionais, nem às regras e aos costumes engessados. Eles têm como características intrínsecas a vontade de viver, a ânsia por aprender, o desejo de ousar e de se reinventar permanentemente, aspectos estes que se refletem na forma como encaram os desafios diários e a qualidade de vida. Eles abraçam causas e pretendem deixar legados. Juntando isso à prontidão para o desenvolvimento do autoconhecimento e da inteligência emocional, temos um profissional equilibrado e qualificado para o mercado de trabalho, ajudando a construir uma sociedade mais plural e inclusiva.

Felizmente, a diversidade não é mais uma opção, ela se tornou exigência. No ambiente corporativo, muitos são os exemplos de recrutamento às cegas que vem proporcionando resultados incríveis! Portanto, não se trata de uma estratégia midiática apenas para engrandecer momentaneamente a reputação da marca, mas de um valor, urgente e indispensável, para propiciar resultados sustentáveis aos acionistas e, paralelamente, um benefício incomensurável para a sociedade.

Nesse universo em que o propósito assume a dianteira, valorizamos a resiliência. Avaliamos o profissional pelas suas habilidades emocionais e pela sua capacidade de entregar resultados concretos. A outrora "civilização da média", alicerçada por padrões comportamentais focados no desempenho regular, cedeu lugar à busca incessante pelo máximo. A palavra de ordem é reinventar. O tripé "educação-emprego-carreira" já virou obsoleto. As formas de trabalho estão em constante mutação, e os profissionais devem ressignificar suas carreiras, agregar valor e fazer a diferença.

Não basta ter iniciativas, mas também "acabativas". Tudo junto e misturado. As profissões modernas envolvem atividades mais intelectuais e menos físicas e repetitivas – estas serão exercidas pela automação. Características que antes eram seletivas hoje são indispensáveis. Estar sempre atualizado, demonstrar inteligência emocional, ter adaptabilidade, ser objetivo na comunicação, aplicar uma postura empreendedora e estabelecer estratégias de relacionamento que envolvam tanto as ações participativas presenciais quanto uma enriquecedora presença virtual tornaram-se exigências e não mais diferenciais competitivos.

Por outro lado, novos desafios e questionamentos nos são apresentados, tais como: qual será a nossa qualidade de vida durante esse período? Como vamos conseguir equilibrar o trabalho, o lazer e a saúde física e mental? Como será a convivência com a família e os amigos e como enfrentaremos as inevitáveis transições? Como serão esses trinta anos adicionais de vida?

A expectativa de vida do brasileiro em 1940 era de 45 anos. Em 2018, quando o IBGE realizou o último levantamento, este número pulou para 76 anos. A previsão é que os nascidos a partir deste século já superem os 100 anos.

Em seu livro "Extra Time" (2019), Camilla Cavendish, do "Financial Times", defende que a idade não deve ser medida pelos anos que já vivemos, mas por aqueles que ainda nos restam. Portanto, temos que nos preocupar menos com os nossos anos de vida e mais em colocar mais vida em nossos anos.

Se a vida começa aos 40, convido esses "jovens 40+" para pensar no que farão até os 120 anos e cito aqui uma provocação do pensador chinês Confúcio: "qual seria a sua idade se você não soubesse quantos anos você tem?".

12. Para além da transição de gênero, os desafios das pessoas transgênero

Henry Fernando de Oliveira Lourenço

Sou um homem transgênero, tenho 25 anos e uma parte da minha vida passei como "uma mulher lésbica". A maioria começa assim por não compreender o que realmente é ou por não ter tido acesso às informações, até porque a sociedade não tem o entendimento do que é ser uma pessoa transgênero, ela sempre nos impõe a cisnormatividade e a heteronormatividade. Mesmo em crianças de até três anos de idade, que não possuem compreensão de gênero, as pessoas lançam esses estereótipos para encaixá-las em padrões. E quando nós falamos sobre gênero ser algo SOCIAL, que difere da biologia, sempre vem pessoas dizendo que nós estamos negando a biologia. Se pararmos para pesquisar um pouco sobre outras culturas e diferentes épocas, veremos que a ideia de gênero varia e que existem vários gêneros além do que temos atualmente por feminino e masculino. As pessoas dizem que "mulher é quem tem XX" e isso não faz nenhum sentido para mim, pois a natureza não diz que é para você atribuir um nome feminino quando vê no ultrassom uma vagina, quem diz isso é a nossa sociedade. Não adianta dar um nome feminino a uma pessoa que tem todas as características do gênero oposto e a pessoa não se sentir como tal. Nada disso vai fazer essa pessoa ser mulher se ela se sente de outra forma.

Recordo de lembranças vagas, nas quais eu desde pequeno sentia a necessidade de ser tratado como os meninos à minha volta eram tratados, de usar as mesmas roupas (e, falando em roupas, eu achava lindo terno e calça social; enquanto a maioria dos meninos odiava usar, ficava pensando na sorte que eles tinham de poder usar e eu infelizmente ter que usar um vestido). Queria que as pessoas falassem comigo no masculino, queria ganhar os mesmos brinquedos que o meu irmão. Apesar disso, meus pais nunca ligaram que eu brincasse com os brinquedos do meu irmão. Quando viram que eu preferia carrinhos no lugar de bonecas, começaram a me dar. Amava jogar futebol – e, sim, eu jogava no time dos meninos e era até melhor do que muitos deles. Até aí tudo bem, era normal criança brincar, mas nas brincadeiras, principalmente com meninas, se eu fosse brincar de boneca, eu sempre sentia vontade de ser o pai, o tio, o sobrinho, sempre no que se refere como masculino.

Ao longo do tempo isso só foi evoluindo de forma negativa aos olhos da sociedade e eu não entendia o porquê. Eu apenas via que era errado, mas também não entendia o motivo de ser errado, então comecei a guardar isso para mim mesmo como o meu segredo. Segredo este que me machucou durante anos.

Quando estava no ensino fundamental, tive uma colega lésbica. Até então eu não tinha conhecimento do que era ser lésbica, aí ela me explicou que gostava de meninas e naquele momento se acendeu uma luz em mim de que talvez fosse essa a questão, eu gostava de coisas "masculinas" e de meninas; logo, eu era uma "menina lésbica" e passei uma boa parte da minha vida acreditando nisso, mas foi um erro em parte. Eu nunca me senti confortável em ser chamado de "lésbica" ou termos relacionados, parecia que faltava algo e às vezes me sentia ofendido (não que fosse uma ofensa). Lembro de como foi difícil contar para a minha família que eu gostava de meninas. Não utilizei o termo lésbica, informei que eu era "homossexual" e me senti mais confortável falando assim.

Foi uma fase muito difícil, pois minha família não aceitou bem de início, minha mãe ficou um tempo sem falar comigo e isso me machucou profundamente. Saber que deixei a pessoa que mais amo magoada por algo que eu não podia controlar me deixou em pedaços, mas eu não tinha o que fazer e não poderia continuar escondendo esse fato para poder agradar a todos.

Após me abrir, infelizmente minha mãe tentou me mudar, me fazer usar roupas femininas, me comportar como uma mulher. O problema é que eu não gostava; na realidade, eu nunca me senti como "mulher" e não tinha como eu deixar minha mãe continuar fazendo isso. Mas não a culpo, não tenho mágoas, muito pelo contrário, meus pais são pessoas maravilhosas que deram a vida para criar a mim e ao meu irmão.

O tempo foi passando e fui criando independência. Comecei a trabalhar em uma empresa de telemarketing onde prezam e respeitam a diversidade. Estava feliz e mais à vontade por estar em um ambiente onde encontrei outras pessoas que tinham a mesma orientação sexual que eu achava que tinha naquela época, e também porque quem não tinha a mesma orientação nos respeitava como pessoas sem qualquer tipo de julgamento. Não tinha aquele olhar torto que enfrentamos nas ruas. Ali dentro da empresa era como um porto seguro, como se eu estivesse dentro da minha própria casa, porque as pessoas se respeitavam independentemente de gênero, raça, religião ou orientação sexual.

Contudo, eu não fiquei por muito tempo nessa empresa e acabei trocando de emprego algumas vezes. Trabalhei em um escritório de advocacia, onde eu fazia o meu estágio da faculdade de direito. Confesso que foi uma área onde me dei muito bem, mas infelizmente sofri muito preconceito por questão racial e homofóbica. Era horrível chegar em uma audiência e ver os olhares maldosos e os comentários a meu respeito. É uma dor profunda que mesmo que eu consiga explicar só quem passa consegue entender. Precisei me impor por diversas vezes para não ser humilhado – e vale ressaltar que estava trabalhando e estudando em uma área jurídica que trata principalmente dos direitos humanos. Foi onde eu mais sofri preconceito na minha vida. E mais, a igualdade no campo do reconhecimento da individualidade de cada ser humano está ligada à afirmação do princípio da não discriminação, ou seja, reconhece-se que todos são iguais perante a lei e, portanto, não pode haver discriminações que excluam pessoas ou grupos do exercício de determinado direito por terem realizado certa escolha de estilo de vida, como a opção religiosa ou por possuírem determinadas características intrínsecas, como as de gênero.

Depois de três longos anos, eu não aguentava mais tudo o que estava passando e acabei desenvolvendo crise de ansiedade. Decidi sair desse trabalho e trancar a faculdade. Fiquei cinco meses desempregado e desabei, tive depressão. Foi nesse período que entrei em um abismo sem chance de sair e consegui pensar na minha vida desde a infância. Nesse momento, me surpreendi e entendi que aquele segredo que eu carregava comigo durante anos era de fato uma verdade sobre mim que eu só consegui compreender naquela hora. Não fica difícil explicar quando você se encontra, difícil é você se convencer de ser alguém que você nunca foi e mais difícil ainda é entender o porquê daquilo tudo. Parece que você viveu em vão durante anos, que tiraram de você o direito de ser quem você realmente é.

Muitas coisas passaram pela minha cabeça naquele momento: como seria dali para frente, como meus amigos e familiares iriam lidar com isso. Precisei me aceitar, pois daquela maneira eu já não aguentava mais viver. Então, assim que eu estava tentando me aceitar, pensei em todo o preconceito que eu já passei e os que eu ainda enfrentaria por tomar a decisão de revelar quem eu realmente era. Mas como eu iria fazer isso sem saber por onde começar, sem realmente saber o que era ser uma pessoa transgênero, sem conviver com alguém igual a mim? Comecei a me enxergar como um "monstrinho", como se só eu existisse nessa condição dentro da sociedade. Apesar dos meus amigos terem me apoiado e estarem comigo, eu me sentia a pessoa mais sozinha do mundo, sentia que minha vida de nada valia, até porque eu cresci dentro de uma determinada religião na qual se dizia que fazer a transição era se automutilar, mas isso não é verdade, eu estaria me automutilando se continuasse sendo quem não sou.

Nessa fase tentei suicídio por duas vezes: entender que por tempos você foi tratado como uma pessoa de um gênero que não é o seu foi um gatilho para mim, assim como é para muitos. Ver que determinada parte do seu corpo estar ali não faz sentido algum, que deveria ser diferente, é um sentimento inexplicável. Minha disforia aumentou a cada dia e até hoje preciso lidar com ela.

Logo após essa fase, comecei a trabalhar em uma empresa onde fui muito bem recebido, porém não tinha informado que era homem transgênero. Até porque eu ainda não tinha a total informação do que era ser uma pessoa transgênero e nem sobre os meus direitos. Eu não sabia me impor como pessoa para que os outros pudessem me respeitar. Além disso, o medo da discriminação e de perder o emprego que eu precisava muito tomou conta de mim. Passados alguns meses ali, descobri que havia um outro homem transgênero, mas ele também não era respeitado como um, as pessoas e a empresa não respeitavam o seu nome social. Conversamos sobre algumas coisas e nisso resolvi falar para os meus superiores e colegas de trabalho que era transgênero. A empresa simplesmente ignorou todo o fato, ninguém teve preocupação nenhuma em saber como eu me sentia e se eu precisava de alguma ajuda. Continuei usando o meu nome de batismo e usando o banheiro feminino. Essa questão parece ser uma coisa pequena e simples, mas para uma pessoa como eu significa respeito e visibilidade. Usar o banheiro feminino faz com que você se sinta constrangido pelas outras mulheres, pois elas sabem que você não é uma mulher mesmo que a sua região íntima indique o oposto. Com o passar do tempo, você acaba se sentindo mal por estar em um ambiente em que não é aceito e respeitado.

Consegui um outro emprego em uma empresa multinacional. Na entrevista não falei sobre eu ser transgênero, até porque não sabia da política da empresa. Mas, no primeiro dia de trabalho, que foi a integração da equipe que estava entrando junto comigo, me apresentei com o meu nome social, e todos me trataram com a maior naturalidade. O RH da empresa, junto com meu gerente, veio conversar comigo para saber se eu tinha meus documentos retificados, informei que não, mas, mesmo assim, colocaram no sistema o meu nome social e no crachá também. Pequenos gestos fazem com que nos sintamos importantes. Lá todos me respeitam como o homem que sou, sem nenhuma discriminação.

A empresa respeita a diversidade, seja ela qual for, gênero, religião, sexualidade, entre outras. Faz campanhas e deixa um espaço aberto para que essas pessoas possam se expressar.

Por ter o reconhecimento do trabalho feito pelos funcionários, tive o prazer de conversar com a vice-presidente da empresa do Brasil e ela explicou a importância da diversidade e da igualdade. Há uma correlação com harmonia, ideias e pensamentos. Quanto mais a gente consegue representar o que é a sociedade, melhores decisões de negócios conseguimos tomar.

É preciso haver uma capacitação dos recursos humanos, como: haver algum projeto de inclusão e conscientização dentro da empresa, para criar um ambiente de trabalho inclusivo no qual essa pessoa vá conseguir trabalhar com naturalidade e se sinta confortável para ser quem ela realmente é.

As pessoas transgênero que hoje ocupam um espaço no mercado de trabalho formal têm a responsabilidade de abrir portas para outras pessoas transgênero.

As empresas precisam entender que as pessoas trans são tão competentes quanto as pessoas cis. Entendemos que a carga de experiências que vem com essas pessoas as torna profissionais muito mais responsáveis, mais atentas e cuidadosas.

Além da empregabilidade, precisamos saber educar as pessoas para que elas aprendam a respeitar as diferenças. Não podemos falar apenas da empregabilidade sem pensar em como mudar a cultura.

Políticas afirmativas e específicas trazem oportunidade de a sociedade nos conhecer, e isso traz um resultado positivo para os transgêneros.

Sabemos que as empresas precisam realizar ações para melhorar a vida das pessoas – quem está feliz vai produzir mais –, mas para isso acontecer elas precisam de um ambiente de trabalho saudável e seguro para poder se desenvolver.

Quando se fala de diversidade LGBTQ+, ela sempre é representada por um padrão de pessoas e acaba excluindo as outras que não estão dentro dele. As mídias dão visibilidade apenas para homens gays brancos ou mulheres lésbicas brancas. Como padronizar uma comunidade de pessoas sendo que nós, seres humanos, não somos padronizados? A visibilidade precisa ser para todos: homens ou mulheres cis ou trans, independentemente de sua etnia ou tipo físico, pessoas negras e fora do padrão, todos precisam ser representados. Uma forma para educar todos os colaboradores é dar voz a essas pessoas para que elas mesmas possam explicar para os outros colaboradores o que é ser LGBTQ+.

Há anos estamos falando sobre a opressão de nós transgêneros dentro da sociedade, e muitas pessoas, por transfobia e falta de oportunidade, acabam se prostituindo para conseguir sobreviver. A expectativa de vida de pessoas transgênero é de 35 anos e a taxa de desemprego é altíssima. A morte de Demétrio Campos, que era homem trans e negro que cometeu suicídio em 17 de maio de 2020, no dia internacional contra a LGBTQ+fobia, por conta do preconceito, do ódio e do racismo transfóbico do sistema, mostra claramente que não somos mortos apenas quando alguém puxa um gatilho. As pessoas morrem pelo descaso, pela falta de oportunidade, pelas palavras – as ditas e as não ditas –, pela dor e pelo cansaço de ter que lutar todos os dias para ser quem são em uma sociedade como a nossa. Por isso devemos ter visibilidade para reeducar e mudar a cultura.

Por toda a minha vivência, o que percebo na maioria das pessoas cisgênero é a dúvida: "como tratar uma pessoa transgênero?". Primeiro de tudo, é saber que não se deve ser invasivo. A pergunta que deve ser feita a uma pessoa trans é: "como devo chamar você?". É preciso entender que nem todas as pessoas trans se identificam como uma pessoa transgênero ao nascer e que não existe idade para isso, tudo se dá em um processo. Cada pessoa tem o seu tempo e devemos respeitá-lo. Como nossa sociedade oprime as informações sobre a questão de identidade de gênero, nós trans precisamos buscar essas informações por nós mesmos e entender cada processo. Além disso, precisamos buscar acompanhamentos médico e psicológico para nos ajudar na transição.

A dificuldade da falta de informação nos deixa vulneráveis, pois quando nos entendemos na maioria das vezes estamos sozinhos. E é devido a essa falta de informação que algumas pessoas não se identificam quando criança ou porque os pais não possuem o entendimento.

Devido a isso, um colaborador que é uma pessoa trans pode acabar se entendendo de fato como trans quando já está empregado. O que a empresa deve fazer com a questão? O correto é dar o apoio necessário que essa pessoa precisa, além de cumprir os direitos e deveres conforme a lei. Essa pessoa deve ter o seu nome social respeitado no sistema e no crachá, mesmo que ainda não tenha realizado a retificação do seu nome. Seria interessante realizar uma reunião com os colaboradores que estão no dia a dia com essa pessoa para comunicá-los sobre o seu nome social, para que, a partir daquele momento, sem constranger a pessoa, todos tomem conhecimento de seu nome social.

Lembrando que, para ser uma pessoa transgênero, não há a necessidade de realizar nenhum tipo de tratamento hormonal ou cirurgia. Isso é uma questão pessoal e se a pessoa se sente bem com o próprio corpo deve ser respeitada da mesma forma. Essa questão não a faz ser menos homem ou menos mulher de acordo com o que ela se identifica.

Não podemos confundir identidade de gênero com orientação sexual.

- ✓ **Identidade de gênero:** modo como o indivíduo se identifica com o seu gênero, podendo ser: transgênero, cisgênero e não binário.
- ✓ **Orientação sexual:** maneira como um indivíduo se relaciona afetiva e sexualmente com uma pessoa.

Falamos esse tempo todo sobre transgênero e cisgênero, mas não citamos o termo não binário. A pessoa não binária também é uma pessoa transgênero, pois se identifica com os dois gêneros, ou seja, ela se entende como homem ou mulher. Devido a essa questão, também se deve perguntar: "como posso me referir a você?", para que essa pessoa sinta que você, de alguma forma, realmente se importa com ela. Isso acaba sendo tudo em um mundo onde nós não somos vistos pela sociedade.

13. Como apoiar a inclusão de pais e mães de pessoas com deficiência no âmbito corporativo

Adriane Boueri

Muito se fala da inclusão de pessoas com deficiência no mercado de trabalho e em ambientes sociais, porém a reflexão que desejo fazer é com outro olhar: como os pais e as mães de pessoas com deficiência se adaptam no ambiente profissional?

Falamos de inclusão, mas quero chamar atenção para a exclusão de mães e pais no âmbito profissional, a falta de atenção e acolhimento que muitos sofrem por não serem ambientados de forma diferenciada. Sim, de maneira diferente. Porque o que existe na vida desses cuidadores é uma realidade às vezes blindada, escondida. Muitas famílias não falam abertamente sobre as suas dificuldades e os seus desafios, que são muitos, porque, além do cuidado físico, que em alguns casos são bem intensos, dependendo da deficiência dos seus filhos, há também o cuidado psicológico, que é esquecido e fingido que não precisa ser tratado.

Conforme o último censo do IBGE, em 2010 (IBGE EDUCA, s.d.), quase 46 milhões de brasileiros, uma média de 24% da população, declararam ter algum grau de dificuldade em pelo menos uma das habilidades, como enxergar, ouvir, caminhar ou subir degraus, ou possuir deficiência mental/intelectual. Pensando que todos vivemos em família (presentes ou ausentes, sempre temos participação em um núcleo familiar), existem quase 24% de pais e mães de pessoas com deficiência, que normalmente são esquecidos e não apoiados em suas decisões, principalmente de se manterem ativos profissionalmente.

A Convenção, de acordo com a ONU, é um instrumento de direitos humanos, com explícita dimensão de desenvolvimento social. Ela reafirma que todas as pessoas com todos os tipos de deficiência devem gozar de todos os direitos humanos e liberdades fundamentais – e esclarece exatamente como as categorias de direitos devem ser aplicadas.

> *Pessoas com deficiência têm o direito...*
>
> *ao respeito pela sua dignidade humana...*
>
> *aos mesmos direitos fundamentais que os concidadãos...*
>
> *a direitos civis e políticos iguais aos de outros seres humanos...*
>
> *a medidas destinadas a permitir-lhes a ser o mais autossuficientes possível...*
>
> *a tratamento médico, psicológico e funcional [e]*
>
> *a desenvolver suas capacidades e habilidades ao máximo [e]*
>
> *apressar o processo de sua integração ou reintegração social...*
>
> *à segurança econômica e social e a um nível de vida decente...*
>
> *de acordo com suas capacidades, a obter e manter o emprego ou se engajar em uma ocupação útil, produtiva e remunerada e se filiar a sindicatos [e] a ter suas necessidades especiais levadas em consideração em todas as etapas do planejamento econômico e social...*
>
> *a viver com suas famílias ou com pais adotivos e a participar de todas as atividades criativas, recreativas e sociais [e não] serem submetidas, em relação à sua residência, a tratamento diferencial, além daquele exigido pela sua condição...*
>
> *[a] serem protegidas contra toda exploração, todos os regulamentos e todo tratamento abusivo, degradante ou de natureza discriminatória...*
>
> *[e] a beneficiarem-se de assistência legal qualificada quando tal assistência for indispensável para a própria proteção ou de seus bens... (ONU, 1975).*

E por que não pensar nesses mesmos direitos para os pais e as mães das pessoas com deficiência que cuidam intensamente de seus filhos e que precisam e querem se manter ativos profissionalmente?

A inclusão precisa acontecer

Existem diversas decisões ligadas ao universo da deficiência. Uma delas é a escolha de em que ambiente estar, seja social ou corporativo. Quando uma mãe precisa trabalhar e tem essa opção (muitas optam por parar porque não têm suporte necessário para os cuidados com o filho), precisa se preocupar também com o meio no qual ela estará inserida, porque precisa de suporte psicológico quando se mantém fora de casa. Não é tratamento que digo, falo de um ecossistema acolhedor, não paternalista, mas com um olhar de compaixão com a vida do outro, que muitas das vezes não é compreendido por quem não vive.

Essa mãe ou esse pai, por passar um tempo muito elevado atendendo às necessidades do indivíduo dependente, pode sofrer um estresse social que tem como consequência o afastamento, muitas vezes, da sua própria família, dos amigos e uma limitação no seu convívio social (GONÇALVES, 2002). E ainda muitos médicos e pesquisadores têm levantado diversos problemas enfrentados por esses cuidadores específicos, como: cansaço, distúrbios do sono, dores de cabeça e nas costas, perda ou aumento de peso demasiado, hipertensão e vontade de reclusão social, isolamento afetivo, depressão e até perda da perspectiva de vida. Isso é potencializado quando não há acolhimento em ambientes sociais e/ou profissionais.

A ONU alerta ainda que 80% das pessoas que vivem com alguma deficiência residem nos países em desenvolvimento. Segundo o UNICEF, no total, 150 milhões de crianças (com menos de 18 anos de idade) têm alguma deficiência (CONSELHO EMPRESARIAL BRASILEIRO PARA O DESENVOLVIMENTO SUSTENTÁVEL, 2019). Pensando que ter alguma deficiência aumenta o custo de vida em cerca de um terço da renda da família, em média, imagine o que significa para os principais cuidadores ter como desafio trabalhar e socializar com pessoas que não entendem (e por vezes nem querem entender) a realidade na qual aquela família se encontra. A atenção especial à inclusão escolar, que é um desafio maior para as crianças com deficiência, consequentemente tem impacto direto na rotina dos pais.

Mas cuidado ao pensar que incluir dá muito trabalho! Muitos pensam então que é melhor nem contratar na sua empresa ou chamar para a festinha do fim de semana. A inclusão dos pais, em geral, é um fator de responsabilidade social e não de piedade, principalmente por dever moral. Conviver em ambientes corporativos com famílias que vivem diariamente a diversidade pode trazer outras formas de pensar o mundo à volta, e isso promove oportunidades de mudança importantes para o mundo, considerando o fato de que temos a corresponsabilidade de construí-lo.

A qualidade de vida desses pais e mães é algo que precisa de atenção especial, pois afeta diretamente a qualidade de vida da pessoa com deficiência e dependente de cuidados. E se falamos de inclusão social, devemos pensar e ter ações específicas para incluir todo o núcleo.

Como incluir no ambiente corporativo

Muitas são as possibilidades de uma inclusão corporativa para os pais que exercem atividades laborais, já que entendemos que as organizações, públicas ou privadas, estão cada dia mais flexíveis quanto ao horário de trabalho, políticas de trabalho remoto (principalmente depois de termos passado por um *lockdown* em 2020, no qual as empresas precisavam continuar ativas, mesmo com os colaboradores em suas casas) ou formas de contratação diferenciadas. São muitas as opções que permitem que esses cuidadores, principalmente os diretos (em sua maioria mães e pais), continuem a trabalhar e exercer sua atividade profissional com muito afinco, independentemente de viverem em um universo tão diferente do mundo típico.

Quando pensamos em jornada de trabalho flexível, estudo comprova que profissionais que trabalham em horários alternativos produzem melhor e focam mais no trabalho (REDAÇÃO ADMINISTRADORES.COM, 2018). Isso porque podem ser mais produtivos em suas funções mantendo-se perto daquilo que também é importante para eles: qualidade da própria vida e estar próximo dos filhos, ainda mais se forem filhos com deficiência, que precisam de uma série de atividades diferenciadas, como acompanhamento médico e terapias frequentes.

Com horários de trabalho flexíveis, as empresas também obtêm benefícios: desistir de algum controle dos horários de trabalho aumenta a moral, o envolvimento e o comprometimento dos profissionais com a organização. A opção também reduz a rotatividade, o absenteísmo e o atraso de funcionários, permitindo que cumpram as horas sem interferir nas obrigações domésticas e familiares. O fluxo de projetos e de trabalho pode aumentar à medida que os profissionais se sintam mais atualizados e capazes de trabalhar mais.

O teletrabalho tem sido um aliado para muitos desses pais, como, por exemplo, aqueles que não têm recursos financeiros para contratar um cuidador. Com o teletrabalho eles conseguem, de dentro de casa, dar conta da sua produtividade e de todos os cuidados com seu filho. O importante é que a empresa tenha um direcionamento eficaz, uma liderança próxima e principalmente a confiança de que não é porque o pai ou a mãe precisa cuidar de uma pessoa com deficiência que não irá produzir. Uma conversa transparente e sem melindres é essencial nesse momento para que seja feito um alinhamento das necessidades da empresa e do profissional.

Um ponto de atenção extremamente importante é a socialização em eventos corporativos quando temos no círculo social pessoas com deficiência. A família deve ser inserida nas festas e/ou nos encontros das empresas, que devem ser pensados para viver essa diversidade, até porque todas as pessoas são diferentes e têm limitações. Daí já parte a questão de que não somos iguais e que as diferenças nos tornam complementares e, muitas das vezes, pessoas e profissionais melhores. Se sua empresa tem festa do Dia das Crianças, por exemplo, saiba da importância de se pensar em brincadeiras inclusivas, não somente para as crianças que têm limitações físicas e/ou cognitivas, mas principalmente para que as crianças de outras famílias entendam que a convivência com a diversidade é muito saudável e forma cidadãos socialmente responsáveis para com os outros.

E o que devemos fazer na prática?

Debater e pensar em como apoiar a qualidade de vida de pais e mães de pessoas com deficiência pode contribuir para a elaboração de programas educacionais corporativos que favoreçam esses indivíduos, bem como para a proposição de políticas privadas organizacionais que favoreçam a melhora da saúde física e emocional, tal qual a inclusão social de ambos.

Precisamos entender que vivemos em uma sociedade na qual as pessoas são diferentes, independentemente se essa diversidade vem de uma deficiência motora, cognitiva ou intelectual.

Pais e mães de pessoas com deficiência não são diferentes de outros pais e mães, a diferença muitas vezes está na forma como são tratados ou até mesmo "sentenciados" pelos cuidados atípicos que precisam ter com os seus filhos. E vale aqui reforçar que a empatia de enxergar o outro em situações diversas pode ajudar muito na relação social e profissional, contribuindo com um mundo mais inclusivo e produtivo.

O mais importante disso tudo é que não é porque uma pessoa, mãe ou pai, cuida de uma outra pessoa, nesse caso com deficiência, principalmente dependente, que não pode ser bem-sucedido profissionalmente ou ser altamente produtivo e ainda fazer entregas com excelência. O ambiente corporativo não pode discriminar um profissional pelo filho que tem e pela condição social como vive. As empresas devem ser coerentes e buscar pessoas que queiram contribuir com o propósito, independentemente do que são ou de como vivem fora da organização.

PARTE IV.
OS AMBIENTES E SUAS PARTICULARIDADES

Os ambientes interferem nas relações interpessoais e em como os grupos sociais são incluídos ou excluídos, por isso descreveremos características benéficas *versus* características maléficas para uma cultura inclusiva.

14. Ambiente descontraído x ambiente permissivo de *bullying*

Ana Carolina Castelar

É comum ouvirmos a expressão "bullying" e já relacionarmos aos jovens, às crianças e às escolas. No entanto, após muita discussão sobre o assunto, é entendido que o *bullying* pode se manifestar em todos os grupos sociais. E no ambiente de trabalho não é diferente. Mas, afinal, o que é *bullying*?

O *bullying* e sua origem

O termo *bullying* é originado da palavra inglesa *bully*, que faz referência aos valentões ou aos indivíduos com comportamento opressivo, que utilizam a intimidação para tirar vantagens de pessoas que não conseguem se defender. A palavra também é usada como verbo, para expressar as ações de ameaçar, maltratar, assustar e oprimir.

No ano 1980, o pesquisador Dan Olweus, professor da Universidade da Noruega, começou a investigar esse fenômeno no contexto escolar, ouvindo alunos, pais e professores para classificar as agressões. A partir desses estudos, o termo passou a descrever a intimidação constante.

No Brasil, o tema ganhou maior destaque apenas na década de 2010, quando houve a promulgação da Lei nº 13.185/2015, que instituiu o Programa de Combate à Intimidação Sistemática (*bullying*). De acordo com a legislação (BRASIL, 2015) é considerado *bullying* "todo ato de violência física ou psicológica, intencional e repetitivo que ocorre sem motivação evidente, praticado por indivíduo ou grupo, contra uma ou mais pessoas, com o objetivo de intimidá-la ou agredi-la, causando dor e angústia à vítima, em uma relação de desequilíbrio de poder entre as partes envolvidas".

Ainda segundo a legislação brasileira, estes são alguns exemplos do que categorizam a prática do *bullying*:

- ✓ **Verbal:** insultar, xingar e apelidar pejorativamente.
- ✓ **Moral:** difamar, caluniar, disseminar rumores.
- ✓ **Sexual:** assediar, induzir e/ou abusar.
- ✓ **Social:** ignorar, isolar e excluir.
- ✓ **Psicológico:** perseguir, amedrontar, aterrorizar, intimidar, dominar, manipular, chantagear e infernizar.
- ✓ **Físico:** socar, chutar, bater, empurrar.
- ✓ **Material:** furtar, roubar, destruir pertences de outrem.
- ✓ **Virtual:** depreciar, enviar mensagens intrusivas da intimidade, enviar ou adulterar fotos e dados pessoais que resultem em sofrimento ou com o intuito de criar meios de constrangimento psicológico e social.

Cléo Fante, em 2005, citou que o *bullying* "é uma das formas de violência que mais cresce no mundo". Quinze anos se passaram desde a fala da autora e a prática continua ocorrendo em diversos grupos sociais e não apenas na infância, mas também na vida adulta, e presente na maior parte das empresas. É mais comum acontecer do que imaginamos. Por isso, devemos estar atentos: um comentário à primeira vista inofensivo pode afetar emocionalmente e fisicamente o alvo.

O *bullying* no ambiente de trabalho

De acordo com o estudo realizado pela *Kantar Inclusion Index* (BATISTA, 2019), índice global de inclusão e diversidade no trabalho, 41% dos colaboradores brasileiros relatam que sofrem algum tipo de *bullying* e que não se sentem bem no ambiente de trabalho. E 67% relatam que não se sentem à vontade para dividir com seus gestores e recursos humanos os comportamentos negativos identificados.

Nesse sentido, as organizações brasileiras ainda têm uma grande jornada pela frente. É importante ficar atento aos contextos nos quais o *bullying* se manifesta e refletir sobre a manutenção de um espaço onde todos possam se sentir confortáveis e incluídos. Como é o ambiente onde você trabalha?

Um espaço considerado "leve e descontraído" por muitos pode estar carregado de críticas e piadas a respeito de outros funcionários. Será que a prática de *bullying* não está inerente a essa ideia de uma equipe "descontraída"? Será que não subestimamos a presença do *bullying* em prol de uma falsa sensação de harmonia organizacional?

Vamos pensar em um exemplo prático. Imagine um gestor que tenha algum preconceito em relação à orientação sexual, religião, etnia ou crença de um membro da equipe. Um dia ele faz um comentário manifestando publicamente seu desprezo quanto a algum desses assuntos e ele continua manifestando esse discurso repetidamente de maneira irresponsável pelos corredores, em reuniões etc. É natural que a vítima se sinta rejeitada, de modo que acabe tendendo para o isolamento conforme a frequência dessa intimidação. Além disso, a fala do gestor legitima o preconceito de outros colaboradores e impulsiona a discriminação da vítima, agravando ainda mais a situação. A prática dessa intimidação pode gerar danos para as empresas, para os agressores e, principalmente, para a vítima.

Consequências do *bullying*

Para a empresa – O *bullying* pode causar queda expressiva na produtividade da vítima e, caso essa questão não seja resolvida, pode também contaminar o rendimento da equipe como um todo. Além disso, o clima organizacional fica mais tenso e hostil quando essas práticas permanecem por longos períodos, podendo ainda gerar impactos maiores, como o aumento de taxas de absenteísmo (ausências), *turnover* (rotatividade de empregados) e pedidos de demissão de funcionários excepcionais. Esses impactos já deveriam ser fortes motivadores para as empresas agirem diretamente contra o *bullying*; caso contrário, os impactos se tornam cada vez mais difíceis de reverter.

Infelizmente, na maioria das vezes, esse problema não é visível para todos os colaboradores. O alvo raramente se sente seguro para denunciar as agressões ou para compartilhar seus sentimentos com alguém de confiança, prolongando esse sofrimento. Então, quando a liderança ou profissionais de Recursos Humanos ficam sabendo, já há um impacto no lucro ou até mesmo na imagem da empresa.

Para o agressor – De acordo com a política e os procedimentos, o agressor pode ser punido por parte da empresa e perder desde benefícios a comissões. Em casos menos graves as advertências e suspensões são comuns, mas quando o *bullying* é mais intenso e gera maior impacto à saúde da vítima, o agressor pode ser demitido por justa causa. O agressor também está sujeito a responder a processos, nos quais pode ser condenado a indenizar a vítima por danos morais e/ou materiais. Além disso, caso denunciado, ele fica malvisto entre seus colegas e gestores, o que reduz suas chances de crescer na empresa ou de conseguir outras oportunidades.

Para o alvo – O colaborador que sofre *bullying* tem seu rendimento afetado e tende a optar pelo isolamento. Por conta disso, pode perder oportunidades de crescimento na empresa ou decidir que é melhor se desligar, já que o objetivo principal passa a ser colocar um fim nas agressões.

Apesar desses impactos serem negativos, os danos mais graves estão relacionados à saúde. As vítimas podem sofrer crises de ansiedade, depressão, alterações de humor, perda de memória, irritabilidade, dificuldades de relacionamento, perturbações no sono, dores de cabeça e nas costas, tonturas, desmaios, obsessões e compulsões, comportamentos violentos contra as pessoas ou contra si mesmo e, muitas vezes, em casos mais graves, fomentar o suicídio.

É importante que as organizações levem a sério e entendam que a prática do *bullying* afeta os principais elementos da empresa: as pessoas. Apenas observando por esse prisma, é possível compreender que a saúde mental de seus colaboradores influencia diretamente o desempenho corporativo como um todo.

Como lidar com o *bullying* nas empresas?

Já passou da hora de perceber que o *bullying* pode estar presente em qualquer empresa. No momento é preciso encarar essa realidade e buscar formas de melhorar o ambiente organizacional para que todos sejam respeitados e consigam exercer seu trabalho sem grandes preocupações.

O primeiro passo é abordar esse tema nas empresas para conscientizar todos os níveis hierárquicos. Isso contribui para que os colaboradores reflitam sobre a problemática e questionem seus comportamentos e o comportamento dos demais funcionários.

Corredores corporativos, principalmente os corredores de empresas em que a pressão e a competitividade são acima da média, possuem um espaço suscetível para que as pessoas mostrem o seu pior lado. Líderes e gestores têm o desafio de criar um ambiente que não estimule nem favoreça a hostilidade entre os colaboradores. A grande missão é proporcionar um clima amigável com bem-estar e integração entre as pessoas. Afinal, um ambiente seguro com gestores conscientes e responsáveis é o mínimo que se espera de uma organização séria.

A empresa precisa ter um forte posicionamento sobre a prática do *bullying*. Comportamentos tóxicos e atitudes destrutivas não devem ser relativizados, justificados ou admitidos entre os funcionários, e isso precisa estar claro para todos. Medidas preventivas como políticas e normas claras contra o *bullying* são necessárias para oferecer um ambiente seguro e acolhedor para uma possível vítima e garantir a punição dos agressores antes que a situação ultrapasse os muros da empresa e chegue até a justiça.

Outra ideia é criar canais abertos de comunicação que, além de contribuir com a transparência, aproximem a vítima para que ela tenha mais confiança em relatar situações degradantes. Treinamentos para esclarecer quais as possíveis punições em termos de *bullying* também são interessantes.

Ações contra o *bullying* não são sinônimo de regras restritivas que condenam o bom humor ou as brincadeiras entre os colegas de trabalho. Na verdade, demonstra o cuidado de construir juntos um ambiente respeitoso, leve, agradável e verdadeiramente descontraído para todos. Quando nosso olhar se volta para realidade do outro, torna-se mais fácil compreendê-la. Devemos aceitar as diferenças e entender que nossas atitudes possuem impactos positivos e negativos na vida do outro. Portanto, precisamos ter consciência e deixar a empatia fazer seu trabalho.

15. Ambiente físico

Rayana Azevedo
Fernanda Belmont Reis

Introdução

O dicionário Houaiss (VÁRIOS AUTORES, 2009) define ambiente como: "o que rodeia ou envolve por todos os lados e constitui o meio em que se vive; tudo que rodeia ou envolve os seres vivos", E define físico como: "material; observado pelos sentidos; real". Logo, podemos definir ambiente físico como aquele que nos rodeia, o qual podemos ver, sentir e, o mais importante, ocupar. Apesar de o dicionário mostrar tal definição, existe uma série de barreiras e limitações que impede uma parcela da sociedade de ocupar os meios dados como ambientes físicos. Neste capítulo abordaremos alguns aspectos e situações que tornam ambientes físicos menos inclusivos e formas de reverter a situação.

Entenda os conceitos

Cidadãos são quaisquer indivíduos que usufruem dos direitos civis e políticos, inclusive dos direitos de ir e vir em espaços públicos e estabelecimentos. Mas será que essa definição é real em qualquer âmbito e/ou aspecto dentro do contexto atual da sociedade?

Vejamos bem: a deficiência é mostrada na Lei nº 13.146 (BRASIL, 2015) no art. 2º como "aquela que tem impedimento, o qual, em interação com uma ou mais barreiras, pode obstruir sua participação plena e efetiva na sociedade em igualdade de condições com as demais pessoas". Em contraponto com o significado de cidadão, vemos o quanto as pessoas com deficiência têm dificuldade de acessar e/ou de permanecer em ambientes físicos, o que acaba tirando todo o seu direito de ir e vir. Quando analisamos a NBR 9050 (ASSOCIAÇÃO BRASILEIRA DE NORMAS TÉCNICAS, 2004), vemos de forma sólida que há barreiras consideradas físicas, comunicacionais, sociais e atitudinais e que elas são uma das principais dificuldades para a inclusão das pessoas com deficiência em ambientes físicos.

É preciso falar sobre ambientes físicos, sim!! Contudo, é preciso falar sobre ambientes físicos inclusivos e acessíveis. De acordo com a definição do dicionário (VÁRIOS AUTORES, 2009), acessibilidade é a ausência de qualquer tipo de empecilho para a realização de qualquer atividade diária.

Direcionando nosso olhar para além desse conceito, percebemos que tais barreiras impedem a inclusão de outros grupos sociais marginalizados na sociedade, visto que barreiras atitudinais são "atitudes e/ou comportamentos preconceituosos perpetuados ao longo do tempo que impedem o acesso aos ambientes". Tais barreiras são conhecidas como "intolerância" ou "preconceito" e são, infelizmente, intrínsecas na cultura do país.

A inclusão não é algo que acontece da noite para o dia, ela é feita a partir de um processo de desconstrução de padrões e paradigmas. Quando falamos sobre ambientes físicos, o processo se dá da mesma forma; é necessário que reconheçamos o "problema" para que a partir daí busquemos soluções, a fim de que sejamos, enquanto sociedade, agentes de mudança e transformação. Isso tudo ainda é um desafio, mas o que não o desafia não o transforma. Desafios: eles movem ou paralisam você?

Onde estão as limitações?

Inicialmente, vale lembrar que, segundo o censo de 2010 (BRASIL, 2019), 24% da população brasileira é composta por pessoas com deficiência. Entretanto, quando olhamos para o cenário brasileiro, vemos o quanto essas pessoas são impedidas de adentrar e/ou ocupar algum tipo de ambiente físico, seja transportes públicos, lojas, banheiros públicos, ou até mesmo calçadas, por serem irregulares ou pela falta de sinalização (pisos táteis ou sinais sonoros), o que as impede de exercer o direito de ir e vir.

Sabemos que 2020 tem sido um ano difícil para todos, mas é importante abordar o quanto a pandemia tem dificultado o processo de inclusão nos ambientes físicos para as pessoas com deficiência. Uma matéria publicada no Jornal de Brasília (GALLO, 2020) traz à tona alguns depoimentos sobre a realidade da pessoa com deficiência visual ao ir trabalhar. Na matéria, Viviane (cega de nascença) relata o risco de contaminação elevado para as pessoas cegas: "a bengala é nosso meio de locomoção e ela toca em tudo: no chão, na parede. E, se o lugar estiver contaminado, pode passar para a bengala (como um objeto de metal) e a gente pode contrair o vírus através da bengala". Sobre a falta de inclusão nas medidas de distanciamento social, um especialista diz: "as marcações de filas não são em alto relevo. São marcações que a gente não percebe o distanciamento, aí isso é difícil".

Partindo para outra visão, também segundo o IBGE (BRASIL, 2020), hoje no Brasil 56% de pessoas se autodeclaram negras. E por mais que tais pessoas sejam maioria no quesito populacional, quando olhamos para a inclusão nos ambientes físicos esse número despenca. Quantas vezes já não ouvimos o relato de uma pessoa negra que foi perseguida no shopping por um segurança? Ou quantas vezes nós já mudamos de calçada com medo de sermos assaltados (e isso é algo do subconsciente e do racismo estrutural da sociedade)? Os fatos observados demonstram o quanto as pessoas negras, ainda que pautadas como cidadãos com direitos iguais na constituição, são impedidas estruturalmente pelo preconceito de adentrar e/ou ocupar um determinado espaço.

Esse fato pode ser mostrado por meio dos dados disponibilizados pelo G1 (ACAYABA; ARCOVERDE, 2020). Segundo a fonte, o número de homicídios de negros no Brasil saltou para 11,5% nos últimos 10 anos, enquanto o de pessoas brancas diminuiu em 12,9%. Hoje, na nossa bolha social, achamos que esse pode ser um problema não mais tão recorrente. Todavia, os números mostram o contrário.

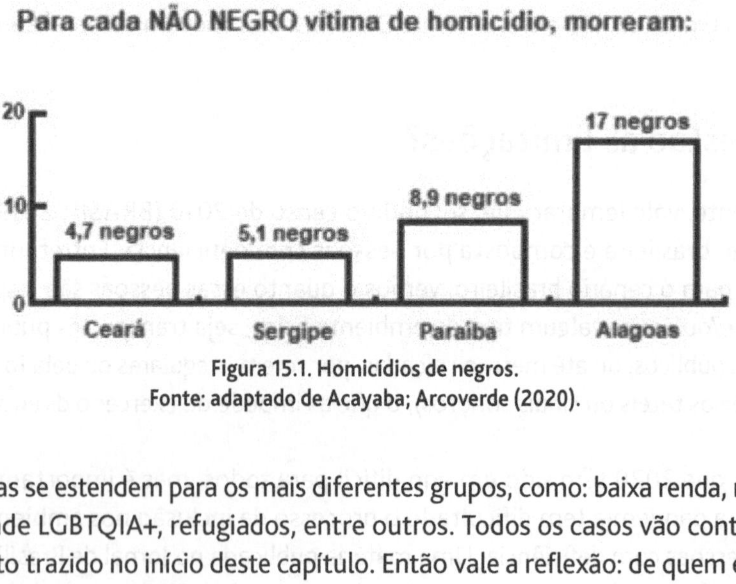

Figura 15.1. Homicídios de negros.
Fonte: adaptado de Acayaba; Arcoverde (2020).

As barreiras se estendem para os mais diferentes grupos, como: baixa renda, mulheres, comunidade LGBTQIA+, refugiados, entre outros. Todos os casos vão contra a ideia do conceito trazido no início deste capítulo. Então vale a reflexão: de quem é a culpa?

Responsabilidade de quem?

Quando vemos todos esses problemas, queremos sempre colocar a culpa nas pessoas que estão ao nosso redor. Então a culpa é do profissional da engenharia e arquitetura que não seguiu as normas de acessibilidade? A culpa é do Estado por não fazer valer a norma? Ou a culpa é nossa, que, enquanto sociedade e cidadãos, temos o dever de promover a inclusão? A realidade é dura, mas esse fardo não carregamos sozinhos. A culpa é nossa e sua que está lendo este livro também.

Como já dito no início, existem inúmeras normas que regem a acessibilidade que promove a inclusão das pessoas com deficiência nos ambientes físicos. Nessas normas são descritas as dimensões das rampas e suas inclinações (mas nada adianta uma rampa se a pessoa com deficiência não pode usá-la com total autonomia), as alturas de janelas, as larguras das portas, entre outras tantas coisas. Contudo, a base para se obter a inclusão provém da empatia (capacidade de se colocar no lugar do outro), da responsabilidade profissional (respeitar normas e leis) e da criatividade (entender que os problemas são muitos e é necessário criatividade para resolvê-los). Logo, em um primeiro momento, percebemos que, sim, faltam muitas dessas características nos profissionais responsáveis pelas normas de acessibilidade, mas a culpa não pode recair apenas sobre eles.

Quando pensamos no Estado, as palavras que podem aparecer são "corrupção", "falta de infraestrutura" e tantas outras que transparecem um sentido negativo. Aliás, o Estado é quem faz as leis, então cabe a ele também fazer com que elas sejam cumpridas, certo? A principal luta hoje vivida pelas pessoas com deficiência é proveniente do descaso com os ambientes físicos, além da falta de uma educação efetiva e inclusiva.

E, por fim, a pergunta que fica é: temos responsabilidade pela inclusão nos ambientes físicos? Quantas vezes você ignorou alguma pessoa com deficiência que precisava de ajuda para atravessar a rua? Quantas vezes você, acidentalmente, julgou a dor do outro e, por mera ignorância, vivenciou uma situação injusta e ficou calado? Nós somos culpados pelo que falamos e pelo que fazemos, mas também somos culpados por aquilo que **não** fazemos – por exemplo, situações nas quais nos mantemos inertes quando poderíamos intervir. A inclusão nos ambientes físicos começa conosco, enquanto sociedade e agentes de mudança. Cabe a nós cobrar a responsabilidade profissional e que as leis e normas sejam cumpridas em nosso ambiente de trabalho, universitário e público. Mas como?

Exemplos movem

A inclusão ainda parece ser algo utópico a ser alcançado. Contudo, o espaço para o debate tem aberto portas para chegarmos um pouco mais perto dessa tal utopia. E pensando em todos os "problemas" até aqui citados: como podemos fazer para que os ambientes físicos se tornem acessíveis e inclusivos?

Primeiramente, precisamos **SER** o exemplo para os nossos pequenos, para assim ensiná-los sobre diversidade e respeito às diferenças de cada um. Desse modo, o assunto "ambientes físicos inclusivos" será algo natural em suas vidas. Como sinônimo de exemplo, temos o "Projeto Educação Física Inclusiva", que tem como finalidade promover a inclusão na Escola Municipal Senhora de Santana, situada em Salvador, por meio das aulas de Educação Física. E o professor responsável dá uma dica: "não é só incluir por incluir. A gente de fato está comprometido, nos preocupamos, queremos que as crianças participem de fato. Então a gente chama sempre para um pacto que envolve a família, a comunidade escolar, envolvem todos os profissionais que estão aqui, os alunos e a sociedade". Sigamos este exemplo!

Quando, além de procurarmos ser bons exemplos, os seguimos, "plantamos" em nossas crianças não só esse desejo de ser bom exemplo, mas também o desejo de contagiar todos ao seu redor. Assim, colhemos adultos (cidadãos, políticos ou profissionais) responsáveis e preocupados com a inclusão em ambientes físicos. Outro exemplo: a *European Commission* promove, desde 2010, um prêmio chamado *Access City Award*. Esse prêmio tem o intuito de gratificar as cidades mais acessíveis no continente europeu. A cidade que levou o prêmio em 2020 foi Varsóvia, na Polônia. Mas o que esta cidade tem de diferente das cidades brasileiras? Ela recebeu este prêmio por considerar questões como espaços públicos, transportes, infraestrutura, instalações, serviços públicos e até tecnologia de maneira primordial. Novamente, sigamos este exemplo!

Arriscamos dizer que o que hoje temos previsto em lei é quase o suficiente para promover espaços e ambientes inclusivos. Todavia, é difícil imaginar o dia em que o que está no papel será cumprido à risca. Por isso, é necessário que estejamos o tempo inteiro cobrando dos estabelecimentos que se adequem às NBRs que dizem respeito às políticas de acessibilidade para pessoas com deficiência, por exemplo. É necessário também cobrar justiça quando presenciamos situações preconceituosas e/ou criminosas acontecendo dentro de algum espaço. Ao exercermos o nosso papel enquanto cidadãos, estaremos seguindo esse longo e árduo caminho rumo à jornada de inclusão.

Que este capítulo tenha edificado e inspirado você. E que sigamos refletindo sobre todos os problemas acerca dos ambientes físicos, esperando chegar juntos ao nosso objetivo final.

> ***A inclusão é o aperfeiçoamento básico humano de educar para a construção de um mundo mais sociável. – Neide Hiene***

16. Aquilo que não falamos o nosso corpo diz

Ilma de Fátima Estevam

> *Podemos tentar ocultar o que sentimos, mas entre uma e outra expressão, numa fração de segundos, revelamos exatamente o que sentimos. Estas rápidas mudanças, chamadas micro-momentâneas, não têm finalidade, consciente ou não, de transmitir mensagens, mas são antes uma espécie de vazamento, escoamento inadvertido dos verdadeiros sentimentos (DAVIS, 1979, p. 63).*

Ouvimos muitas vezes "ele(a) falou, falou, falou e não disse nada", ou ainda "uma imagem vale mais que mil palavras". Falar sem nada dizer. Dizer sem nada falar. Como é possível falar sem dizer ou dizer sem falar? E onde ficam nossas palavras?

A **fala** está ligada ao ato verbal; está ligada ao uso da voz, a expressar-se por meio de palavras, enquanto o **dizer** está ligado à ideia de se comunicar; ter conteúdo, significado e sentido de afirmação e declaração; ter lógica; é considerado útil. Sendo assim, podemos falar muito e não dizer nada – e, da mesma forma, não falar nada não significa que algo não tenha sido dito.

E como nós estamos nos comunicando sem nada dizer? Que mensagem estamos enviando com nossas posturas e nossos gestos? Estamos excluindo ou sendo inclusivos com nossas facetas? Como estamos percebendo a postura das pessoas à nossa volta? Qual gesto ou movimento tem sido mais comum em nosso dia a dia, aquele que sugere inclusão ou aquele que gera a exclusão e o afastamento?

De qualquer forma, o interesse em compreender mais a emoção e o comportamento humano tem sido tema de destaque em várias instituições e corporações. Isso por diversos motivos, seja como uma ferramenta de apoio para solucionamento de conflitos ou como busca por resultados melhores no meio corporativo, seja como ferramenta para auxiliar psicólogos e terapeutas a tratar as causas-raízes das dores de seus pacientes, seja ainda como uma técnica de marketing frente ao mercado consumidor.

Essa abordagem sobre dizer sem nada falar é chamada de **linguagem corporal** e está relacionada à comunicação não verbal. Aqui o corpo se comunica, enviando mensagens por meio de nossa postura, nossos gestos, nossos movimentos e nossas expressões faciais, que, via de regra, são atos inconscientes por parte daquele que se comunica e que, da mesma forma, podem ser percebidos também inconscientemente por aquele que recebe a mensagem.

Um dos motivos do grande interesse por essa abordagem é o fato de a linguagem corporal ter impacto positivo e/ou negativo em nossas relações. Nossas posições, gesticulações, movimentos e caras têm função e efeitos sobre os outros e sobre nós mesmos, conscientemente ou não.

É por meio da linguagem corporal que na maioria das vezes torna-se possível identificar a real intenção e o significado de uma mensagem falada, sendo ela uma confirmação ou complemento do que já foi dito ou em outros casos denunciando a fala como sendo não totalmente verdadeira, contradizendo o que foi falado.

Podemos dizer que a linguagem corporal não é apenas capaz de confirmar ou contradizer a fala, mas consegue ainda ir além e transmitir mensagens inconscientes como sentimentos e emoções que muitas vezes não são identificados em nossa fala. Compreender melhor essa abordagem nos faz refletir sobre o que estamos falando e ao mesmo tempo transmitindo para os nossos receptores.

É claro que, quando se trata de interpretação, devemos ser cuidadosos para não julgarmos o outro precipitadamente. Devemos dominar muito bem o que estamos fazendo, saber analisar diversos fatores, como, por exemplo, analisar não apenas a expressão facial ou corporal em si de forma isolada, mas estarmos atentos a outras questões como o ambiente e/ou o momento em que ocorre a comunicação, as pessoas presentes e a influência desses aspectos sobre o interlocutor.

Devemos considerar se há algo em particular ocorrendo com a pessoa, podemos procurar compreender um pouco mais a real intenção dela, tentar nos colocar no lugar dessa pessoa, nem que seja por um instante. E não podemos deixar de considerar a origem, a cultura e os costumes daquele que se comunica, visto que alguns gestos e movimentos têm características meramente culturais.

Enfim, atitudes como essas ampliam o nosso olhar sobre toda a situação, do mesmo modo que evitam julgamentos errôneos e afastamento.

De qualquer forma, vamos nos ater aqui às expressões e às situações mais comuns que ocorrem em nosso dia a dia, deixando de lado entendimentos mais profundos sobre possíveis manejos (em uma tentativa de confundir a mensagem transmitida via corpo) referentes à mensagem transmitida e aos seus reais motivos. Até porque, em geral, sim, nossos movimentos corporais, expressões faciais e tom de voz retratam nossas verdadeiras intenções, nossos sentimentos e emoções, e eles costumam seguir um padrão comum.

Mesmo diante do avanço das civilizações e da tecnologia, a linguagem corporal ainda representa uma das mais importantes formas de comunicação do ser humano, uma das mais fortes e expressivas, chegando a representar quase 93% de toda a comunicação humana. Isso significa que 55% da nossa forma de comunicação é proveniente da linguagem corporal (postura, movimentos, expressões faciais e gestos), 38% está relacionada ao tom e à velocidade da voz, restando apenas 7% para a comunicação com a utilização de palavras em si (SENNA, 2021).

Charles Darwin foi pioneiro nos estudos científicos sobre a linguagem corporal, estudos estes publicados em seu livro "A expressão das emoções em homens e animais", de 1872 (DARWIN, 2009)[9]. Nesta obra Darwin defende a ideia de que os mamíferos demonstram suas emoções através de expressões faciais. Para o autor, a linguagem corporal está relacionada principalmente ao sistema límbico (mesencéfalo), a segunda estrutura mais primitiva de nosso cérebro. Esta é uma das obras que inaugura as tentativas de compreender aspectos biológicos do comportamento humano.

Atualmente há várias obras abordando o tema e temos visto muitos profissionais da área comportamental, assim como líderes de equipe mais atentos ao assunto, tentando não apenas compreender melhor a si mesmo, mas também compreender mais o outro, buscando uma melhor forma de se relacionar, tanto nas diversas áreas da sociedade quanto no âmbito corporativo.

Afinal, quantas vezes dizemos o que não queremos apenas porque era o "melhor" para a situação – porque, na ocasião, era a exigência do chefe, do amigo, do líder etc.? Quantas vezes escondemos o que queríamos ter falado para não decepcionar alguém em uma tentativa de agradar ou de não magoar o outro, ou ainda para não ir contra o sistema vigente, de modo que acabamos concordando com algo e indo contra aquilo que está em nós e no fim somos "traídos" por nós mesmos.

9 Obra complementar fundamental para a teoria da evolução exposta em "A teoria das espécies", de 1859.

Como disse Flora Davis, psicóloga americana especialista em linguagem corporal, em seu livro "A comunicação não verbal" (1979), nosso corpo denuncia em uma fração de segundos as nossas emoções e os nossos desejos. A mensagem é dada sem que possamos perceber ou ter controle. Nossa verdadeira intenção vem à tona através da nossa comunicação não verbal.

Pois bem, conscientes ou não, somos denunciados por nosso corpo. Nosso corpo não é apenas uma entidade física e biológica com formas e funções diversas que tendem a mudar e a se ajustar no decorrer de nossas vidas; é também uma maravilhosa ferramenta de comunicação. Quanto mais conhecermos essas habilidades, melhor será o nosso controle sobre esses movimentos e, de alguma forma, das emoções que os causam.

Algumas vantagens em conhecer melhor a abordagem

- ✓ Permite melhorar a forma de nos relacionamos com o outro.
- ✓ Dá maior controle sobre os tipos de sinais e mensagens não verbais que estamos emitindo e sobre o que queremos dizer.
- ✓ Evita atritos desnecessários em nosso ambiente de trabalho, por conta às vezes de uma careta ou até de um sorriso fora de hora.
- ✓ Faz com que prestemos atenção a movimentos e expressões que denunciam uma rejeição, desaprovação, comportamento de exclusão, nojo, repulsa e descontentamento, assim como uma melhor forma de lidar com eles.
- ✓ Permite compreender melhor as intenções do outro diante de uma decisão.
- ✓ Permite compreender que determinado gesto ou postura do outro muitas vezes tem a ver com sua cultura e hábitos e não, de fato, com uma ofensa ou falta de atenção naquele momento.
- ✓ Dá maior agilidade a uma solução de conflitos e tomada de decisões.
- ✓ Passa mais confiança e credibilidade no ambiente de trabalho através de uma postura corporal positiva.

Como exemplo prático, podemos citar o trabalho de um líder. Quando este domina a técnica da linguagem não verbal, certamente tem muito mais habilidades para lidar com sua equipe, dispõe de mais ferramentas, recursos e argumentos para tratar sobre uma questão ou decisão a ser tomada, o que certamente o leva a resultados mais eficazes e soluções mais rápidas para desafios cotidianos, tanto a nível técnico quanto a nível de interação entre a equipe. É claro que isso demanda uma certa habilidade, mas depois de dominar a técnica, fica muito fácil aplicá-la dentro das corporações e em nossas vidas.

Quem também se beneficia diretamente são os profissionais de RH. Ter conhecimento dessa abordagem os auxilia no momento da contratação de novos profissionais, pois eles detectam com mais eficácia o quão engajado está o candidato com a política e a missão da empresa, bem como com o perfil da equipe, o quão apto está para assumir determinados cargos e funções, o quão aberto está para coisas novas, e ainda conseguem aplicar treinamentos mais eficazes com as equipes de forma geral.

Outra questão igualmente importante se refere aos movimentos que denunciam exclusão e rejeição no ambiente corporativo. Com melhor domínio sobre a abordagem, torna-se mais fácil perceber quando e como ocorrem, além de ser possível solucionar o problema com mais agilidade.

Vale citar que, ao detectar uma postura e um gesto que denunciam exclusão e/ou rejeição, será muitas vezes necessário ter em mãos outras ferramentas e até mesmo o poder de decisão para dar continuidade à solução da questão. O domínio sobre a linguagem não verbal é apenas um ponto de partida para outras grandes mudanças positivas dentro do ambiente de trabalho. O aprofundamento em questões comportamentais depende de cada companhia e mesmo de cada profissional.

Atualmente enfrentamos uma onda de exclusão e ao mesmo tempo uma tentativa de maior inclusão no meio corporativo, seja de pessoas com deficiência das mais variadas, seja de pessoas de outra raça e origem etc.

A globalização e o avanço da tecnologia trouxeram inúmeras vantagens para a sociedade e para o meio corporativo, porém trouxeram ainda novos desafios sobre os quais até então não havíamos parado para pensar a respeito. Por exemplo: como se dá na prática a junção de diferentes culturas, raças e costumes dentro do mesmo ambiente de trabalho? O quanto isso tem impactado as relações no dia a dia?

Como todas essas mudanças estão sendo assimiladas pelas empresas e pelos profissionais? Por exemplo: como, em sua equipe, um homofóbico recebe um homossexual ou um homossexual recebe um homofóbico? Como uma pessoa de mente fechada recebe dentro de sua equipe uma pessoa com deficiência ou alguém que não se encaixa em seus "padrões"? E como uma pessoa com deficiência lida no dia a dia com alguém de mente fechada?

Como um evangélico convicto aceita trabalhar no mesmo projeto com um umbandista ou um espírita e/ou vice-versa? Como uma pessoa preconceituosa em relação à raça recebe um negro ou um asiático em seu meio e da mesma forma o contrário?

E, ainda, como andam as relações diárias dentro do mesmo ambiente de pessoas com convicções políticas diferentes? Ou como os vistos como "diferentes" estão se integrando no mundo do trabalho?

Sabemos que o ato de excluir pode ser muito sutil e raramente as pessoas abrem a boca para admitir que são homofóbicos, preconceituosos e/ou intolerantes religiosos. A questão aqui é, falando ou não, o sentimento está lá guardado; e em momentos nos quais deve haver interação, comunicação e cooperação, a realidade que se mostra é a que vai em nosso interior. Embora não tenhamos muito conhecimento sobre a linguagem não verbal, uma expressão de nojo, rejeição, exclusão, pode ser facilmente percebida e sentida pelo seu ouvinte, mesmo que inconscientemente, começando aqui a famosa "rixa", aquilo que não sabemos exatamente como e nem quando, mas que começou e segue dia a dia minando as relações e atitudes cooperativas, impactando de forma extremamente negativa tudo e todos à nossa volta.

Sem dúvida, um domínio melhor sobre a linguagem corporal pode ajudar com isso, sendo um ponto de partida para novos conhecimentos e novas realidades. Sabemos que as pessoas mudam de dentro para fora, e este é um processo geralmente longo, que envolve autoconhecimento, desenvolvimento da empatia e, acima de tudo, querer melhorar a si mesmo e as relações. Trata-se de compreender que nós atuamos melhor quando agimos em conjunto, especialmente com aqueles que trazem uma história diferente da nossa.

E é aqui que a empresa desempenha um papel de extrema importância: quando diretores, gerentes e líderes de equipe e projetos mantêm uma postura aberta e inclusiva, torna-se mais fácil disseminar e implantar meios que facilitam o trabalho de "diferentes" em conjunto, bem como as interações em treinamentos, cursos etc., que promovem melhor inclusão e cooperação entre todos.

Tendo profissionais da área de RH, gerência e líderes de equipe trabalhando juntos com atitudes mais inclusivas, a contratação tende a ser mais objetiva e os treinamentos mais eficazes no sentido do desenvolvimento da empatia, da compaixão e do espírito de equipe. Outro benefício seria na formação de times melhores, conhecendo quem desenvolve melhor trabalhando com quem, e por aí vai, até que um dia possamos atingir um nível mais ampliado de nossa percepção e sejamos totalmente capazes de trabalhar com todos indistintamente.

Esse pode ser um começo para que a médio e longo prazos tenhamos equipes mais saudáveis, trabalhando juntas e não competindo ou excluindo entre si.

Vários autores se dedicaram à linguagem não verbal[10], que foi dividida em categorias para nossa melhor compreensão:

1. **Cinésica:** também chamada de linguagem corporal, trata-se de analisar nossa posição e movimentação corporal, considerando todo o corpo em sua extensão, sejam gestos, expressões faciais, movimentos dos olhos e postura corporal; enfim, todo e qualquer outro gesto que acompanhe os atos linguísticos se enquadram nesta categoria. É uma análise de mensagens silenciosas. Assim como o idioma, também é culturalmente determinada.
2. **Proxêmica:** está ligada ao uso e à organização do espaço físico. É a forma como uma pessoa se utiliza do espaço ao seu redor para se comunicar, lidar com aspectos de proximidade entre interlocutores e suas implicações, bem como a influência de outros aspectos que o ambiente pode ocasionar sobre a comunicação. Vale lembrar que o espaço padrão muda de acordo com o grupo cultural. Aqui abordam-se as formas do distanciamento social: íntimo, pessoal e público.
3. **Paralinguagem:** nesta categoria entram os recursos de modificação de nossa voz quando nos comunicamos. A maneira como falamos, a entonação, a velocidade, o ritmo da voz, assim como a pronúncia e as eventuais pausas, são as formas mais conhecidas e comuns desta categoria.
4. **Tacêsica:** nesta categoria entra a linguagem do toque. A forma como tocamos algo e/ou alguém pode dizer muito sobre nossa emoção e o que estamos dizendo de fato no momento da comunicação.
5. **Características físicas:** nesta categoria de comunicação não verbal entram nossos adereços e nossas vestimentas, com suas cores, desenhos e modelos. Entram também os aspectos físicos, a aparência e a forma e o impacto provocado por eles no interlocutor. Resumindo, aqui podemos dizer que se trata da primeira impressão que transmitimos para o outro quando chegamos em determinado ambiente.

Alguns exemplos de linguagem não verbal

- ✓ Olhar constante para baixo pode estar associado à tristeza, ao medo, à vergonha, ao desânimo ou mesmo à reflexão sobre o que está sendo discutido.
- ✓ Se, ao perguntar sobre algo que ocorreu, a pessoa olhar para a esquerda, ela está buscando a informação no passado; se olhar para a direita, ela está imaginando (aqui poderá mentir); se olhar para cima, ela está buscando aprovação.

---
10 Dicas e referências sobre a temática na bibliografia.

- ✓ Olhar desfocado indica confusão; a pessoa busca imagem mental, demonstrando falta de clareza e de segurança sobre o que fala.
- ✓ Olhar direto nos olhos pode gerar desconforto, então olhe em um ponto fixo entre as sobrancelhas do outro, isso demonstra interesse e segurança sem causar incômodo no outro.
- ✓ Olhar em outras direções ou para outras pessoas enquanto interage com alguém demonstra falta de interesse.
- ✓ Mexer ou balançar demais mãos, braços ou pés é sinal de agitação, nervosismo, estresse e ansiedade.
- ✓ Colocar as mãos na cintura é sinal de impaciência, agressividade, necessidade de atenção imediata; pode estar relacionado à discussão sobre um tema específico que pede urgência.
- ✓ Coçar a cabeça é sinal de dúvida, incerteza, indecisão, inquietação e/ou até mesmo confusão sobre a assunto.
- ✓ Coçar o nariz de forma a esconder a boca ou esconder a boca enquanto fala demonstra dúvida ou mentira (ação inconsciente), denota que o que está sendo dito pode não ser verdade.
- ✓ Passar as mãos nos lábios, tocar o queixo ou colocar objetos na frente da boca remete a uma não verdade sobre o que está sendo dito.
- ✓ Esfregar as orelhas demonstra indecisão e ceticismo em relação ao que está sendo falado ou vivido no momento.
- ✓ Estalar os dedos demonstra ansiedade, impaciência, frustração ou agressividade.
- ✓ Morder os lábios demonstra nervosismo, receio, preocupação ou ansiedade.
- ✓ Lábios comprimidos revelam que a pessoa não deseja responder a alguma pergunta ou falar sobre algo específico.
- ✓ Sorriso forçado ou fora de hora pode significar deboche, tirar sarro.
- ✓ Comprimir e torcer os lábios, mostrando ou não parte dos dentes, franzindo o rosto, indica nojo, desaprovação, rejeição.
- ✓ Dedos na boca indicam relutância e resistência ao que está sendo tratado.
- ✓ Pernas cruzadas indicam firmeza e confiança e ao mesmo tempo podem indicar também que a pessoa está fechada para novas ideias e conceitos.
- ✓ Braços cruzados indicam falta de interesse, rejeição, aborrecimento; a pessoa está fechada para o assunto.
- ✓ Apoiar a cabeça entre as mãos demonstra ociosidade, desinteresse, tédio e tristeza.
- ✓ Mãos nos bolsos, pernas muito abertas e joelhos apontando para a porta de saída demonstram desinteresse, vontade de se retirar.
- ✓ Testa contraída e/ou franzida demonstra certo nível de tensão, dúvida ou nervosismo.

✓ Mãos para trás e/ou grudadas ao corpo passam mensagem de pouca confiança.
✓ Pés cruzados por detrás da cadeira demonstra desconforto.
✓ Mãos ao lado do corpo, de maneira leve, passa uma mensagem de neutralidade.
✓ Aperto firme de mãos demonstra firmeza, confiança.
✓ Curvar-se para a frente demonstra interesse, atenção, querer saber mais sobre o que está sendo dito.
✓ Andar ereto demonstra firmeza, convicção e segurança.
✓ Palmas das mãos voltadas para baixo, ao cumprimentar alguém, indicam liderança na conversa; voltadas para cima, desejo de que o outro assuma a liderança da conversa.
✓ Manter ombros relaxados demonstra que a pessoa está à vontade e segura da situação.
✓ Tom de voz calmo, nem tão alto nem tão baixo, com pausas e respiração tranquila entre as frases, demonstra clareza, credibilidade, confiança e autoridade.
✓ Sorrir de forma leve e sincera torna o ambiente e as pessoas à nossa volta mais descontraídas e leves, assim como demonstra interesse no que você está dizendo.

Esses foram apenas alguns exemplos, e certamente há muito mais informações e detalhes sobre a temática. Adianto que vale muito a pena se aventurar nesse tema para um melhor entendimento sobre nossas emoções e sentimentos.

E, como se diz, toda mudança parte de dentro de nós; e uma vez iniciada essa mudança, não sabemos o que encontraremos e nem aonde chegaremos, mas a cada novo passo algo incrível vai se revelando para nós, tornando impossível nosso retorno. Então vamos lá, permita-se iniciar esse lindo processo aqui e agora e viva de forma mais leve e mais consciente, incluindo todos que cruzarem o seu caminho.

PARTE V.
CULTURA E *MINDSET*

Depois de entendermos os contextos históricos, as pessoas e os ambientes nos quais elas estão inseridas, estaremos aptos a transformar a cultura por meio de um *mindset* de inclusão, de forma a aplicar uma melhoria no sistema organizacional considerando todas as particularidades do sistema.

17. Segurança psicológica como pré-requisito para construir e promover culturas inclusivas

Hannah Chamon

Vivemos em um mundo que está em constante transformação, e isso pode ter parecido clichê durante muito tempo, mas os acontecimentos do ano de 2020, principalmente a crise global causada pela pandemia do COVID-19, mostraram na prática os efeitos dessa transformação.

Há alguns anos os pesquisadores de inovação, futurismo e cultura vêm falando sobre um conceito chamado VUCA, que quer dizer que o mundo é volátil, incerto (*uncertain* em inglês), complexo e ambíguo – em outras palavras, o mundo é um organismo vulnerável assim como nós, e tudo pode mudar a qualquer momento, por isso não podemos evitar e/ou fugir das mudanças, e sim tentar nos preparar para as adaptações que precisaremos fazer.

Entretanto, o entendimento do "mundo VUCA" só saiu de vez da teoria para a prática quando as pessoas e as empresas começaram a sentir na pele os impactos que a crise trouxe. Literalmente, de um dia para o outro, a sociedade teve que mudar o modo como vive, se relaciona com as pessoas, consome produtos, trabalha... Tivemos que reaprender a viver em sociedade. Vivenciamos um período de muitos desafios, obstáculos e sofrimento, mas também passamos por um período que nos deu a oportunidade de fazer algumas reflexões.

A sociedade e os ambientes de trabalho, em vez de promover culturas, relações e inclusão, vêm, durante anos, adicionando obstáculos que geram estresse excessivo nas relações, além de diferentes tipos de dificuldades que muitas vezes bloqueiam a performance das pessoas.

E eu acredito que esses obstáculos podem começar a ser removidos a partir da forma como nos relacionamos com os outros. Por isso, este capítulo propõe uma reflexão fundamental: como você está se relacionando com as pessoas ao seu redor?

Falando especificamente sobre os ambientes organizacionais, precisamos primeiro contextualizar algumas características do modelo tradicional de trabalho e relacionamento, que existe há séculos, mais especificamente desde a primeira Revolução Industrial: o sistema de comando e controle.

Apesar de ser muito associado com práticas do ambiente de trabalho, desde cedo a sociedade "treina" as pessoas para serem acostumadas a um sistema de comando e controle. Desde a relação com os pais na primeira infância até o ensino tradicional, no qual temos um professor que passa o conhecimento e estabelece as regras e os alunos que estão ali para obedecer, adquirir conhecimento, cumprir as normas e ter bons resultados nas provas.

Ou seja, na nossa vida estamos inseridos em culturas e ambientes que não nos estimulam a ter iniciativa, a pensar criticamente, a sermos criativos. Estamos em um sistema que dá recompensa aos que estão dentro de um padrão considerado "certo" e que muitas vezes pune resultados e comportamentos que saem desse padrão.

Por isso, entendemos que o sistema de comando e controle, no qual fomos criados desde a infância, que foi reforçado no tempo que passamos na escola e potencializado no ambiente empresarial, **exclui, expele e não está preparado para incluir pessoas, comportamentos e pensamentos diferentes do "padrão tradicional", além de reforçar uma sociedade cheia de preconceitos.**

Como então começar a transformar uma cultura que está enraizada em tantas pessoas e empresas?
O primeiro passo é refletir profundamente sobre o sistema no qual algumas pessoas dão ordens e outras são treinadas para responder a essas ordens. Isso não funciona mais, não é produtivo nem lucrativo para um mundo diverso, que está em constante transformação.

Pois não importa a transformação que irá acontecer no mercado, na sua empresa ou na sua vida. Não importa se máquinas de inteligência artificial vão ser implantadas nas empresas. O que vai continuar movendo, desenvolvendo, construindo, transformando e gerando os resultados para as empresas são as pessoas! E quando falamos de um grupo de pessoas, não podemos esperar que essas pessoas sejam iguais. Até porque nós somos todos diferentes.

Como humanos nós somos todos diversos. Porém, algumas diferenças vêm sendo marginalizadas e excluídas historicamente por causa de um sistema e estruturas

> *que foram intencionalmente construídas a favor de um grupo – brancos, homens, héteros etc. (...) A inclusão e exclusão sistemática de certos grupos com o passar do tempo deram oportunidades de acesso a educação e indústrias para somente um grupo dominante, e isso se tornou o padrão da sociedade. Por isso, iniciativas de diversidade e inclusão devem focar em criar oportunidades para os grupos que foram marginalizados historicamente. Vernã Myers, Vice President of Inclusion, Netflix (TED, s.d.).*

Então como criar um ambiente empresarial no qual as pessoas se sintam seguras para ser elas mesmas, se sintam respeitadas e incluídas por ser quem são, pelas suas diferenças, por suas histórias, características e ideias diferentes?

Para criar ambientes inclusivos, precisamos primeiro garantir que as pessoas se sintam seguras.

Mas o que são ambientes seguros?

Segurança psicológica: o primeiro passo para criar ambientes inclusivos

O conceito de segurança psicológica ficou conhecido com a autora, PhD e professora em Harvard, Amy Edmondson (1999), e para ela significa a construção de relações interpessoais **nas quais as pessoas se sentem seguras para ter voz, compartilhar ideias, expor opiniões, questionar, dar e receber *feedback*, arriscar... sem medo de julgamentos e punições.**

Eu complemento dizendo que é a construção de relações interpessoais mais eficientes e menos tóxicas, baseadas em respeito, transparência e empatia.

Você percebe que as definições falam das pessoas se sentirem seguras, não terem medo, não serem julgadas ou punidas. Mas medo do quê?

É muito comum pessoas do grupo de diversidade ficarem inseguras por não se sentirem pertencentes e incluídas no ambiente de trabalho, e, por isso, muitas vezes, elas passam por situações nas quais têm medo de tirar uma dúvida e serem criticadas, de compartilhar uma ideia e serem julgadas, de tentar algo novo e dar errado e serem punidas por isso.

Infelizmente, o medo está muito presente em várias culturas empresariais, o que afeta diretamente a saúde mental e a performance das pessoas, pois o medo bloqueia as capacidades cerebrais de aprendizado: memória, pensamento crítico e criatividade.

Já em culturas seguras, ao tirar o peso do julgamento das punições e entender que eu o respeito como ser humano, respeito a sua opinião mesmo ela sendo diferente da minha, começa-se a desconstruir a tensão das pessoas de interagir e contribuir com os times. Então elas começam a se sentir confortáveis e seguras para compartilhar ideias e a partir daí experimentar novas soluções – e se algo der errado, aprender a partir do erro, o que gera mais pensamento crítico e ideias criativas e inovadoras.

E como podemos construir ambientes seguros?

Não existe receita para construir ambientes seguros, a segurança psicológica não é um *framework* fechado. Ela faz parte da construção de um caminho, de uma transformação cultural de uma empresa, e precisa ser construída e cultivada todos os dias por meio de práticas e mudanças de comportamento.

No livro "The 4 Stages of Psychological Safety", o autor Timothy Clark (2020) diz que a segurança psicológica é construída a partir da progressão de quatro estágios que garantam que as pessoas se sintam: (1) incluídas, pertencentes ao ambiente e respeitadas como seres humanos; (2) seguras para aprender, fazer perguntas, tirar dúvidas; (3) seguras para contribuir mesmo se cometerem erros, sem terem medo de continuar tentando; (4) seguras para questionar o *status quo*. Só quando a gente chega no quarto estágio, que é segurança para questionar o padrão das coisas, é que a gente consegue gerar ideias criativas e inovadoras.

Para começar a construir ambientes seguros, precisamos focar em desenvolver algumas práticas.

O primeiro ponto é observar atentamente como você está se relacionando com as pessoas ao seu redor. Quando falamos em observar atentamente, é focar em observar os fatos sem fazer julgamentos e avaliações.

Você está criticando demais as pessoas? Julgando a forma como elas falam ou trabalham? Por que isso? O que isso está acrescentando na sua vida e no seu trabalho?

E como as pessoas do seu time se relacionam? As pessoas costumam fazer perguntas em reuniões? Compartilham suas ideias? As pessoas tendem a concordar com tudo?

Preste atenção: um ambiente silencioso pode ser sinal de que as pessoas não estão se sentindo seguras para expressar suas ideias e perguntas. Por isso, promova um espaço para as pessoas falarem, incentive-as a fazer perguntas e a compartilhar suas opiniões diferentes, sem julgamentos ou críticas. O foco é debater o conteúdo das ideias.

- ✓ **Construa relações de empatia.** Promova atividades para que as pessoas do seu time se conheçam melhor. Não estamos falando de um *happy hour*, mas de atividades durante o trabalho para que as pessoas contem fatos de suas vidas a fim de que os outros entendam suas motivações, seus medos, bloqueios e objetivos. Dessa forma, nós conseguiremos entender melhor como as pessoas do time trabalham e processam informações, o que proporciona o desenvolvimento de projetos em equipe e uma troca mais fluida e eficiente do trabalho colaborativo.
- ✓ **Incentive e promova aprendizado contínuo.** Promover aprendizado contínuo é fundamental para o desenvolvimento e o crescimento de sua empresa. Um ponto crucial para desenvolver o *mindset* de aprendizado contínuo é aprender a partir do erro em vez de incentivar uma cultura que puna o erro. Passe a focar no que as pessoas aprenderam a partir das falhas que cometeram e como conseguiram resolver o problema e evoluir a partir disso.

Agora que entendemos o caminho para a construção de ambientes psicologicamente seguros, sabemos que **o primeiro passo é a inclusão.**

E por isso podemos concluir que a base fundamental para desenvolver culturas e ambientes inclusivos é a construção de relações de confiança nas quais as pessoas se sintam seguras e respeitadas para serem elas mesmas, sem precisar ter medo de qualquer tipo de crítica, julgamento ou punição.

18. Ser ágil é ser inclusivo

Lucas Tito

Nos últimos anos, inúmeras empresas ao redor do mundo vêm divulgando que aplicam métodos ágeis. *The chaos report*, publicado pela Standish Group (2015), e o State of Agile Report (DIGITAL AI, 2021) são dois exemplos de relatórios relevantes na área que confirmam o crescimento e a relevância da agilidade. Porém, gostaríamos de levantar a seguinte reflexão: o que é ser ágil?

A resposta pode ser imediata em diferentes perspectivas como:

- ✓ Aplicar Scrum, Kanban, OKR ou qualquer metodologia/framework ágil.
- ✓ Minimizar desperdícios.
- ✓ Dar uma resposta competitiva ao mercado.
- ✓ Foco no cliente.
- ✓ Adaptação constante.
- ✓ Melhoria contínua.
- ✓ Entrega de valor.
- ✓ Seguir o Manifesto Ágil.
- ✓ Etc.

Todas as respostas anteriores são válidas, e a maioria delas está incluída nos relatórios supramencionados, mas não é realmente a verdade completa.

Observemos os quatro valores da agilidade:

- ✓ Indivíduos e interações mais que processos e ferramentas.
- ✓ Software em funcionamento mais que documentação abrangente.
- ✓ Colaboração com o cliente mais que negociação de contratos.
- ✓ Responder a mudanças mais que seguir um plano.

Esses valores, quando aplicados, se desdobram em atributos fundamentais, como: coragem, respeito, abertura, foco, comprometimento, colaboração, compreensão, equilíbrio, transparência, gestão do fluxo, consenso, liderança, foco em soluções simples para resolver grandes problemas, garantia da qualidade etc.

Esses atributos precisam ser vivenciados em sua totalidade e não se limitar aos processos organizacionais e/ou técnicos a se seguir ao implementar um método ou *framework*. Ser ágil é construir, medir e aprender para então evoluir uma cultura de forma contínua – cultura esta baseada em práticas e não em discursos. Quando isso for feito, as organizações serão ágeis e inclusivas, visto que não é possível ser apenas de um modo: ser um sem o outro.

Você, leitor, pode se perguntar: onde começa a relação entre a agilidade, a inclusão e a diversidade?

A primeira coisa é que os conceitos de agilidade e inclusão têm como foco as pessoas, seja como clientes, consumidores, usuários, funcionários, parceiros, líderes etc.

Cada pessoa possui necessidades intrínsecas. Essas necessidades foram descritas por Abraham Maslow e são organizadas em uma pirâmide, onde a base é a necessidade mais importante e fundamental, e onde cada nível superior depende do nível anterior para ser sustentado.

A Figura 18.1 apresenta essa organização das necessidades. Os cinco níveis são, respectivamente, começando da base: fisiologia, segurança, amor/relacionamento, estima e realização pessoal.

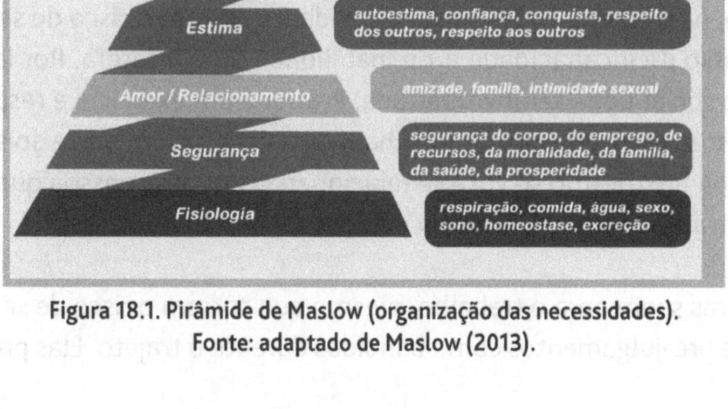

Figura 18.1. Pirâmide de Maslow (organização das necessidades). Fonte: adaptado de Maslow (2013).

Quando falamos de pessoas que sofrem preconceito de qualquer membro da sociedade, de qualquer grau e/ou de qualquer natureza, essa pirâmide é afetada. Por isso há necessidade emergencial de aceitar e respeitar as pessoas como elas são, sem discriminação e/ou julgamentos. Nesse contexto, as ditas minorias são os grupos mais afetados pelo preconceito, principalmente quando esses grupos se sobrepõem e acumulam efeitos – por exemplo: mulheres negras cegas e lésbicas.

Muito tem se falado tanto de agilidade como de diversidade e inclusão, mas pouco sobre as duas coisas no mesmo contexto. Uma evidência para essa afirmação é a falta da tratativa desses conteúdos nos relatórios já mencionados (*Chaos Report* e *State of Agile*).

Se pararmos para refletir, as pessoas desses grupos minoritários (não em quantidade, mas em direitos) são ágeis por natureza, por terem vivido inúmeras circunstâncias de adaptação e melhoria contínua de sua vida dentro das possibilidades que tiveram em sua jornada.

Mulheres podem ser mães, trabalhar, cuidar da casa, de si mesmas, dar atenção ao seu casamento, aos amigos e às amigas e ainda, sim, muitas vezes não deixam a peteca cair. Em muitos desses contextos, elas ainda escutam que não são capazes, que seu esforço não é suficiente, que poderiam ser mais e melhores, porém dificilmente recebem ajuda dos que as criticam. Além, é claro, dos problemas sociais de objetificação do corpo, do medo de agressão verbal, física, psicológica etc. Os problemas vividos pelas mulheres são inúmeros e cada vez mais elas têm ganhado espaço e conquistado seus direitos, o que no fim das contas é só a exigência de igualdade perante os homens.

Pessoas com deficiência não conseguem e não podem focar somente em propósito. Elas constantemente passam por ambientes nos quais precisam usar ferramentas e estão em contextos sem acessibilidade, seja nas ruas, nas empresas, dentro da própria casa, na *web* etc. Todas as suas atividades correm o risco de ser invalidadas com o discurso de incapacidade e/ou inabilidade para a tarefa. Por isso, toda sua participação social pode ser invisibilizada. Pratique um exercício e responda para si quantas pessoas com deficiência trabalham com você, fazem parte do seu círculo de amizades e/ou até mesmo se você se relacionaria com uma pessoa que tivesse uma deficiência, tratando essa deficiência como característica.

Pessoas negras saem para o trabalho, mesmo que corram o risco de ser submetidas a revistas e a pré-julgamentos como bandidos durante o trajeto. Elas precisam andar com a nota fiscal do celular caso sejam paradas por um policial. Elas são confundidas com desempregados e/ou com pessoas com cargos ditos "inferiores" hierarquicamente no mundo corporativo por conta de sua pele. Elas recebem crítica ao usar o elevador social e não o de carga. Suas opiniões em relação à estética e ao design são ignoradas por "terem mau gosto: gosto de preto".

O fato é que existem inúmeros grupos marginalizados, que constantemente sofrem com o preconceito. Ainda que exemplifiquemos um pouco do contexto vivido por eles neste e em outros capítulos do livro, as palavras não descrevem a vivência com exatidão. Ainda assim, o nosso objetivo é descrever como essa vivência gera nesses indivíduos características e comportamentos ágeis.

Alguns exemplos desses comportamentos são: a coragem para sair de casa e enfrentar inúmeros obstáculos; o foco para lidar com um problema de cada vez; o respeito que precisam impor na sociedade; a criatividade para achar alternativas de resolução de problemas; a qualidade com que precisam fazer as coisas para não serem julgados; a adaptabilidade e flexibilidade para responder rapidamente aos contextos que são apresentados; a melhoria contínua para se ganhar maturidade no decorrer da vida; e muitos outros.

Esses comportamentos geram resultados incríveis e devem ser catalisados na construção de uma cultura organizacional verdadeiramente ágil, inclusiva e diversa.

Quando falamos de resultados incríveis, não é a nossa intenção romantizar o pertencimento de alguém em um grupo marginalizado, mas, sim, explicitar o quanto essas pessoas podem agregar na eficácia de um produto, na qualidade de sua construção, nos processos de inovação, na minimização de riscos etc. por meio das suas características e comportamentos já descritos.

Note, porém, que, para esses resultados e comportamentos emergirem e serem aplicados em um contexto corporativo, é fundamental que levemos em consideração a relação entre as necessidades humanas de todo indivíduo e a motivação, tanto individual quanto a estimulada por terceiros.

A relação direta entre essas duas variáveis é a de que o julgamento recebido impacta na pirâmide das necessidades, que por sua vez impacta na motivação individual e na maneira como os estímulos externos são interpretados pelo indivíduo. Dessa forma, é papel de uma empresa ágil aproveitar o melhor de cada indivíduo e estimular, constantemente, que os valores da agilidade sejam aplicados, criando um ambiente seguro e propício para que cada indivíduo se motive, gerando bons resultados de forma coletiva e evitando comportamentos disfuncionais de seus colaboradores, por meio de uma cultura inclusiva e diversa. Isso significa apoiar as pessoas em suas necessidades, provendo mecanismos para sua segurança e seu pertencimento, permitindo que elas possam ter suas realizações e foco no propósito.

As disfunções que precisam ser evitadas podem ser praticadas por dois tipos de sujeitos: as pessoas não pertencentes a uma minoria e as pertencentes.

No primeiro caso, a disfunção está bem definida como o preconceito e/ou o julgamento em relação aos grupos minoritários e marginalizados.

No segundo caso, os comportamentos disfuncionais são o reflexo e uma resposta a sua pirâmide não estar bem sustentada e a tentativa de torná-la mais estável. Por exemplo, trabalhar mais, aceitar piadas e preconceitos para ser aceito em grupos, receber salário mais baixo, não falar o que pensa etc.

Contudo, vale destacar que ambos os comportamentos disfuncionais praticados pelos dois tipos de sujeitos precisam ser evitados a todo custo. Somente assim podemos estabilizar a pirâmide das necessidades para então trabalharmos o conceito de motivação.

Quando falamos sobre motivação, precisamos trabalhar dois conceitos. O primeiro deles é que somente os indivíduos podem se motivar – eles podem ser estimulados, mas não motivados, por pessoas externas e organizações. O segundo conceito é que a motivação é dividida em duas categorias, a intrínseca e a extrínseca. A motivação extrínseca, como o próprio nome diz, tem relação com o meio externo e cabe ao indivíduo motivar-se ou não por esses estímulos. Já a motivação intrínseca é fortemente relacionada ao indivíduo, suas percepções, seus sentimentos e sua essência.

No livro "Drive", de Daniel Pink (2011), a motivação intrínseca é sustentada por três pilares: maestria, autonomia e propósito.

- ✓ A maestria, de maneira breve, é o aprendizado que alguém quer ter para se tornar mestre em determinado assunto.
- ✓ A autonomia é a liberdade da pessoa poder tomar decisões sem ou com baixa dependência.
- ✓ O propósito é o senso de alvo para uma realização.

Se olharmos atentamente para a pirâmide de Maslow e os pilares da motivação intrínseca, perceberemos que em ambos há propósito. Se olharmos para uma organização, ela também tem um propósito e deve transmiti-lo para seus colaboradores. Não é à toa que o propósito é uma das palavras que está mais em evidência nos últimos anos. Ele está em todo lugar!

Por isso discorremos sobre propósito no decorrer deste capítulo: para que ele seja alcançado. Contudo, vale destacar que as empresas têm um papel fundamental, bem como seus grupos e times, e ainda os indivíduos de uma minoria. Isso faz da diversidade e da inclusão uma responsabilidade coletiva.

A empresa e, principalmente, o time do indivíduo podem contribuir para um caminho tranquilo e de sucesso ou podem dificultar e torná-lo árduo e tóxico. Eles podem ser a chave para evitar os comportamentos disfuncionais e permitir que o indivíduo se motive de forma mais saudável e tenha suas necessidades atendidas. Inclusive, dando espaço para abraçar o propósito do time e da organização, fazer melhores contribuições, socializar e ajudar a construir um ambiente psicologicamente seguro.

A seguir, trazemos exemplos de atitudes direcionadas para papéis em uma empresa ágil.

- ✓ Coragem dos membros do time para admitir que não sabem lidar com determinada situação pela diversidade, mas que querem aprender para serem inclusivos.
- ✓ Abertura para escutar de forma ativa a opinião e as propostas das pessoas pertencentes a uma minoria, sem que sejam julgadas e/ou estigmatizadas.
- ✓ Respeito com as pessoas, tanto no uso de palavras como nas ações a serem tomadas. O respeito também está em tentar entender e se interessar pela história e pela vivência dos membros do time.
- ✓ Liderança e proatividade na detecção dos problemas a fim de chegar à sua resolução, não só por parte da pessoa que pertence a uma minoria, mas também por parte dos membros do time por meio de comunicação, estímulo de debates e tentativa de resolver essas questões.
- ✓ Comprometimento com os acordos e planos de ação traçados.
- ✓ Foco em resolver sempre o maior problema da vez e não em gerar uma lista gigante com melhorias intermináveis que dificilmente serão todas atendidas.
- ✓ Equilíbrio para tornar o processo de melhorias e resolução de problemas de inclusão e diversidade algo sustentável, ou seja, algo que pode ser aplicado imediatamente, continuamente e sem previsão de término. Isso significa tornar o ambiente leve e propício para que a inclusão não seja um fardo.

- ✓ Criatividade para buscar soluções e alternativas simples que possam ser testadas rapidamente, para que as lições sejam aprendidas e as melhorias sejam implementadas. Exemplo: reorganizar um espaço físico de trabalho é mais rápido de fazer do que implantar pisos táteis, criar rampas etc.
- ✓ Torne o trabalho visível, ou seja, permita que todos acompanhem os problemas que estão tentando resolver, as soluções debatidas, as informações que já coletaram sobre os resultados etc.
- ✓ Permita que cada membro, seja ele uma pessoa de minoria ou não, se torne mestre em algo e que, assim sendo, compartilhe os aprendizados com o time.
- ✓ Importe-se com as ações de inclusão e com os resultados gerados, para que eles tenham qualidade e sejam eficazes.
- ✓ Diminua dependências, ou seja, empodere o time para que coletivamente e individualmente criem ações sobre inclusão e diversidade sem necessariamente envolver gestão, RH e/ou outras áreas da empresa. Quanto mais eficaz a solução for e mais autônomo o time, mais maduro ele ficará.
- ✓ Etc.

Viva os valores da agilidade, tome atitudes para que os discursos saiam do papel. Seja mais, faça mais, importe-se mais, entregue-se e permita que os demais também se entreguem na construção de algo bom para todas as pessoas!

19. A ciência diz: pessoas felizes produzem mais

Gustavo Grilo
Andrew Soares
Lucas Tito

Gostaríamos de começar este capítulo levantando uma provocação por meio da seguinte frase: "a sociedade recompensa":

✓ resultados, não processos;
✓ chegadas, não viagens;
✓ notas, não aprendizados;
✓ respostas, não perguntas e descobertas.

Será que estamos no caminho certo?

Segundo Tal Ben-Shahar (2007), quase todo o nosso cotidiano é constituído de jornadas. Não é todo dia que corremos uma maratona, ou tiramos uma nota alta, ou ganhamos uma promoção. Em uma empresa, a meta pode ser captar mais recursos, lançar um novo produto inovador e disruptivo ou ter nota máxima na satisfação dos usuários. Porém, o quanto disso conseguimos com frequência? A resposta é clara: bem pouco.

É lógico que os bons resultados devem ser comemorados! Contudo, a jornada e a busca por esses resultados devem ser igualmente aproveitadas, bem como todas as experiências envolvidas, os aprendizados adquiridos e os sentimentos suscitados, sobretudo a felicidade de estar tentando e de poder ser quem se é.

Essa felicidade leva ao sucesso com muito mais frequência do que o sucesso nos deixa felizes.

Pessoas felizes vendem mais produtos, concluem mais projetos, ganham mais dinheiro, têm melhores relacionamentos, gastam e custam menos, são menos propensas a largar o emprego, são mais saudáveis, vivem mais etc.

De acordo com o filósofo Aristóteles, o verdadeiro objetivo do homem na Terra é a busca pela felicidade. Ele acreditava ainda que esse estado de espírito se baseia no equilíbrio e na harmonia. Perceba que a busca não significa o encontro de um fim, mas o processo de descoberta. Epicuro, outro filósofo grego, acreditava que a felicidade ocorria através da satisfação dos desejos. Já o budismo prega que a felicidade não só ocorre através da liberação do sofrimento, como também pela superação do desejo.

Em resumo e compilando essas três definições, que à primeira vista podem parecer distantes, temos que: a felicidade é uma consequência da busca por uma vida equilibrada, harmoniosa, na qual há um aproveitamento de todas as experiências e não somente do sucesso ou da satisfação dos desejos, como também de sua superação, a fim de se tornar livre e continuar na busca de uma vida plena.

Deixando um pouco o campo filosófico, a gigante Google, na busca por excelência, desenvolveu o que chamou de Projeto Aristóteles (não à toa). Esse projeto foi responsável por compreender a área da gestão de equipes utilizando uma abordagem focada em dados. A ideia era descobrir, por meio de estudos bem conduzidos, como transformar a produtividade de uma equipe.

A empresa passou a investir milhões de dólares para analisar cada aspecto das vidas de seus colaboradores. Teorias foram postas à prova no projeto Aristóteles, tais como: "é melhor reunir os introvertidos na mesma equipe" ou "para uma equipe funcionar bem, os membros têm que ser amigos fora do trabalho". Os pesquisadores analisaram mais de meio século de pesquisas acadêmicas e mais de 180 equipes, de todas as partes da empresa.

Parecia que não fazia muita diferença a parte do "quem" faz parte da equipe, a correlação com o alto desempenho era fraca. Havia equipes de alto desempenho com líderes fortes e outras com estruturas pouco hierarquizadas. Havia ainda equipes muito parecidas em termos de composição e hierarquia, mas com níveis de desempenho completamente diferentes. "No Google nós somos bons em achar padrões", disse um dos pesquisadores, "mas não havia nenhum padrão aqui...".

No final, os pesquisadores concluíram que o que distinguia as equipes com alto desempenho das outras era a forma como os membros tratavam uns aos outros. Havia regras de conduta que podiam alavancar a inteligência coletiva do grupo e outras que podiam destruir o desempenho da equipe.

Essas regras ou características de equipes de alto desempenho são aspectos que, em psicologia, são conhecidos como segurança psicológica, que, segundo a professora Amy Edmondson, da Harvard Business School, é "a crença compartilhada pelos membros de que um grupo é seguro para se arriscar no terreno interpessoal" (MARTINS, 2021). A pesquisa do projeto Aristóteles demonstrou que esse era o fator crítico de sucesso para o trabalho em equipe: as pessoas se sentirem seguras no grupo para compartilhar suas fragilidades e errar sem temer resultados pessoalmente ruins. Existiam outros fatores que contribuíram para o sucesso das equipes, como: ter um objetivo claro e comum a todos os membros e ter uma cultura na qual um membro confia na capacidade de entrega do outro.

Esse tipo de ambiente de trabalho permite uma vida profissional mais equilibrada, e o funcionário então pode ser mais feliz. Mas para entender a importância disso, precisamos entender o que é "felicidade".

O que é felicidade

Gustavo Grilo

Meu pai é um homem exato, racional. Formou-se em engenharia e saiu da faculdade direto para trabalhar no metrô de São Paulo. Ele continua lá depois de 50 anos de dedicação. Uma das coisas que ele costumava dizer é que, quando chegava em casa, limpava os pés no capacho da porta e deixava ali todos os problemas do trabalho. Tudo bem, às vezes ele trazia uns rolos de papel e pastas para trabalhar em casa, mas esse era seu slogan: separar trabalho da vida em família.

Hoje, depois de trabalhar e estudar bastante sobre comportamento humano, eu entendo que isso é impossível. Nosso cérebro não tem uma chave comutadora ou compartimentos hermeticamente separados para trabalho, vida familiar, *hobbies* etc. O que fazemos no trabalho afeta nossa vida doméstica e tudo que fazemos fora do trabalho também afeta o nosso desempenho profissional.

É um ponto que não precisa de muita comprovação, é só lembrar de momentos ruins da sua vida e de como ficava seu desempenho no trabalho nesses momentos. Quem nunca se pegou gritando com alguém em casa, sem motivo relevante, depois de um dia particularmente estressante no trabalho? Eu já. Recentemente, tive um período cheio de incertezas no trabalho, onde eu estava sobrecarregado de responsabilidades e ficava preocupado o tempo todo com o futuro da minha carreira, com as finanças de casa etc. Isso levou a várias brigas com o meu filho, quase sempre por motivos ridículos. Essas brigas acabavam com o meu pedido de desculpas, quando eu percebia que estava descarregando nele os problemas do meu trabalho.

Isso que chamamos de felicidade precisa ser sentido tanto na vida profissional quanto na vida doméstica. Ela nos torna mais produtivos e permite que gastemos menos energia vestindo máscaras do que não somos, máscaras diferentes para cada ambiente em que entramos. Esse é o princípio da **integralidade**, ser quem você é em todos os ambientes em que você circula – isso não é um desejo fútil, é uma necessidade para termos energia para as coisas que importam.

Lembre-se de algum evento, uma festa, uma reunião, onde você teve que mostrar ser algo que não é. Lembre-se do tempo gasto na preparação, da tensão no momento e o quão esgotado você se sentiu depois. Imagine a quantidade de energia que você desperdiçou para isso. O que aconteceria se, nesse evento, você pudesse ter sido exatamente quem você é, com seus defeitos, limitações, com todas as coisas que você não sabe, sem que isso comprometesse o objetivo que você queria alcançar?

Agora pense nesse gasto de energia acumulando-se dia após dia, semana após semana. Pense também no tempo que você precisa investir recuperando a energia despendida ao vestir todas essas máscaras. Coloque nessa conta também o dinheiro que você precisa botar nisso, aquela cervejinha para desanuviar, aquele *delivery* que você pediu porque não tinha pique nem para esquentar uma comida no micro-ondas, aquele remédio para dormir, aqueles vícios criados como válvula de escape, mas que podem se agravar até situações extremas (alcoolismo, drogas, transtornos alimentares compulsivos etc.).

Fazendo essa conta, não é difícil entender por que é importante o equilíbrio na nossa vida profissional e pessoal. Não é uma questão filosófica, abstrata, é algo prático, quantificável em tempo e dinheiro que estão sendo usados apenas para consertar o nosso desequilíbrio. Puro desperdício. Quanta coisa você poderia fazer com esse tempo ou com esses recursos? Isso é ser produtivo.

Na maioria das vezes nós temos escolhas, todos nós as temos. A gente acaba escolhendo o caminho mais fácil por conta de medos e pela preocupação de sermos julgados por outros ou por nós mesmos.

No entanto, existem situações nas quais somos obrigados a pôr essas máscaras – por exemplo, quando se é uma pessoa LGBT e sua orientação sexual ou gênero pode impactar como as pessoas o tratam, na possibilidade de ter um trabalho, de sofrer agressões verbais, físicas e/ou psicológicas.

Segundo Leandro Karnal, Mário Sérgio Cortella e Luiz Felipe Pondé (2019), ter consciência de que a felicidade não é permanente e pode ser obtida depende de aceitar que a dor é inevitável, mas o cultivo desse sofrimento é opcional. Além disso, corroborando com Aristóteles, eles também acreditam que a felicidade é um desejo permanente, mas uma circunstância provisória.

Reflita e escolha as atitudes que potencializam a sua maneira de ser feliz, depois colha os frutos da produtividade e do sucesso à medida que você pode influenciar os ambientes por onde você passa na sua caminhada; plante com fertilidade a empatia, o respeito para com os outros, permitindo que eles se sintam livres para ser quem são perto de você, sem máscaras, e, tendo uma posição de liderança, inspire o mesmo comportamento em seus liderados de maneira equilibrada, harmoniosa e com integridade.

20. Cultura não deveria ser barreira, mas trampolim

Diogo Pé

Um dos grandes desafios da Pessoa com Deficiência (PcD) é provar ao mercado de trabalho, de forma geral, que tem a mesma capacidade de uma pessoa que não possui deficiência alguma.

Essa crença é proveniente de um entendimento, totalmente equivocado, de que o profissional PcD, diante das suas dificuldades, não terá a mesma competência dos demais. Essa forma de pensar enraizou-se em muitas empresas e gestores(as) e está presente no mercado de trabalho como um todo.

Diante desse cenário, surge a Lei de Cotas para Pessoas com Deficiência (Lei nº 8.213/91). No que tange ao mercado de trabalho, ela tem um objetivo claro: **garantir a inclusão dos funcionários PcDs.** Faço questão aqui de ratificar o objetivo desta lei, pois vejo que em vários ambientes ela é aplicada por obrigação, esquecendo-se do seu propósito.

Como consequência disso, temos empresas cumprindo as obrigações legais. Porém, será que de fato está sendo implantada **a cultura da inclusão**? Deixo esta pergunta para você, leitor(a), responder, mas, se me permite responder com **a minha opinião**, em muitos casos, não... a inclusão não está sendo feita.

Essa obrigatoriedade meramente legal nos direciona ao título deste capítulo: **Cultura não deveria ser barreira, mas trampolim**. Portanto, o que se criou em muitos ambientes de trabalho é uma cultura da **contratação obrigatória de PcDs**, e não uma cultura da inclusão de PcDs. Percebe a diferença?

A cultura da "contratação obrigatória" de funcionários PcDs

Como dito anteriormente, a "contratação obrigatória" de funcionários PcD é muito prejudicial para o mercado de trabalho como um todo. Ela acaba atuando como uma barreira de forma geral, em vez de incluir.

Inclusive, essa cultura de "contratar PcDs porque é obrigatório" muitas vezes leva à segregação dos indivíduos. Como já sabemos, infelizmente, não é atípico vermos corporações contratando funcionários baseando-se em características ou dificuldades dos concorrentes e não por suas competências. Isto é comum, inclusive, com pessoas que não possuem deficiência física ou intelectual.

Por conseguinte, é muito comum, diante da necessidade de contratação de PcDs, que as empresas contratem funcionários que não estão tecnicamente preparados para assumir uma determinada vaga. Isso ocorre, em diversos casos, devido ao fato de o candidato não necessitar de muitas adaptações físicas no local de trabalho para exercer suas atividades diárias.

Como resultado, temos inúmeros trabalhadores desmotivados com o seu emprego porque não possuem aptidão técnica para exercer aquele papel. E, sob outra perspectiva, temos as empresas insatisfeitas e desmotivadas com essa contratação.

Portanto, fica evidente que o caminho não é inserir no mercado de trabalho o colaborador que é "mais fácil" de se adaptar à empresa. Pelo contrário, na **real inclusão de PcDs** não é a pessoa que se adapta à empresa... é a empresa que irá se adaptar para receber esse novo colaborador.

A inclusão não tem preço

A base da inclusão no mercado de trabalho está na admissão de PcDs. Do ponto de vista das corporações, é preciso estar preparado para nos receber. Quando você contrata PcDs, é preciso dar todo o suporte necessário para elas, seja em recursos humanos e/ou financeiros.

Quando falamos em recurso financeiro, **a segregação** que falamos na subseção anterior pode se acentuar ainda mais. Vou dar um exemplo que aconteceu comigo. Vamos ao contexto.

Eu, Diogo Pé, sou deficiente físico, não tenho os dois braços (por isso o "Pé" no nome, hehe) e tenho má formação nas minhas pernas. Eu realizo todas as minhas atividades com os pés. Comer, escrever, digitar etc. Porém, eu não consigo ir ao banheiro sozinho, por isso preciso de ajuda nesse sentido. Assim sendo, para trabalhar eu preciso de uma mesa na altura dos meus pés e de alguém que possa me dar suporte nas idas ao banheiro.

Pois bem, eu participei de um processo seletivo em uma das maiores multinacionais no ramo de tecnologia da informação. Não vem ao caso o nome da empresa, mas foi realmente uma experiência muito decepcionante para mim.

Seguindo... eu fui aprovado em todas as fases do processo seletivo: exame de raciocínio lógico, exame comportamental, exame de inglês, dinâmica de grupo e entrevista com o gerente da área de desenvolvimento de sistemas. Quando chegou na entrevista com a equipe de recursos humanos da empresa, eu reportei o que eu precisava para poder exercer as atividades no trabalho. Falei da pessoa para auxílio no banheiro e da mesa de que necessito.

Após essa entrevista, eu não obtive mais resposta alguma. Dali em diante foi um silêncio profundo.

Preparar o ambiente físico para mim, e eventualmente ter que custear uma pessoa ou empresa que disponibilize uma pessoa para me auxiliar no banheiro, leva a um maior gasto dos recursos financeiros. E aqui, meu amigo, vem um ponto que, lamentavelmente, eu preciso destacar. Ainda que o recurso financeiro em diversas ocasiões não seja o problema, algumas empresas não estão dispostas a custear isso para de fato **fazer a inclusão no ambiente de trabalho**.

Voltando a essa situação que aconteceu comigo... caro leitor, você deve estar se perguntando: "mas, Diogo Pé, não podemos inferir que não deram mais resposta por causa dos recursos financeiros". Sim, de fato não poderíamos inferir isso apenas por esse ocorrido. Porém, a vida às vezes nos prega algumas ironias...

Por coincidência, eu conhecia uma pessoa que era amiga de uma das gerentes de recursos humanos dessa empresa. Essa pessoa apenas me confirmou o que eu já sabia. Não estavam dispostos a custear o que eu precisava para trabalhar naquele local.

Sabe, meu amigo leitor, não houve nada mais frustrante em toda a minha vida do que isso. Eu não consigo descrever com palavras o quão impotente eu me senti ao não ser contratado. Você saber que possui todas as aptidões técnicas necessárias, mas não ser admitido porque necessita de adaptações em seu ambiente de trabalho.

Muito frustrante.

À vista disso, o exemplo citado é apenas mais um caso que ocorre quase diariamente conosco. As pessoas e corporações, em vários casos, preferem optar pelo "caminho mais fácil" na contratação de PcDs. O que essas mesmas empresas não percebem é que nem sempre o "caminho mais fácil" é de fato o caminho que gerará mais frutos e produtividade no trabalho. Eventualmente, um funcionário que precisa de mais adaptações para o ambiente de trabalho produzirá mais que o outro que precisa de "pouca adaptação".

Ademais, o convívio com pessoas que se superam a cada dia, das mais variadas formas, é muito rico para nosso ambiente de trabalho como um todo. Com esse convívio, é possível absorver novas formas de pensar, de se adaptar às dificuldades... de se virar.

A inclusão ensina

Nesse sentido, é muito rico o movimento de fazer inclusão real no âmbito corporativo. **A inclusão ensina muito** para todos nós. Não apenas para as pessoas que não possuem deficiência, mas para nós deficientes também.

No que se refere à pessoa que não é PcD, como dito antes, esse choque de realidade às vezes é bem forte e valioso. Novamente darei um exemplo da minha vida...

Como contei ali em cima, eu, Diogo Pé, preciso de ajuda para ir ao banheiro. Infelizmente, mesmo com toda a mobilidade e articulação que tenho nas pernas, fico impossibilitado de ir ao banheiro sozinho na maioria dos ambientes externos à minha casa. Por mais que essa dependência às vezes seja um pouco desconfortável, eu já me acostumei com isso: preciso de ajuda para ir ao banheiro, ponto.

Porém, o que é totalmente habitual para mim não é para muitas pessoas. Afinal de contas, se você não possui dificuldades físicas, ir ao banheiro sozinho é tão normal quanto respirar, certo? De forma análoga, para mim, andar, ainda que eu o faça com dificuldades, é algo totalmente habitual. Contudo, para um cadeirante, por exemplo, não é. E assim por diante.

A partir do momento em que entra no seu círculo de pessoas alguém que tenha dificuldade para, como no meu caso, ir ao banheiro, a sua perspectiva passa a ser outra. O que antes talvez fosse inimaginável para você, como ter uma pessoa o ajudando no banheiro, passa a estar presente ali na sua frente. Imagine agora, meu amigo leitor, como seria se você precisasse de ajuda no banheiro, ou para andar sozinho, ou para enxergar... como você imagina que seria?

É difícil, não? Pois é... essa é a realidade de muitos de nós. Esse exercício é muito importante para você desenvolver a empatia. **A inclusão ensina a ter empatia pelo próximo.**

E se você me encontrasse na rua e percebesse que estou precisando ir ao banheiro, você me ajudaria? **Se você entendeu de fato o que é inclusão**, tenho certeza de que você me ajudaria. Veja bem, não estou falando que você não ficaria envergonhado em oferecer ajuda ou em ajudar de fato. Entretanto, guiado pela empatia, você irá ao menos pensar em oferecer ajuda. **A inclusão ensina a ajudar o próximo.**

A inclusão não acontece se for "da boca para fora".

21. Abandono da dicotomia "pessoa boa" x "pessoa má"

Ieda Sayuri Shoji Sales

Quando se destrói um velho preconceito, sente-se a necessidade de uma nova virtude. (Anne Louise Germaine Necker)

Primeiramente, uma dicotomia indica uma classificação que é fundamentada em uma divisão entre dois elementos – e é justamente nesse ponto que propomos deixá-la de lado, a fim de buscar visualizar um horizonte mais amplo.

O objetivo deste capítulo é tratar a desconstrução de "preconceitos" como racismo, xenofobia, homofobia e outros presentes na sociedade atual e em paralelo trazer o fortalecimento de uma cultura inclusiva.

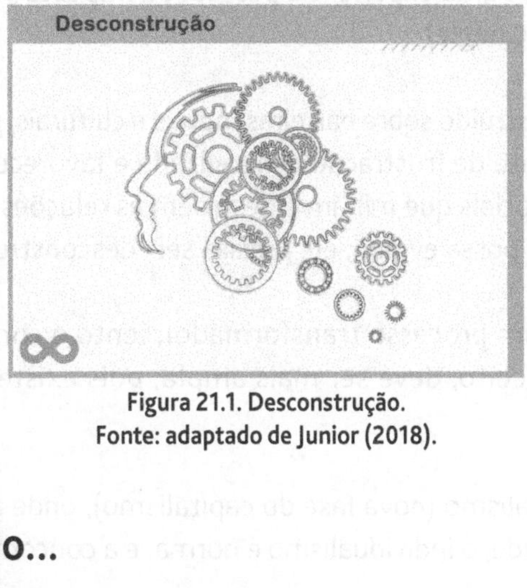

Figura 21.1. Desconstrução.
Fonte: adaptado de Junior (2018).

Desconstruindo...

Pessoa boa – pessoa má; gordo – magro; feio – bonito; rico – pobre; preto – branco; competente – incompetente; etc. Esses exemplos mostram um conjunto de barreiras morais e culturais que nos impedem de aceitar o diferente, criando um ambiente de hostilidade que gera violência velada e/ou explícita.

Figura 21.2. Preconceito.
Fonte: adaptado de Souza (2017).

O que é o preconceito?

Substantivo masculino. Tem como significado qualquer opinião ou sentimento concebido sem exame crítico. Sentimento hostil, assumido em consequência da generalização apressada de uma experiência pessoal ou imposta pelo meio; intolerância (fonte: dicionário do Google).

O preconceito foi construído sobre barreiras morais e culturais, gerando um mal-estar social e um sentimento de frustração generalizado e favorecendo o surgimento de diversas patologias sociais que minam e destroem as relações sociais. Dessa forma, para que a sociedade possa evoluir, ele precisa ser "desconstruído".

A desconstrução é um processo transformador, lento e contínuo. E não deve se restringir ao preconceito, deve ser mais ampla, pois existe hoje uma excessiva racionalidade.

Vivemos no neoliberalismo (nova fase do capitalismo), onde a sociedade vê o egocentrismo como virtude; o individualismo é norma; e a concorrência é condição para a sobrevivência.

Sem perceber, somos absorvidos por uma lógica que desativa as preocupações coletivas, desprestigia os bens públicos em detrimento dos bens privados e dilui a própria ideia de cidadania social.

Nesse capitalismo onde as pessoas buscam incansavelmente pelo sucesso, somos induzidos a acreditar que o mercado dá o que cada um merece (meritocracia socialmente construída), de modo que ficamos insensíveis e começamos a achar natural a desigualdade social e a injustiça.

A lógica neoliberal pode, de forma distorcida, levar a uma relação desigual da racionalidade econômica nas questões de gênero, raça e classe. Basta pesquisar os cargos altos nas empresas: as mulheres e os negros são minoria... e as diferenças se estendem ao salário.

A jornalista inglesa Reni Eddo-Lodge fez uma publicação em seu blog pessoal que, após viralizar na internet, tornou-se o livro best-seller "Por que eu não converso mais com pessoas brancas sobre raça" (2019), que a levou a falar sobre raça para milhares no Reino Unido. O que significou isso? O sucesso desse desabafo trouxe à tona como esse tema tem incomodado muita gente.

A sociedade é heterogênea; portanto, para desconstruir é preciso que todos contribuam, pois é a diferença que vai tornar a sociedade melhor e assim evoluir, tornando-se mais solidária.

Figura 21.3. Recicle-se.
Fonte: adaptado de Campos (2012).

Dicas/formas de incentivar a desconstrução

Seguem algumas dicas para ajudar a incentivar e orientar sobre a desconstrução:

1. Compreenda

Para começar a desconstrução é necessário entender o que é e como funciona o "pré-conceito". Precisamos entender para melhor analisar e buscar melhores soluções ou estratégias. Partir de uma ideia inicial sem o entendimento aprofundado, dando-a como verdade, pode gerar consequências críticas.

2. Conheça a origem

A busca pela origem revelará quais foram os motivos/interesses envolvidos, o que facilitará o desenvolvimento de estratégias para a desconstrução do "pré-conceito". Entender como os mitos foram criados para identificar como quebrar esse ciclo vicioso discriminatório.

3. Conheça as diferentes histórias contadas

Não aprendemos que devemos sempre ouvir os dois lados da história? Na realidade, existem mais do que dois lados... isto é, no mundo temos diversas culturas, formas de organização social e o contexto histórico dos países. A educação tem um papel importante na disseminação desse conhecimento, mas ainda temos que considerar a memória social e cultural de um povo. Devemos aceitar e entender o que o outro tem para ensinar sem discriminar.

4. Valorize as diferentes opiniões em uma discussão

É importante haver opiniões diferentes em uma discussão, pois elas enriquecem um debate com novos conhecimentos. A diversidade de informações e cultura é muito rica, e ouvir e discutir sobre a diversidade é uma forma de aprendizado mais efetiva. Ter discussões abertas sobre o tema da diversidade faz parte do combate ao preconceito.

5. Não promova a punição na desconstrução

A punição não é uma forma de mudança de comportamento, ela irá inibir por coerção, mas isso não é efetivo, pois não trata a raiz do problema. Ao contrário, a punição pode aumentar a hostilidade e a polarização dos extremos. A melhor solução é a educação (em um contexto mais amplo que a escola) e o acesso à informação.

6. Apoie as iniciativas de inclusão

É fundamental o apoio no processo de iniciativas de inclusão, pois trata-se de um processo de mudança e desconstrução que é longo e desafiador. É importante também respeitar todas as ações de inclusão, desde as cotas universitárias até a data de consciência negra. Vale ressaltar que o apoio, muitas vezes, pode ser uma ação simples, como respeitar as preferências nas filas, o atendimento e o espaço reservado.

7. Tenha humildade

Ter humildade para ouvir e entender, com a intenção de mudar comportamentos, além de ter sensibilidade e empatia, por muitas vezes se tratar de temas bastante doloridos.

Conclusão

"A desconstrução é fácil". Lógico que não, é um caminho árduo e em geral se dá às custas do tempo e da disponibilidade emocional de indivíduos que pertencem aos grupos minoritários. O estresse e o trauma gerados nos grupos minoritários são produto das experiências negativas que precisam ser encaradas com frequência.

Esses temas precisam ser prioridade para a sociedade, tanto para contribuir no dia a dia quanto para entender as mudanças sociais pelas quais o mundo está passando, pois o tema no mundo agora é diversidade.

Viva as diferenças!!!

22. Os desiguais na medida de suas desigualdades

Bianca Machado

Aos sete anos de idade comecei a pensar na coloração das pessoas.

Fruto da miscigenação existente na família, me perguntava com frequência a respeito dessa diferença de raças e por que na escola 99% das minhas amiguinhas eram brancas.

Meu pai parecia o jogador de futebol Pelé e a minha mãe era bem parecida com a Elis Regina na época. Papai era viúvo e trazia consigo três filhos de um relacionamento anterior, todos negros. Mamãe era desquitada e aos 22 anos já era mãe também de duas crianças brancas e de olhos esverdeados.

Eu sou a Bianca. Tenho pele jambo ou parda (como prefere o IBGE) e sempre me considerei uma afrodescendente com cabelo originalmente cacheado, entregando as minhas origens no primeiro contato.

Pensando nessa miscigenação familiar e analisando a minha cor jambo, eu refletia: eu seria muito mais bonita se conseguisse arrancar essa pele marrom, poderia ser uma máscara para eu tirar quando quisesse. Queria muito ser parecida com as minhas amigas e as apresentadoras de TV, e pensava nisso todos os dias nessa fase dos sete/oito anos de idade.

Perdida nesses pensamentos, tive a sorte de comentar com meu pai e receber uma resposta tão sábia:

— Filha, tem certeza de que você não gosta da cor da sua pele? Pense comigo: as pessoas que você conhece gostam de ir à praia?

— Sim, gostam muito – respondi, interessada.

— E gostam mais de praia com chuva ou sol?

— Sol, pai. Muito sol.

— Certo. Sabe por que as pessoas gostam tanto do sol?

— Não.

— Para tentar ficar com a sua cor.

Satisfeita com a resposta e feliz, abandonei a conversa saltitante, assim como abandonei os antigos pensamentos sobre raça e etnia. Desisti de trocar a cor do rosto ou tirar aquela máscara imaginária.

Cresci nesse ambiente: diverso, aberto, inclusivo.

Aos 18 anos, assumi a minha primeira liderança no mundo corporativo e comecei a entender os impactos reais de etnia, cor, gênero e escolhas diferentes de uma forte herança cultural que permeia as organizações de todos os portes.

Os olhares abismados nos corredores das empresas quando apresentada como supervisora ou gerente sempre me acompanharam. Assim como o medo e a insegurança de isso representar um fator limitante para o crescimento da minha carreira.

Quando falamos sobre meritocracia, automaticamente surge uma conotação com a justiça e a sua principal característica: a cegueira.

Para Vincent Dupriez, a noção geral de meritocracia "refere-se ao princípio que estabelece que uma sociedade justa é aquela que dá a todos o lugar que merecem, de acordo com seus esforços e talentos, em vez de um lugar arbitrariamente herdado" (WIKIPÉDIA, s.d.).

Quantas empresas você conhece com a meritocracia implementada, sem vieses inconscientes e colaboradores certos de que cada esforço será reconhecido sem a famosa politicagem ou as intrigas de qualquer nível? Basta que cada líder enxergue e reconheça os resultados das suas equipes e que as empresas possuam estruturas hierárquicas impecáveis com plano de cargos e salários que viabilizem tudo isso.

Ainda em 2020 sabemos o quanto é difícil encontrar empresas nesse patamar.

A meritocracia depende de muitos valores e um deles é a própria cultura da empresa. Como a liderança enxerga as diferenças? Como a alta gestão interpreta a inclusão?

Como as aves, as pessoas são diferentes em seus voos, mas iguais no direito de voar.

Será que as lideranças estão preparadas para tratar quem voa muito diferente? Como reconhecer alguém tão diferente de você, das suas atitudes?

Para que um ambiente seja diverso e inclusivo, é necessário ter atenção, cuidado, tato, estratégia, metas, objetivos e humanização.

Para garantir que o seu ambiente esteja diverso e inclusivo, você pode:

- ✓ **Fazer um *benchmarking*.** Que tal escolher as empresas que são referência para você e para a alta liderança e entender com profundidade como a diversidade e inclusão são garantidas por elas?
- ✓ **Pesquisar a demografia.** É interessante pesquisar internamente como a equipe é composta: gênero, raça, mulheres na liderança, representatividade LGBTI+ e por aí afora.
- ✓ **Traçar metas e objetivos.** Aonde exatamente você pretende chegar? Por exemplo:
    - Aumentar em 20% a contratação de jovens negros.
    - Aumentar em 30% a liderança feminina.
    - Garantir representatividade para pessoas trans.
    - Ter em todas as áreas ao menos um profissional com deficiência.
- ✓ **Desenvolver parcerias estratégicas para capacitação e sensibilização de gestores.** A alta liderança é fator crucial e a média liderança deve garantir que a estratégia funcione.
- ✓ **Trabalhar a comunicação.** Comunicar o porquê das ações e quais são elas pode definir o sucesso do seu projeto de diversidade e inclusão. Dessa forma, todos se sentirão parte da causa e a abraçarão com você.

Em um ambiente diverso e inclusivo, a meritocracia ganha força, espaço, relevância e deixa de compor apenas um quadro na parede ou um bonito PowerPoint para se transformar em um forte propósito capaz de gerar excelentes resultados nas empresas, além de contribuir para impactar positivamente as trajetórias profissionais que ali estiverem.

Para promover um ambiente diverso e inclusivo, a base imprescindível é a igualdade. Mas como tratar com igualdade o que é tão diverso? Cada indivíduo não deveria ser tratado de forma diferente, respeitando a sua diversidade? Como diferenciar dois conceitos tão similares: igualdade e equidade?

As imagens a seguir esclarecem com maestria os conceitos de igualdade/equidade e como lidar com eles no cotidiano.

Figura 22.1. Diferença da igualdade e da equidade.
Fonte: adaptado de Blackall (s.d.), sob licença Creative Commons.

Em um grupo heterogêneo não é possível falar de igualdade:

Figura 22.2. Igualdade e equidade.
Fonte: adaptado de Spinelli (2016).

Figura 22.3. Igualdade e equidade na sociedade.
Fonte: adaptado de Robert Wood Johnson Foundation (2017).

Igualdade

Substantivo feminino. 1. Fato de não apresentar diferença quantitativa. 2. Fato de não se apresentar diferença de qualidade ou valor, ou de, numa comparação, mostrarem-se as mesmas proporções, dimensões, naturezas, aparências, intensidades; uniformidade; paridade; estabilidade.

Equidade

Substantivo feminino. 1. Apreciação, julgamento justo. 2. Virtude de quem ou do que (atitude, comportamento, fato etc.) manifesta senso de justiça, imparcialidade, respeito à igualdade de direitos.

Dicas práticas para exercer uma liderança inclusiva nas empresas, garantindo a equidade, ação que depende de cada um de nós:

1. Treinar e desenvolver os colaboradores em comunicação não violenta.
2. Incentivar a abordagem empática entre as pessoas através de palestras e exemplo da liderança, principalmente a alta gestão.
3. Estimular uma cultura inclusiva com ações direcionadas, expandindo o conceito de diversidade para a liderança.
4. Alinhar muito bem o processo de recrutamento e seleção para garantir o "*fit* cultural", ou seja, o novo colaborador deve estar alinhado à cultura da empresa.
5. Procure parcerias com organizações para sensibilizar a liderança, preparar as equipes e fazer o acompanhamento pós-inclusão.

23. Responsabilidade social na inclusão

Sonia Lopes

Você já ouviu falar de ODS?

Os ODSs – Objetivos de Desenvolvimento Sustentável – foram lançados em 2015 na COP 21 – 21ª reunião da Conferência das Nações Unidas sobre a Mudança Climática. São 17 objetivos desdobrados em 169 metas que 195 países acordaram trabalhar para alcançá-los até 2030.

Você deve estar se perguntando por que estou falando de mudanças climáticas se o nosso tema é inclusão. Na realidade, os ODSs tratam de relações justas e integradas que permitem que o desenvolvimento dos países seja amplo e perene (sustentável).

Ao analisar os 17 objetivos, você percebe uma composição de aspectos sociais, ambientais e econômicos, o tripé sobre o qual é construído o conceito de sustentabilidade. Veja na Figura 23.1 os 17 ODSs e para mais detalhes acesse <https://odsbrasil.gov.br/>.

Embora em 2015 o documento tenha sido assinado por representantes dos 195 países, colocar os ODSs em prática é um trabalho das organizações dos mais diversos tipos e de cada indivíduo. Assim, faz parte da responsabilidade de cada empresa ações que tornem o futuro possível.

Tudo isso a partir da constatação de que não há como pensar em relações puramente competitivas de exploração, visando apenas o crescimento econômico de poucos, porque a vida está, desde sempre, entrelaçada e não existe futuro viável sem que o desenvolvimento seja para todos. Dessa forma, a inclusão é necessária em todos os âmbitos.

Figura 23.1. Os 17 Objetivos de Desenvolvimento Sustentável (ODS).
Fonte: adaptado de Brasil (s.d.).

Entre os 17 ODSs, destacamos o Objetivo 10 – Redução das Desigualdades – reduzir a desigualdade dentro dos países e entre eles.

Reconhece-se que a desigualdade é um problema global, embora mais acentuado em algumas regiões, e discriminações de todos os tipos levam à desigualdade socioeconômica. O grande desafio é promover oportunidades para os mais excluídos no caminho do desenvolvimento.

O ODS 10 se refere literalmente a diversos grupos, como: "todos, independentemente da idade, sexo, deficiência, raça, etnia, origem, religião, condição econômica ou outra" e ainda chama atenção para "migrações e fluxos de pessoas deslocadas entre países e regiões devido a conflitos, eventos climáticos extremos ou perseguições de quaisquer tipos".

As ações individuais são tão importantes quanto políticas públicas que busquem garantir a igualdade de oportunidades e a punição de excessos contra os mais vulneráveis.

Um ponto importante é que o próprio texto da Agenda 2030 considera que o alcance das metas do ODS 10 é "estruturante para a realização dos outros 16 Objetivos de Desenvolvimento Sustentável".

Assim, podemos destacar:

- ✓ **Objetivo 1.** Acabar com a pobreza em todas as suas formas, em todos os lugares.
- ✓ **Objetivo 2.** Acabar com a fome, alcançar a segurança alimentar e melhoria da nutrição e promover a agricultura sustentável.
- ✓ **Objetivo 3.** Assegurar uma vida saudável e promover o bem-estar para todas e todos, em todas as idades.
- ✓ **Objetivo 4.** Assegurar a educação inclusiva e equitativa e de qualidade, e promover oportunidades de aprendizagem ao longo da vida para todas e todos.

Esses objetivos estão na base das necessidades humanas, mas apontam questões ainda não resolvidas, apesar de já termos avançado tanto em outras áreas, sendo, dessa forma, uma inclusão urgente!

Outros destaques são:

- ✓ O Objetivo 5 propõe metas relacionadas ao fim da discriminação por gênero e apresenta outro tipo de inclusão necessária à maioria dos países.
- ✓ O Objetivo 8 promove o crescimento econômico sustentado, inclusivo e sustentável, emprego pleno e produtivo e trabalho decente para todas e todos. Inclusão no mercado de trabalho independentemente de suas características e de sua origem, raça ou gênero.

A inclusão em diversos âmbitos é parte do caminho para o desenvolvimento sustentável e faz parte da responsabilidade social das empresas, afetando diretamente a sua reputação no mercado.

Algumas empresas já perceberam isso, embora outras ainda façam mais marketing do que realmente ações de impacto positivo, mas, em um mundo com tanta informação, é cada vez mais difícil ocultar discurso vazio.

Além disso, a interdependência entre o resultado econômico e a responsabilidade ambiental e social está cada vez mais sendo percebida pelos consumidores, que exigem esse compromisso por parte das organizações. Cabe a cada um de nós fiscalizar as ações das organizações, exigindo transparência em relação à inclusão.

PARTE VI.
PROCESSOS E FERRAMENTAS

Na jornada da inclusão e com o objetivo de mudar a cultura, utilizaremos processos e ferramentas a nosso favor. Estes capítulos darão ao leitor um cinto de utilidades com muitas possibilidades, porém, não o limitando, mas o deixando livre para buscar novas ferramentas.

24. Processo seletivo inclusivo

Jucilene Braga Rodrigues
Karen Aoki

Quando falamos de processo seletivo, não podemos deixar de citar o seu contexto histórico. No início do século XX tivemos a criação da primeira iniciativa de recursos humanos, que foi nomeada de relações industriais devido às relações empregador *versus* empregados. Diante das necessidades das pessoas e das organizações, essa área passou a exercer um papel importante para mediar os possíveis conflitos existentes entre os seus objetivos coletivos e individuais.

A partir de 1950, a área se expandiu devido ao fortalecimento de organizações sindicais, com a necessidade da criação de departamentos. Começa-se a falar em Administração de Recursos Humanos, quando em 1960 o termo foi substituído por Administração de Pessoal e Relações Industriais, visto que seu objetivo não era apenas intermediar conflitos, mas, sobretudo, administrar as pessoas de acordo com a legislação trabalhista vigente (VERGARA, 1999, *apud* GIL, 2001).

Com o passar dos anos, observamos a evolução da área, que amplia seus conceitos e atividades.

A partir da década de 1970 o conceito na administração passa a olhar para os recursos humanos como Administração de Recursos Humanos (ARH), onde as pessoas são vistas como um recurso e um sucesso organizacional.

Nos anos 1980, devido à globalização, a evolução dos sistemas de comunicação, a competitividade no mundo dos negócios, as mudanças rápidas e imprevisíveis e o dinamismo do ambiente trazem consequências como reengenharia e *downsizing* como novas concepções a serem tratadas pela administração.

Com essas mudanças, a Administração de Recursos Humanos passa a ter maior importância durante os anos 1990 (MARRAS, 2000).

A Administração de Recursos Humanos (ARH) surgiu devido ao crescimento das organizações e suas necessidades.

O valor criativo e a inteligência passaram a ser tratados como necessários às habilidades buscadas no mercado, além de iniciativa e decisão, competências e não apenas as capacidades manuais, físicas ou artesanais (MAXIMIANO, 2005).

Acontece assim a gestão de pessoas, tratando-as como parceiras e não apenas recursos, mas como uma área estratégica e operacional sem perder suas responsabilidades (CHIAVENATO, 2000).

Em 1983, Chiavenato definiu recrutamento e seleção de candidatos de maneira simples. Segundo ele, trata-se da "escolha da pessoa certa para o cargo certo". Recrutamento e seleção passaram por diversos momentos, acompanhando os processos históricos, e hoje são considerados fundamentais na cultura organizacional de uma empresa que busca funcionários com determinado comportamento, adequado à sua visão e aos seus objetivos.

Os processos seletivos podem ser compostos por entrevistas, dinâmicas de grupo e testes psicológicos, entre outros, ou por conjugação de vários destes, dependendo da política ou prática da companhia. Uma seleção objetiva, isenta, criteriosa e ajustada, além de ser o espelho de uma organização, acaba contribuindo bastante para a performance empresarial.

Recrutamento é o conjunto de técnicas e procedimentos que visa atrair candidatos potencialmente qualificados e capazes para ocupar cargos dentro da empresa. O recrutamento é feito a partir das necessidades presentes e futuras de recursos humanos da organização.

Seleção de pessoal é a escolha dos candidatos recrutados que melhor se ajustam ao cargo em aberto. O objetivo básico da seleção de pessoal é escolher e classificar os candidatos adequados às necessidades da companhia e das áreas.

Sendo assim, o recrutamento e a seleção têm como objetivo buscar meios para contratação com eficácia e responsabilidade.

Após conhecermos um pouco do histórico dos recursos humanos dentro das organizações, podemos dizer que se trata de uma porta de entrada, onde as pessoas apresentam o melhor de si para conseguir a ocupação da vaga pretendida.

Você já ouviu falar na lei de cotas que garante vagas nas empresas para as pessoas com deficiência? Certamente sim, pois toda empresa com mais de 100 funcionários precisa atender à Lei nº 8.213, de 24 de julho de 1991. Apesar da existência da lei e de sua obrigatoriedade, é comum ainda hoje encontrar barreiras para essas contratações. A falta de informação e empatia é fator que impede a empresa de ter esses colaboradores. A melhor forma de conhecer o seu candidato é não ter medo de fazer perguntas que esclareçam quaisquer que sejam as dúvidas que você possa ter. Ficar no mundo das ideias não ajuda a descobrir o caminho de como lidar com esse assunto que normalmente vem cheio de mitos e informações equivocadas.

Ao pensar na contratação de pessoa com deficiência, é importante, antes da vinda desse profissional, implantar uma cultura inclusiva e consciente. Muitos empresários ainda têm o pensamento de que, ao ter um colaborador com deficiência em seu quadro de funcionários, sua produtividade e seus resultados serão prejudicados. Isso acontece porque é levada em conta a sua deficiência e não a sua competência. Mesmo ao se tratar de candidato com deficiência, os recrutadores e gestores que irão entrevistá-lo devem se lembrar de que esse profissional se qualificou e tem expectativas como qualquer pessoa em busca de uma colocação no mercado.

A seguir, cinco passos que ajudarão você a fazer um bom processo seletivo.

- ✓ Abandonar velhas ideias e conceitos e manter uma mente aberta para aprender e compreender as necessidades do entrevistado.
- ✓ Ter empatia e não pena ajuda na fluidez da seleção.
- ✓ Não ter medo de perguntar sobre o que mais tem dúvidas. Essa atitude será meio caminho andado para desvendar os mitos.
- ✓ Não contratar por deficiência, mas sim por competência.
- ✓ Não decidir o que é melhor para o candidato – somente ele saberá dizer, pois este tem a real vivência do que é ser uma pessoa com deficiência.

Esta foi apenas uma pequena amostra do que poderá ser realizado no momento de contratação de um candidato com deficiência.

Despir-se de todo e qualquer preconceito faz parte do pacote para o sucesso da entrada desse colaborador na organização.

Se por um lado vimos os desafios de candidatos com deficiência *versus* recrutadores em um processo seletivo, vamos conhecer a realidade de outros grupos, como o público feminino, negros, homossexuais e até os mais experientes (pessoa na melhor idade).

Embora tenhamos a obrigatoriedade prevista na lei, é notável em muitas empresas o grande esforço para o cumprimento das cotas para reduzir seu passivo, mas, pela falta de compreensão do contexto do processo de inclusão, não se consegue obter a eficácia na implementação. Nesses casos, é comum identificar o profissional PcD[11] alocado em atividades de baixa relevância ou sem um *job description* definido.

A compreensão desse cenário requer complexidade na sua análise e, por esta razão, não podemos pensar sobre o assunto com um raciocínio linear. Por isso, convidamos você para um exercício de distanciamento do seu olhar para questões que vão além do simples cumprimento da lei ou da contratação de um profissional.

Vamos primeiro compreender o mercado, onde a cada dia aumenta a importância de adotar estratégias que mitiguem o risco reputacional. Segundo Vance e Ângelo (2007), a reputação é um fenômeno complexo que se constrói com base nos valores atribuídos pelos seus diferentes públicos de relacionamento.

A reputação empresarial, por sua vez, depende do alinhamento entre a identidade da organização e a coerência estabelecida entre as imagens percebidas pelos seus *stakeholders* (ARGENTI; FORMAN, 2002). Ou seja, não basta criar um rótulo para se ter uma reputação desejada; é preciso adotar práticas contínuas alinhadas com a imagem requerida, mantendo coerência do que se fala/faz. Só assim a reputação poderá ser percebida.

A preocupação com o meio ambiente, a forma como as organizações estão preparadas para lidar com a sociedade (comunidade local, colaboradores, familiares e clientes), a resposta transparente para efeitos negativos gerados pela empresa ou pelos seus representantes, todos esses aspectos precisam fazer parte da agenda dos executivos e sobretudo da estratégia das organizações. De acordo com o Instituto Brasileiro de Governança Corporativa (2015), faz parte de uma boa prática de governança corporativa tornar públicos os dados e indicadores que afetam o ambiente e a sociedade no qual a empresa está inserida. Esse *report* ocorre por meio de seus Relatórios de Gestão ou Sustentabilidade, que são as verdadeiras fotografias de uma gestão transparente.

Das boas práticas de governança corporativa, colocamos em destaque os aspectos sociais. Em resposta à modernização do mercado com a adoção de tecnologias inovadoras, à necessidade de atendimento rápido e objetivo aos clientes e à redução da

[11] Pessoa com Deficiência.

burocratização em contraponto à otimização dos processos, são requeridas cada vez mais equipes que consigam corresponder a diversas situações complexas. Segundo Brillo e Boonstra (2019), a liderança inovadora encoraja as pessoas a ter novas ideias e assume os seus riscos, cria relações de confiança, delega conforme a competência, gerencia bem os conflitos e forma equipes com base na diversidade.

O conceito de diversidade é plural e tem diferentes perspectivas teóricas. O que trazemos como definição neste capítulo é: "as diferenças entre pessoas, oriundas de categorizações sociais, que as congregam em grupos com características semelhantes entre si e diferentes de outros grupos, por exemplo, sexo, religião, escolaridade, idade, renda familiar, orientação sexual, deficiência, etc." (CARVALHO-FREITAS et al, 2017).

Quando deparamos com o mundo caótico não linear, compreendemos que as organizações que estão cada vez mais conectadas com esse novo modo de resposta, em detrimento do modelo de gestão mais conservador, possuem mais potencial de ser perenes. A agilidade não está em dar a resposta rápida, mas em compreender e dar resposta às mudanças que estão ocorrendo no mundo.

E o que tudo isso tem a ver com a diversidade?

Observamos a cada dia a dificuldade dos profissionais e das equipes em articular relações, fazer conexões e organizar a realidade. A diversidade em uma equipe possibilita que esta atue de forma sinérgica e construa um pensamento complexo e transdisciplinar. De acordo com Moraes (2013), é preciso trabalhar os seguintes aspectos:

> *Relações sujeito/objeto, ou seja, as relações ocorrentes entre os níveis de realidade ou de materialidade do objeto e os níveis de percepção do sujeito, a promover o diálogo entre as disciplinas, compreendendo melhor sua dinâmica operacional e influenciando os aspectos metodológicos, a partir do uso da dialógica que permeia nossas reflexões e ações cotidianas. Assim, fica mais fácil resolver os conflitos, compreender as divergências, reconhecer as diferentes maneiras de se interpretar a realidade, percebendo melhor os problemas e o encontro de suas soluções (MORAES, 2013).*

Ter uma equipe heterogênea nem sempre implica em obter um alto desempenho, mas para obtê-lo é fundamental ter uma equipe formada por pessoas com competências diferentes e que sejam adotadas práticas de gestão capazes de conectar os potenciais individuais, efetivando a complementaridade.

Segundo a empresa Menvie (s.d.), para formar equipes de alta performance é necessário existir o alinhamento da visão da equipe (senso de direção); da identidade (senso de pertencimento); dos valores (sincronismo); dos resultados (senso de responsabilidade); da eficácia (senso de aprendizagem e uso do tempo); e entender a importância da diversão (celebrar conquistas) e da confiança (comunicação aberta e transparente).

A empresa ainda destaca alguns pontos importantes. Um deles é quanto ao tamanho da equipe – recomenda-se que não seja muito grande para que haja mais estreitamento e vínculo entre as pessoas. Outro ponto é quanto à diversidade invisível, ou seja, atentar para não negligenciar as diferenças que não são tão explícitas, como gênero, idade e etnia.

Os processos de apoio que sustentam um modelo de gestão de pessoas mais contemporâneo requerem a compreensão sistêmica dos elementos citados neste capítulo. Trabalhar com a diversidade implica em posicionamento oficial da empresa, expresso em documentos formais como políticas e normativas da companhia.

A partir dessas políticas e normativas, o processo de inclusão permeia todas as etapas e sistemas de gestão de pessoas, tendo como ponto de partida o R&S (Recrutamento e Seleção), que precisa estar condizente com a estratégia e focado em competências.

Há uma ferramenta que tem sido utilizada por parte de alguns *headhunters* que é o **recrutamento às cegas**. Trata-se da apresentação dos currículos às cegas, ou seja, retira-se o cabeçalho com os dados pessoais (nome, endereço, idade e anos de conclusão dos cursos) e ficam apenas as informações macro. Os gestores escolhem os candidatos pela experiência e só terão acesso ao perfil completo na entrevista. Os resultados têm sido interessantes, com o processo proporcionando ao gestor aprendizado e revisão de conceitos e paradigmas.

Mudar para um ambiente mais inclusivo e trabalhar a cultura organizacional para corresponder aos desafios que a complexidade do mercado exige requer uma oportuna e importante transformação dos gestores e líderes.

Case

Jucilene Braga Rodrigues

Após algumas experiências desanimadoras no que diz respeito a buscar uma oportunidade de trabalho, em 2014 estava eu em outra empreitada para participar de mais um processo seletivo. Enquanto fazia o trajeto até lá, pensava na oportunidade e principalmente em como seria recebida. Logo que me identifiquei, fui conduzida para a sala e lá estava eu mais uma vez apostando todas as minhas fichas na entrevista que viria a seguir. Vale citar que todos os processos de que participei sempre eram conduzidos por uma analista e por vezes uma gerente ou coordenadora. Dessa vez seria diferente. Nessa ocasião, a pessoa que me entrevistaria seria nada mais nada menos do que o vice-presidente da empresa.

Os momentos que vieram a seguir foram um dos mais prazerosos, com toda certeza. Um verdadeiro gestor estava à minha frente disposto a me ouvir e a conhecer as minhas habilidades sem pensar se eu tinha ou não uma deficiência, pois tudo o que ele desejava saber era se eu estava apta para o cargo que ele pretendia me oferecer.

Quando digo gestor de verdade, não me refiro à sua posição na empresa, mas ao fato de ser uma pessoa disposta a compreender as minhas necessidades, de não fazer julgamento e de ter o mínimo de sensibilidade com a situação.

Falamos por algumas agradáveis horas e ao sair fui para casa com a vaga garantida. O mês era dezembro e nem preciso dizer que para mim foi um maravilhoso presente de Natal.

Em janeiro de 2015 iniciei no cargo de ouvidora interna da empresa. Naquele momento eu seria os ouvidos dos donos e a esperança de muitos que viriam me procurar.

Nunca havia trabalhado na função, mas logo aprendi e, modéstia à parte, tenho desempenhado muito bem o meu trabalho. Quero crer que prova disso foi o fato de ter ganhado o prêmio ABT (Associação Brasileira de Telecomunicações) em 2017 na categoria gestão de pessoas. Certifiquei-me em ouvidoria e também fiz um curso de gerenciamento de conflitos para melhor gerir as queixas que chegam, pois percebi que em muitas falas estava estampada a falta de diálogo e instalados diversos conflitos.

Tenho muita gratidão por essa oportunidade oferecida a mim, pois agarrei com unhas e dentes e tento fazer o melhor que posso.

Hoje, fazendo uma reflexão, penso que jamais teria a chance de mostrar o meu potencial se naquele momento da entrevista eu fosse vista somente como uma cota ou uma incapaz.

Certa vez, quando tinha o meu currículo disponível para concorrer às vagas, deparei com uma recusa somente por ter deficiência visual. A vaga não pedia tantos requisitos assim, mas sem ao menos me conhecerem fui julgada incapaz e inapta para atender um simples telefone.

Mas, como nem tudo é tão ruim assim, já diz a velha frase: "há males que vêm para o bem".

Basta apenas um sim para fazermos valer a pena.

Até o presente momento (2020), permaneço no mesmo emprego. Espero continuar fazendo a diferença para aqueles que me procuram em busca de uma solução.

25. Líderes inclusivos inspiram equipes inclusivas

Paulo Antiquera

Liderança, gestão e times ágeis

Um dos significados para a palavra líder, na linguagem celta, é o que eu mais gosto: "quem vai/sai/age primeiro". Gosto da simplicidade e do espaço para reflexões que esse significado traz. Não diz que líder chega primeiro. Não diz que líder sempre acerta. Não diz que líder sabe o que está fazendo. Não diz que existe a tal "liderança natural".

Liderança é situacional, isto é, pessoas vão liderar nas situações que não lhes são completamente estranhas. A existência de um ambiente seguro no qual pessoas diferentes possam assumir a liderança em diferentes situações aliada a um grupo de pessoas com experiências, habilidades, percepções e conhecimentos diversificados, cria um time com alto nível de resiliência e com grande capacidade de adaptação.

É curioso, mas a liderança não é um fenômeno individual. É coletivo. Depende de pessoas para liderar e pessoas para seguir. E, diferentemente do que o senso comum indica, liderar não necessariamente é uma escolha ativa, enquanto seguir não se trata de algo passivo. A relação entre líder e liderado é de transparência, confiança, respeito e responsabilidade.

Reforçando, liderança não é cargo ou posição hierárquica. Trata-se de atitude e movimento. As empresas, em sua grande maioria, se estruturam de maneira hierárquica com cargos de gestão (chefia). Dependendo da natureza do trabalho, as organizações poderão ter mais ou menos dificuldade caso a liderança seja esperada e restrita aos "chefes".

Gestão e liderança são coisas diferentes. Gestão é mais *hard skill*. Está mais relacionada ao conhecimento e à habilidade. Liderança é mais *soft skill*. Está relacionada à percepção e ao comportamento. As duas coisas cabem facilmente na mesma frase, isto é, podem habitar um mesmo ambiente em perfeita harmonia.

Diferentes naturezas de trabalho demandam diferentes estilos de gestão. Na grande maioria das situações, o trabalho do conhecimento pode ser classificado como heurístico. Já o trabalho repetitivo (rotina) pode ser também chamado de algorítmico. Na Tabela 25.1 é apresentada uma comparação dessas duas naturezas.

Tabela 25.1. Comparação entre naturezas de trabalho.
Fonte: o autor.

Algorítmico (repetitivo)	Heurístico (conhecimento)
Replicação de itens	Criação
Processos prescritivos	Processos empíricos
Variabilidade é indesejada	Variabilidade é inerente
Busca pela conformidade	Conformidade não gera valor

Em nossas funções diárias navegamos em diferentes naturezas, desde tarefas simples e recorrentes até a criação de soluções inéditas para problemas complexos. Gastar mais ou menos tempo em cada tipo de trabalho depende da função que se exerce e da postura/comportamento de quem a executa. Enquanto existem pessoas que não suportam repetição e ficam entediadas, outras são muito boas em repetir atividades sem problemas.

E para fechar esse raciocínio, vamos pensar na gestão a partir de uma perspectiva sistêmica. Dentro de um sistema de trabalho temos: o propósito, os elementos e o relacionamento entre os elementos. O propósito do sistema é a coisa mais forte, é o motivo da existência do sistema. Os elementos são os componentes do sistema, é o que conseguimos quantificar de alguma maneira. Relacionamento entre os elementos é como os elementos de um sistema interagem entre si (MEADOWS, 2009).

Para deixar o conceito menos abstrato, um time de trabalho pode ser visto como um sistema. Existe um motivo para o time existir, e, muitas vezes, o motivo é resolver um problema. São elementos do sistema:

- ✓ As pessoas envolvidas (membros do time e outras pessoas interessadas).
- ✓ O próprio problema (incluindo as subdivisões a que será submetido).
- ✓ A solução para o problema (incluindo os estágios parciais de solução).
- ✓ O processo de trabalho (incluindo as tarefas para atingir a solução).

A gestão é o fenômeno que existe em como esses elementos se relacionam. Sendo mais específico, em como as decisões são tomadas em relação aos elementos do sistema. Se as decisões tomadas levam ao atingimento do propósito, existe gestão. Se as decisões não levam ao atingimento do propósito, não existe gestão.

Logo, na visão sistêmica, a gestão é a eficácia das decisões. Quando falta eficácia nas decisões surge a necessidade de controle.

Controle é uma decisão prescrita para garantir o atingimento do propósito. O problema é que não conseguimos prescrever tudo, principalmente quando deparamos com problemas muito complexos. Falta de gestão e excesso de controle tornam um sistema rígido e lento: seja ele frágil ou robusto, acaba ficando sem capacidade de adaptação.

Times de alta performance colaboram e incluem mais

Tenho uma crença muito forte no poder da colaboração. Minha convicção é que qualquer indivíduo, independentemente do nível de suas capacidades, mesmo que no auge de seu potencial, tem resultados medíocres se comparado com os resultados do mesmo indivíduo como membro de uma equipe com algum nível de colaboração. Os resultados de um time vão superar facilmente os resultados de um indivíduo em qualidade, eficácia e até em custo se olharmos a médio/longo prazo.

Importante dizer que um time é diferente de um grupo de pessoas que divide um espaço. Um time é um grupo de pessoas unidas por um único propósito, com responsabilidades complementares, objetivos, tarefas e metas compartilhadas.

Apesar de nós, humanos, como muitos outros animais, sermos uma espécie social, estamos inseridos em um sistema que reconhece e reforça comportamentos individuais. É bem comum nas empresas que as pessoas com comportamento "heroico" sejam reconhecidas e recompensadas.

Essa prática de reconhecimento individual mata a colaboração. Pessoas não pedem ajuda para não demonstrar fraqueza. Pessoas não se dispõem a ajudar para obter ganhos em agendas individuais. Assim, os grupos de indivíduos continuam obtendo resultados medíocres e ineficazes, desperdiçando tempo/recursos e fazendo despencar a qualidade de vida.

Alta performance é um atributo de grupo e não individual. Mesmo atletas individuais, considerados esportistas de alta performance, têm equipes numerosas para sua preparação, de forma que possam ser capazes de cuidar de todos os detalhes que são determinantes para o alcance dos resultados almejados.

Para Dale Carnegie, times de alta performance são inclusivos:

> *Grandes equipes são construídas por indivíduos diferentemente talentosos uns dos outros. As melhores equipes têm diversidade, ou seja, forças diferentes formam a equipe: pensamento estratégico, criatividade, organização, habilidades de relacionamento. Os melhores líderes não apenas reconhecem esses pontos fortes, como também garantem que os membros das equipes se apreciem uns aos outros. (DALE CARNEGIE, 2018)*

Sandra Betti em seu artigo publicado no site da Endeavor, também defende que times de alta performance prezam pela inclusão:

> *E uma equipe de alta performance é aquela que demonstra elevada competência e destacado grau de comprometimento. São pessoas realmente alinhadas, que têm em comum valores, visão, objetivos e engajamento. E ao mesmo tempo têm riqueza, diversidade e multiplicidade de conhecimentos, skills, bagagens, opiniões e ideias. (BETTI, 2011)*

Mas qual é o motivo por trás da busca incessante pela alta performance?

A resposta para essa pergunta está na complexidade. Dificilmente deparamos com problemas simples para resolver. E se, por acaso, ficamos frente a frente com um problema simples, basta uma rápida pesquisa para encontrar as mais diversas soluções. Na maioria dos casos, não faz muito sentido gastar tempo e recursos em encontrar uma nova solução para problemas simples já solucionados. Em grande parte das situações, os problemas muito simples dão pouca margem para inovação.

Os problemas que se apresentam em nosso dia a dia são complexos a ponto de requererem soluções inéditas. Soluções inéditas para problemas complexos requerem times de alta performance.

Para suportar essa minha afirmação, vou referenciar o trabalho de Dave Snowden e Mary Boone (2007). *Cynefin* é um *framework* que traz uma visão de como lidar com complexidade.

Figura 25.1. ***Cynefin framework*.**
Fonte: adaptado de Snowden; Boone (2007).

Problemas simples com soluções óbvias têm práticas bem estabelecidas, consideradas melhores práticas. Basta identificar o problema e aplicar a solução.

Soluções para problemas complicados também têm práticas bem estabelecidas, o que os torna complicados é a dificuldade para identificação correta do problema e, consequentemente, a aplicação da prática mais adequada.

Os problemas complexos requerem soluções empíricas. Por mais que se apliquem práticas de mercado, geralmente precisamos realizar experimentos de solução até mesmo para conseguir identificar o problema.

No domínio de problemas caóticos se fazem necessárias a ação e a leitura de reações para construir soluções para problemas. Muitas vezes essas soluções são parciais e resolvem parcelas mais bem entendidas do problema.

Esse *framework* foi criado para auxiliar a tomada de decisão no ambiente que encontramos na maioria das companhias atualmente. O acrônimo VUCA (volatilidade, incerteza, complexidade e ambiguidade), cunhado pela escola de guerra do exército americano, define esse ambiente. Para lidar com ele, precisamos de times de alta performance, isto é, times inclusivos, times diversos.

Papel da pessoa gestora em times de alta performance

Devido ao alto grau de autonomia em times de alta performance, normalmente as coisas se movem bem sozinhas. O papel de uma pessoa gestora nesses casos é o de facilitação. Tirar proveito da estrutura hierárquica e do acesso privilegiado aos recursos da companhia para retirar todos os bloqueios de forma rápida e efetiva.

Um time de alta performance é autogerenciado. Uma pessoa gestora deve colaborar com o time, trazer conhecimento e repertório de gestão. Ajudar o time a medir, refletir e melhorar sua performance.

Outra função de uma pessoa facilitadora nesse ambiente é ajudar o time a promover alinhamento entre pensamento, conversa e ação. Em um ciclo de melhoria contínua, que é característico de times de alta performance, a maior dificuldade é quebrar os hábitos ruins. Roberto Shinyashiki (2014) tem uma afirmação que representa perfeitamente essa situação: "o difícil não é fazer o certo, as pessoas fazem o certo com facilidade, o trabalhoso é deixar de fazer as coisas erradas".

A hierarquia sempre tem peso, para o bem e para o mal. Cabe à pessoa gestora ativamente empoderar o time, por meio de metas e responsabilidades compartilhadas; reconhecimento nos lugares e momentos que promovam colaboração; autonomia para que o time resolva seus problemas. A pessoa gestora nessas situações deve prestar suporte, moderar e facilitar atividades.

Facilitar o crescimento e a manutenção da performance também é responsabilidade da pessoa gestora. É comum que o time se esqueça de si mesmo por conta dos desafios do dia a dia, então cuidar do time enquanto o time cuida do negócio é papel da pessoa facilitadora.

A medida de sucesso de uma pessoa gestora é a não necessidade de interferência em um time excedendo as expectativas de resultado consistentemente. A meta de uma pessoa gestora em um time de alta performance é se tornar dispensável.

Colocando tudo junto

Liderança eficaz gera times de alta performance.

Times de alta performance obtêm resultados consistentes em ambientes de alta complexidade.

Problemas de alta complexidade são resolvidos por meio da colaboração.

Colaboração extrema é característica de times que defendem e buscam incessantemente a excelência técnica.

A excelência técnica só é atingida pela diversidade. Diferentes visões de mundo, conhecimentos, experiências e capacidades retratam times extraordinários.

Líderes de times extraordinários promovem a inclusão.

26. Psicanálise como instrumento de apoio a líderes e colaboradores

Andresa Fogel

A psicanálise vem ganhando força como instrumento para a compreensão dos ambientes organizacionais e da prática dos times de trabalho. Donald Woods Winnicott (1896-1971) é considerado um dos mais relevantes teóricos da psicanálise na contemporaneidade e sua obra tem se revelado importante apoio para os líderes e colaboradores.

Tratando-se das inúmeras contribuições que podemos extrair da teoria winnicottiana para os ambientes organizacionais, quero destacar as seguintes ideias: ambiente, confiança ambiental, líder suficientemente bom, verdadeiro e falso *selves*.

Um pouco de psicanálise

O ambiente winnicottiano é sobretudo relacional, localizado no espaço inter-humano onde se dão as trocas afetivas e emocionais. Para Winnicott, embora o ambiente físico tenha a sua relevância, o mais fundamental é esse ambiente constituído pelas relações entre os seres humanos.

De início esse ambiente se dá na relação mãe-bebê, sendo a mãe a primeira representante ambiental. Ela é a representação inicial que o bebê, ainda em uma fase muito precoce do desenvolvimento, é capaz de apreender em relação ao ambiente (WINNICOTT, 1975).

Estamos tratando de um momento no qual o bebê ainda não tem condições de perceber nada além de si mesmo, pois vive num subjetivo. Ainda não possui um EU desenvolvido, dependendo do eu da mãe para se sentir vivo e real. Assim, se tudo correr bem, mãe e bebê formam uma unidade e o bebê consegue se reconhecer através do eu da mãe.

A constituição da unidade mãe-bebê é possível quando existe uma mãe devotada, que cuida do bebê garantindo algumas qualidades ambientais (ou relacionais) que permitem a ele conhecer o mundo em pequenas doses, na medida em que avança paulatinamente no seu processo de amadurecimento. Essas qualidades, em especial, são: devoção, envolvimento e confiança, que se entrelaçam e reforçam umas às outras.

A mãe devota é aquela que se identifica e se envolve com o seu bebê, sendo capaz, ao menos na fase inicial – denominada de dependência absoluta –, de afastar-se das outras demandas para se dedicar aos cuidados do filho. Vale mencionar que a mãe devota de Winnicott pode ser o pai ou outra pessoa que se dedica aos cuidados do bebê com profunda identificação e envolvimento.

Essa devoção garante que, em um primeiro momento, o bebê não descubra nada que pertença à realidade externa a si mesmo, sendo tudo percebido como uma extensão de sua realidade subjetiva. Isso é garantido pelos modos de atendimento às demandas do bebê, ou seja, pela capacidade da mãe de se adaptar de forma devotada às demandas de cuidados que são de ordem física e emocional. A mamada, por exemplo, é fruto de uma necessidade física nutricional, mas também egoica, pois tudo o que acontece enquanto o bebê mama facilita o desenvolvimento do ego, que é uma conquista do processo de amadurecimento pessoal. De acordo Donald Winnicott (1990), no início, os cuidados físicos fazem parte dos cuidados emocionais, sendo primordiais simplicidade e constância na provisão de cuidados da criança.

A continuidade da provisão ambiental de cuidados em conformidade com as demandas do bebê cria confiança no ambiente (ou na mãe), o que constitui um aspecto essencial para que o pequeno se desenvolva a partir da espontaneidade e não da reação; se desenvolva a partir de um verdadeiro *self* e não de um falso *self* formatado na tentativa de agradar o ambiente, mas que trai o próprio eu; se desenvolva e alcance um si-mesmo integrado, que vem de uma conquista baseada em atitudes simples por parte do ambiente (ou da mãe-ambiente), mas que apoia uma construção extremamente sofisticada para o bebê: sentir-se habitante de um corpo que é sua morada – ou seja, a integração psicossomática.

Essa integração, quando sustentada por um verdadeiro *self*, faz com que a vida seja sentida como algo que vale a pena ser vivido, sobressaindo a espontaneidade, as ideias pessoais, a criatividade e a confiança ambiental. De acordo com Winnicott (1960), o verdadeiro *self* é a base da espontaneidade e a única fonte da criatividade. O falso *self*, por sua vez, varia de uma defesa a um total desconhecimento do verdadeiro *self*. O falso *self* pode levar à submissão ao ambiente, quando este não é capaz de se adaptar às demandas de um bebê que busca se desenvolver, enquanto o verdadeiro *self* é a própria espontaneidade em ação.

A mãe (como primeira representante do ambiente) é fundamental para que a criança adquira a confiança necessária ao seu processo de amadurecimento pessoal, se desenvolva e fortaleça o seu verdadeiro *self*. Embora possa parecer que é necessária uma mãe perfeita, Winnicott defende a mãe suficientemente boa, aquela que falha porque isso faz parte de sua natureza humana. Entretanto, que não faz das falhas severas o seu padrão de relacionamento com a criança e se esforça, dentro de um contexto de identificação e envolvimento, em ser confiável por meio da sua presença, dedicação e cuidados. Mãe que não é perfeita, mas suficientemente boa. Mãe que acerta e falha, mas que, quando isso se dá na medida em que a criança vai adquirindo novas capacidades, contribui para o seu processo de desenvolvimento e por isso ainda está na pauta da adaptação materna. Mãe que está disposta a aprender a ser mãe de um bebê único e especial e que por isso se torna apta a apoiá-lo no seu processo de vir a ser um si-mesmo integrado. Mãe que, acima de tudo, nutre um amor devotado pelo seu bebê e por isso se envolve, se identifica e torna-se uma base vital e confiável para o processo de amadurecimento (WINNICOTT, 1975).

Do amadurecimento infantil ao amadurecimento organizacional

O primeiro passo para compreender a contribuição da psicanálise winnicottiana nas organizações é a superação da ideia rasa de que Winnicott, pediatra e psicanalista inglês, foi um teórico da vida de bebês e crianças e de suas mães. Partindo da relação inicial da criança com o seu ambiente, DWW teorizou acerca das relações, da construção da confiança, das raízes da criatividade e de tantos outros aspectos da vida humana que fazem dele um teórico das bases do processo de amadurecimento pessoal que se dá ao longo de toda a vida (WINNICOTT, 2000).

Esses aspectos fundamentais para o processo de amadurecimento pessoal incidem também sobre os universos organizacionais que devem ser compreendidos, sobretudo, como ambientes inter-humanos, marcados fundamentalmente pelo fator relacional. As conexões emocionais e psicológicas entre as pessoas são essenciais para a constituição do tipo de ambiência e clima nos quais as interações e o trabalho acontecem. Podem ser facilitadoras da criatividade, da aprendizagem e de todos os demais processos que visam produzir resultados e valor, ou obstáculos significativos que atravancam o desenvolvimento organizacional.

Dentro desse contexto, a liderança se aproxima da ideia de mãe suficientemente boa, da qual é possível extrair a concepção de líder suficientemente bom. Este pode ser compreendido como o ambiente organizacional por excelência – considerando que o ambiente winnicottiano é um espaço de relação.

O líder suficientemente bom, ao exemplo da mãe suficientemente boa, não é perfeito, idealizado, alguém que é dono da verdade ou que detém todas as respostas – o conceito winnicottiano não passa por esses atributos. Fundamentalmente, trata-se de alguém que se interessa de forma genuína pelas pessoas do seu time, se identifica e se envolve com elas, gerando um canal de comunicação e conexão marcado pela confiança e pela reciprocidade.

A confiança é um dos aspectos mais essenciais das relações desde o nascimento e ao longo de toda a vida, sendo gerada a partir das mesmas fontes que devem estar presentes na relação mãe-bebê: identificação e envolvimento. Nese sentido, seja na infância ou na fase adulta, seja no ambiente familiar ou organizacional, a confiança e os seus atributos de base são essenciais para a constituição de um ambiente caracterizado por espontaneidade, criatividade, amadurecimento e favorável ao verdadeiro *self*.

Confiança não é algo que se cria a partir de uma dissimulação ou de comportamentos autocontrolados e sem substância, pois é experimentada na comunicação psicológica entre as pessoas. O líder suficientemente bom desenvolve relações de elevada interação e reciprocidade. Trata-se de alguém que se identifica e se envolve com as pessoas pelo que elas são, gerando confiança para que continuem sendo elas mesmas e para que sejam valorizadas.

Quando constituídas em um ambiente marcado por relações de confiança, as organizações tornam-se favoráveis a uma vida baseada no verdadeiro *self*. O líder suficientemente bom garante a segurança psicológica necessária para que as pessoas sejam quem são, sem precisar dissimular e trair a sua essência para atender às expectativas explícitas ou implícitas dos outros. Assim, o líder suficientemente bom contribui para a criação de uma cultura organizacional genuinamente inclusiva. Não se trata de cotas, normas legislativas ou de atender à ideia do politicamente correto, mas de inclusão. Trata-se de enxergar valor nas pessoas pelo que são e dar liberdade para que empreguem a energia que possuem no trabalho que precisam desenvolver, sem desviar seus esforços na manutenção de máscaras, tentando demonstrar valor pelo que não são.

A liderança suficientemente boa aceita e valoriza as pessoas por serem quem são, sendo capaz de perceber e gerar valor para o time por meio da singularidade de cada um. Tendo como base a psicanálise winnicottiana, podemos compreender e fomentar um ambiente organizacional de confiança, envolvimento e segurança psicológica, no qual cada pessoa é valorizada por sua singularidade, e isso gera inclusão.

27. Empatia como aliada da inclusão

Mauricio Moreira da Silva
Fernanda Belmont Reis

A **empatia** é um termo muito falado hoje em dia, porém pouco aplicado na prática dada sua profundidade. Para compreender de forma mais ampla a relação da empatia com a inclusão, primeiramente vamos buscar a definição do que é a empatia.

Empatia origina-se da palavra grega "Emphateia", onde "En-" significa em (dentro) e "Patheia", derivada de "Pathos", significa emoção e sentimentos, ou seja, empatia tem como significado entrar nos sentimentos, nas emoções e nos sofrimentos de outra pessoa, colocando-se no lugar dela.

O conceito de *Pathos* é relevante para o entendimento da origem da palavra empatia, pois, de acordo com Aristóteles, em sua obra "A Retórica", ele é uma das três provas definitivas do discurso, que estabelece a capacidade de extrair a emoção do público. Somente como referência, as outras duas provas definidas são *Ethos* e *Logos*, sendo a primeira relacionada à percepção das pessoas em relação ao orador e a segunda à estrutura do discurso do ponto de vista lógico.

A origem da palavra empatia nos ajuda a entender que ela está ligada ao conceito de sofrimento quando nos colocamos no lugar do outro, na tentativa de entender e vivenciar seu sofrimento.

No ramo da filosofia, deparamos com o olhar do economista Adam Smith, que apresenta a empatia como estar dentro dos sentimentos de uma pessoa. Para ele, a empatia origina-se de um trabalho imaginativo: "como não temos experiência imediata do que outros homens sentem, somente podemos formar uma ideia da maneira como são afetados se imaginarmos o que nós mesmos sentiríamos numa situação semelhante" (SMITH, 1999, p. 5 e 6). Quando nos imaginamos no lugar do outro em situação semelhante, nos tornamos capazes de analisar, criar e idealizar tais situações. Para esse exercício, ainda tão difícil de ser colocado em prática, Smith escreveu que a imaginação é o meio pelo qual nos é possível idealizar as verdadeiras sensações, ou seja, é apenas após abraçarmos esse exercício que podemos formar alguma ideia do que se passa na mente do outro, de modo a irmos além de apenas conceber quais são as suas possíveis sensações.

De acordo com a psicologia, a empatia é a capacidade ou habilidade de se colocar no lugar de outra pessoa para entender sentimentos, ideias, desejos, dificuldades, ações e limitações de outro indivíduo. É olhar com o olhar do outro, permitindo uma perspectiva diferente das situações. Antes de mais nada, é um exercício de autoconhecimento, já que sem conhecer a si mesmo fica mais difícil entender os sentimentos de outras pessoas.

Mais do que simplesmente ter a capacidade de se colocar no lugar do outro, é ter a sutileza de conseguir sentir na essência as dores e emoções de outra pessoa.

Nesse sentido, a empatia está muito relacionada com a conexão entre indivíduos, o que permite reconhecer e entender melhor os sentimentos dos outros, dar espaço às suas emoções e ao mesmo tempo estar mais presentes na vida das outras pessoas.

Podemos ainda desmembrar mais alguns conceitos de empatia, através de três tipos propostos por Daniel Goleman (referência sobre inteligência emocional):

- ✓ **Empatia cognitiva:** ser capaz de saber como outra pessoa está se sentindo e o que está pensando.
- ✓ **Empatia emocional:** ser capaz de absorver os sentimentos de outra pessoa, podendo inclusive levar a uma reação física.
- ✓ **Empatia compassiva:** ser capaz de não apenas entender o que a pessoa sente, mas também buscar ajudá-la, o que resulta em ações práticas.

No caso das propostas apresentadas em relação ao desmembramento do conceito de empatia, a chave é o equilíbrio. Muita empatia cognitiva pode não resultar em ações práticas. Muita empatia emocional pode levar a pessoa ao esgotamento, gerando uma inversão de papéis entre o apoiador e o apoiado. A empatia compassiva é o que resulta em ações práticas, havendo uma combinação entre empatia cognitiva e emocional.

Um outro ponto importante é não confundir simpatia com empatia. Parece algo básico, mas pode causar confusão nas pessoas. A simpatia é um tipo de conexão mais superficial entre as pessoas, que cumpre um papel social de agradar os outros em diversas situações. É importante ser simpático também, mas sem ser omisso em caso de problemas mais complexos. Nesse aspecto, a empatia entra como uma capacidade muito mais profunda de conexão entre as pessoas do que simplesmente ser simpático com o outro.

Com essa definição já fica mais claro que há uma relação natural entre inclusão e empatia, ou seja, a empatia é uma importante aliada na inclusão, já que ela pode ajudar a conectar pessoas, derrubar preconceitos, promover a diversidade e, consequentemente, facilitar a inclusão.

O que a empatia tem a ver com a inclusão nas organizações

Desafiar os preconceitos e aceitar a diversidade são pontos fundamentais para criar um ambiente seguro que favoreça a inovação e a criatividade dentro das organizações.

Nesse aspecto, a empatia tem um valor importante, no sentido de fortalecer os laços entre as pessoas e de criar pontes que conectam as diferenças. Tudo com muito respeito e buscando soluções para problemas a partir de pontos de vista distintos.

Um ponto-chave na questão da empatia para inclusão nas organizações é a responsabilidade que cada pessoa tem em relação aos outros. Sim, a responsabilidade pela inclusão é de todos e isto traz evolução tanto dos indivíduos quanto da organização. Quando as pessoas possuem um comportamento empático com seus colegas de trabalho, naturalmente cria-se um ambiente mais propício à aceitação da diversidade, o que favorece a inclusão.

Quando as empresas são abertas à diversidade e favorecem a inclusão, há um reflexo positivo no clima organizacional que beneficia a criatividade e a inovação. De acordo com Paquelet (2020), quando a empatia não é exercida dentro das organizações, além dos conflitos, existe uma tendência de termos soluções simplistas e nem sempre criativas que não irão atender ou gerar valor aos clientes: "tentar impor sua verdade, sem considerar a forma como o outro enxerga a situação, só gera distanciamento, frustração e adoção de soluções simplistas" (PAQUELET, 2020).

O fortalecimento da inclusão dentro das organizações tem o poder de alavancar o surgimento de diferentes pensamentos e pontos de vista, permitindo um melhor entendimento dos problemas e das necessidades dos clientes, resultando em melhores soluções que irão favorecer não somente os clientes de determinada organização, mas também a sociedade como um todo.

De acordo com Lau (2019), a empatia é uma das raízes dos processos de melhoria do ser humano. E quando falamos de inclusão nas organizações, a empatia tem um papel fundamental para fortalecer a cultura organizacional de inclusão:

> *Trata-se de fornecer uma cultura de suporte e estrutura organizacional que forneça um espaço onde diversos indivíduos e equipes possam prosperar. Trata-se de fornecer um ambiente seguro e inclusivo para que todos possam compartilhar suas experiências e opiniões e desafiar o pensamento existente. (LAU, 2019)*

Ainda de acordo com Lau (2019), a pergunta que ela cita como dolorosa tem no fundo como ponto central a dificuldade dos seres humanos de entender de forma ampla as dores dos outros ou de enxergar além de si mesmos, ou seja, é uma dificuldade de sermos empáticos:

> *Por que, então, ainda estamos falando sobre diversidade no local de trabalho e, como sociedade, por que lutamos tanto com ela, quando parece ser algo sensato e natural de se fazer? Talvez os humanos não estejam realmente prontos para olhar além de si mesmos. (LAU, 2019)*

Utilizando a empatia na comunicação interna das empresas

Um canal de comunicação eficiente é fundamental para que as informações relevantes sobre a organização cheguem aos interessados. E quando falamos de empatia na comunicação, estamos buscando um jeito mais eficiente dessas informações chegarem às pessoas.

Ainda no aspecto da comunicação, o diálogo também é muito enriquecido quando a empatia é exercida por ambas as partes, já que sem a empatia fica difícil chegar a um consenso entre os envolvidos de forma prática e com respeito.

Algumas práticas podem ser aplicadas no dia a dia, visando uma melhor experiência em relação à comunicação, de acordo com Esprega (2017, p. 22):

> *Busque sentir o que os outros dizem.*
>
> *Não resista ou duvide do que o outro diz.*
>
> *Baixe a guarda no momento de se comunicar.*
>
> *Tente não interromper o outro em meio a sua fala.*

Se a intenção do outro for positiva, passe para a próxima etapa. Se for negativa, busque manter-se em silêncio e observação.

Investigue as informações antes de refutar ou ser reativo.

Pratique uma forma de comunicação não violenta.

Seja coerente com o que você fala.

Além de serem úteis no dia a dia de qualquer situação da nossa vida pessoal, as práticas apresentadas também podem ser poderosas aliadas em um processo de comunicação empática dentro das empresas.

No aspecto da inclusão, uma comunicação empática dentro das organizações favorece um ambiente inclusivo e com respeito entre os indivíduos.

Os desafios da inclusão vão muito além da empatia

A empatia é apenas uma aliada da inclusão. Conforme apresentado nos tópicos anteriores deste capítulo, ela é muito importante, é claro, porém os desafios da inclusão vão muito além da empatia (que se refere à capacidade de colocar-se no lugar do outro, sentir a dor do outro de maneira imaginária ou por analogia). Nesse "ir além" encontramos o conceito de alteridade, que se encaixa perfeitamente: alteridade é a capacidade de reconhecer que o outro é daquele jeito porque ele é diferente de você. Precisamos assimilar sua essência: "é uma transformação da qualidade atual de uma coisa" (CUNHA,1997, p. 28).

Não se trata apenas de se colocar no lugar do outro para entendê-lo e aceitá-lo, mas de respeitar as suas diversidades e entender a importância de um ambiente inclusivo dentro das organizações, com pontos de vista diferentes para um mesmo problema, proporcionando diálogos e discussões que irão gerar soluções criativas e de valor para os clientes.

De fato, a empatia dentro das organizações pode ajudá-las a entender melhor as necessidades dos seus clientes, já que, facilitando a inclusão, teremos diferentes formas de visualizar um mesmo problema o que, consequentemente, favorecerá o encontro de soluções mais eficientes para os problemas dos clientes e da sociedade.

Além disso, em um ambiente onde a empatia é exercida de forma real com ações práticas, haverá um clima organizacional mais favorável à criatividade, possibilitando o impulsionamento de um trabalho com resultados melhores e em ritmo mais sustentável.

Algumas ações práticas que podem ser feitas:

- ✓ **Planejamento e gerenciamento de mudanças:** colocar-nos no lugar de nossos colegas permitirá que o gerenciamento de mudanças seja planejado de maneira a considerar suas necessidades, expectativas e pontos de vista.
- ✓ **Capacitação:** por meio de uma visão empática em relação à capacitação, é possível entender melhor as necessidades de desenvolvimento dos colaboradores, respeitando as características individuais e favorecendo a inclusão de cada um.

A importância de uma liderança empática nas organizações

Certamente, para uma organização possuir diversidade em seu quadro de colaboradores e aplicar na prática a inclusão, é necessário que a liderança esteja preparada. Nesse caso, a empatia entra como uma forte aliada para a preparação dessa liderança.

A seguir temos exemplos de alguns comportamentos que podem ser úteis para a preparação de uma liderança empática que favoreça e estimule a inclusão nas organizações:

- ✓ **Ser transparente:** a transparência, como um comportamento de uma liderança empática e engajada na diversidade e inclusão, é fundamental para que o líder seja um exemplo através de suas ações sinceras e verdadeiras.
- ✓ **Ouvir na essência:** saber ouvir sem julgamentos, colocando-se no lugar do outro para entender suas dificuldades e problemas, é um comportamento mais do que desejado e talvez fundamental de uma liderança empática. A escuta ativa é saber ouvir na essência, para conseguirmos compreender os sentimentos das outras pessoas, sendo uma das bases para aplicar a empatia na prática, pois quando apenas falamos e não escutamos atentamente, não conseguimos compreender os desejos e sentimentos alheios. Nesse aspecto, a atenção é fundamental, já que distrações ou pensamentos fora do contexto prejudicarão a assimilação da conversa e, consequentemente, podem gerar interpretações incorretas ou julgamentos precipitados, impossibilitando o exercício da empatia em sua plenitude.
- ✓ **Estimular a diversidade e a inclusão sem imposição:** uma característica de um líder empático é estimular a diversidade e a inclusão de forma espontânea,

por meio de um comportamento facilitador e não impositivo, fazendo com que esse comportamento seja parte de uma cultura organizacional centrada no respeito à diversidade e com ações práticas inclusivas.

A empatia é claramente uma ótima maneira de criar conexão e colaboração dentro dos esforços das organizações na criação de entregas de valor para os seus clientes e para a sociedade. É importante dizer que o principal objetivo é gerar engajamento e um propósito claro em relação ao senso de responsabilidade para com a diversidade, a equidade e a inclusão dentro das organizações e mostrar como isso pode favorecer os resultados positivos tanto para as empresas quanto para a sociedade.

28. Vulnerabilidade: fraqueza ou evolução?

Ana Carolina Gomes do Prado
Lucas Tito

Primeiramente, deixe para trás todos os seus conceitos formados sobre a vulnerabilidade.

Agora, encare-a como o primeiro passo de coragem rumo à sua completude – como pessoa, profissional, ser vivo. Pessoas que assumem suas vulnerabilidades são percebidas como empáticas, seguras em seu autoconhecimento, mais dispostas à evolução contínua e mais próximas de uma vida plena. Precisamos tratar a vulnerabilidade como parte de quem somos e não como sinônimo de fraqueza. A vulnerabilidade se mostra ao nos expormos sem vergonha ou culpa, permitindo que a criatividade e o amor-próprio e para com os outros emerjam mesmo em cenários de dificuldade.

No entanto, existem situações nas quais o reconhecimento de nossas vulnerabilidades é dificultado, sobretudo em relação aos contextos que são impostos por terceiros. Alguns exemplos são:

- ✓ Crianças em situação de miséria (alimentar, emocional, educacional etc.) e/ou vítimas do trabalho infantil.
- ✓ Mulheres submetidas a companheiros violentos, oprimidas por questões econômicas, psicológicas, sociais etc.
- ✓ Pessoas LGBT, que ainda estão como reféns dos preconceitos sociais e expostas à violência física e emocional.
- ✓ Trabalhadores desempregados ou em condições indignas de trabalho.
- ✓ Pessoas com deficiência que vivenciam rotineiramente a inacessibilidade aos seus direitos (ruas intransitáveis, transportes restritos, serviços indisponíveis, tecnologias impossíveis de decifrar, órgãos públicos despreparados etc.).
- ✓ Pais que não conseguem a educação inclusiva esperada para seus filhos com diferentes contextos cognitivos e motores, impactando também em sua empregabilidade.

- ✓ Você, trabalhando em uma organização onde não existe segurança psicológica para transparecer sua personalidade, apresentar suas ideias, argumentar com o seu líder direto, propor melhorias que geram desconforto inicial ou questionar decisões que poderiam ser analisadas por outros ângulos.
- ✓ E tantas outras vulnerabilidades que nos passam despercebidas.

Todas essas possibilidades "moram" logo ali ao lado. Contudo, muitas vezes não pensamos na vulnerabilidade alheia. E ainda menos em nossas próprias vulnerabilidades.

Assuma um compromisso com você mesmo e diga ao acordar: não importa o que eu fizer ou deixar de fazer hoje, eu tenho o meu valor! Da mesma forma o faça antes de dormir, diga: sim, eu sou imperfeito, vulnerável e às vezes tenho medo, mas isso não muda o fato de que eu também tenho coragem e de que eu mereço amor e aceitação.

É preciso aceitar que todos nós somos vulneráveis, por mais difícil que tudo possa parecer! No lugar de tentar lutar contra esses sentimentos, busque reconhecê-los e descobrir a sua verdade, mesmo que o processo gere incômodo. Por exemplo, descobrir que se está em um relacionamento abusivo, que suas habilidades não são mais suficientes para o mercado de trabalho, que você pode ser feliz com você mesmo, amigos e pessoas que o amam e não que o julgam por orientação sexual etc.

Em todos nós mora o receio de não sermos bons o bastante para sermos elogiados, amados, percebidos, reconhecidos ou simplesmente aceitos. Entretanto, ao reconhecermos esse receio, tão primordialmente humano em sua raiz, nos permitimos aprender com ele. Insistimos em nos comparar aos padrões que sequer existem: sobre o que é sucesso, realização profissional, felicidade no casamento, filhos perfeitos, equilíbrio financeiro, dentre outras ilusões. Precisamos aprender a conviver com o equilíbrio entre esses pilares, assumindo que, quase aleatoriamente, eles serão submetidos ao erro, ao desajuste, à perda – à vulnerabilidade.

> *A condição humana é assim marcada por extenso grau de fragilidades devido às características temporal e finita da própria vida humana, só se podendo aprender a viver em segurança quando se reconhecem a própria vulnerabilidade e a vulnerabilidade do outro, protegendo-as e sabendo conviver com elas. Nesta concepção, o respeito pela dignidade da pessoa humana significa acima de tudo a promoção de sua capacidade de pensar, decidir e agir. (ALMEIDA, 2010)*

Segundo Brené Brown (2016), autora desses tempos modernos de grande pressão social, falar sobre vulnerabilidade também é falar sobre nosso conceito de escassez.

Desde os primórdios da humanidade seguimos sobrevivendo a todo tipo de escassez: alimentar, financeira, social, relacional, emocional e/ou de tempo. Vivemos limitados porque lutamos contra a vulnerabilidade e permitimos que a vergonha, a comparação e a desmotivação (quando perdemos a fé) se consolidem. E acrescentamos a essa característica basilar do ser humano o fato de hoje sermos tão apegados à cultura dos excessos.

Portanto, somos vulneráveis porque não correspondemos à pressão de que "o excesso é perfeito". Nesse ponto, tratamos a vulnerabilidade como fraqueza, mas e se olharmos para a vulnerabilidade como o ponto de partida para a ousadia de sermos verdadeiros, plenos e corajosos em nossas supostas limitações?

A vulnerabilidade que reside em cada um de nós é parte do que somos. Aquilo que não conhecemos, não possuímos, não apresentamos é muito menor do que tudo o que podemos ser em nossas diferenças, particularidades e experiências.

Como transformar a vulnerabilidade em força?

Existe um ditado popular que nos remete a quanto nós nos cobramos pela percepção dos demais diante das nossas vulnerabilidades, colocando em segundo plano todas as nossas demais conquistas: "todo mundo vê as pingas que eu tomo, mas ninguém vê os tombos que eu levo".

Em primeira instância, é preciso entender que "errar, fracassar, falhar, decepcionar" são verbos que constroem pessoas mais fortes, aptas, experientes, corajosas e preparadas para novos desafios. Então por que não aceitamos que nossas vulnerabilidades estão na verdade nos moldando como pessoas, profissionais e seres vivos MELHORES?

Exercitar a gratidão por nossas vulnerabilidades é um grande desafio, mas permite uma evolução inquestionável. Quando nos libertamos da vergonha, da comparação e da desmotivação citadas por Brown (2016), rompemos com a prisão de que "precisamos ser perfeitos" – permitindo que busquemos apoio, arrisquemos mais, aceitemos as diferenças e sejamos mais inovadores e criativos. Afinal, somos os nossos maiores críticos. Diariamente nos cobramos no espelho por nos julgarmos "pequenos, medíocres e imperfeitos".

A grande sacada é entender que a vulnerabilidade nos revela o quanto ainda podemos e devemos APRENDER. Eis a grande força que reside em nossa resiliência: nos permitir o aprendizado e nos aceitarmos também como fontes de conhecimento e vivências únicas. Você, vulnerável como todos nós, também pode ensinar. "Por alguma razão, a espécie humana é a única que ensina intencionalmente, algo só possível com uma cognição social e uma inteligência emocional transcendentes" (FONSECA, 2016).

Crenças limitantes e o adeus ao medo

As crenças limitantes se constroem a partir de pensamentos inconscientes, criados como mecanismos de defesa para evitar as temidas frustrações. Diversos fatores, como o medo de assumirmos a nossa vulnerabilidade, alimentam essas crenças limitantes. Portanto, para destruir a raiz dessas crenças, precisamos nos livrar dos julgamentos, do pesar do erro, do receio ao risco. Ou seja, "o medo de ser ridicularizado ou de falhar também impede que muitas ideias potenciais sejam implantadas, por receio de se expor e de ser julgado em uma cultura que prioriza os que parecem fortes e infalíveis" (NÓR, 2020).

Precisamos aceitar que a vulnerabilidade nos dá o direito à coragem, ao risco, ao novo e à exposição emocional, porém sem os estigmas de que ser vulnerável é um defeito ou fragilidade. Não somos apenas organismos, entidades biológicas, receptáculos de átomos, vazios em nossas vivências. Não podemos ser tratados de forma descolada de nossas vulnerabilidades, assim como não podemos ser desconectados de nossas histórias, sentimentos, experiências, conhecimentos e personalidades. Regan (1983) trata dessa complexidade e de como a vulnerabilidade está imbuída em nosso "pacote" como seres humanos:

> *Ser sujeito-de-uma-vida, sentido no qual uso essa expressão, envolve mais do que simplesmente ser vivo e mais do que simplesmente ser consciente. Ser sujeito-de-uma-vida é ser um indivíduo cuja vida é caracterizada por aqueles elementos (...) crenças e desejos; percepção, memória, e um sentido de futuro, incluindo seu próprio futuro; uma vida emocional que inclui sensações de prazer e de dor; interesses preferenciais e de bem-estar; capacidade de iniciar ações na persecução de seus desejos e fins; uma identidade psicofísica ao longo do tempo; e um bem-estar individual, no sentido de que sua experiência de vida é boa, ou má, para si mesmo, logicamente independente de sua utilidade para outros e logicamente independente de ser objeto de interesse para qualquer outro. Aqueles que satisfazem o critério de sujeitos-de-uma-vida têm uma espécie de valor distinto – valor inerente – e não podem ser vistos ou tratados como meros receptáculos. (REGAN, 1983)*

Ser vulnerável é uma condição básica em nossa humanidade e, inclusive, em nossa característica como seres mortais. Portanto, entender a nossa finitude, a nossa imperfeição, a nossa constante incompletude é o grande propulsor de toda a nossa vontade e ousadia de viver o mundo lá fora. A aceitação da nossa vulnerabilidade é crucial para que nós nos sintamos incluídos, assim como é essencial para que possamos compreender a realidade dos demais com empatia e inteligência emocional.

Seja bem-vindo ao fantástico mundo onde todos somos vulneráveis, iguais em nossas diferenças e diferentes em nossos desafios diários – ainda bem!

29. O triângulo do drama no ambiente corporativo

Luis Guimarães

O jogo do triângulo dramático e a jornada da inclusão fazem sentido quando conseguimos perceber o que está acontecendo ao nosso redor e assim escolhemos de forma não disfuncional o que desejamos fazer.

Nós todos já jogamos o jogo do triângulo dramático, sem exceção. Quanto mais clareza você tem sobre o jogo, melhor é o relacionamento com as pessoas ao seu redor.

Entender como os papéis funcionam nos ajuda a identificar como podemos resolver as interações potencialmente disfuncionais que estão drenando nossa energia.

Quando você não se envolve no jogo do triângulo dramático, sua vida fica mais leve e sua relação com as pessoas fica mais saudável.

Aprenda a melhorar como pessoa e ajudar os outros, mas não ignore o jogo, entenda e saiba lidar com ele. Afinal, você começou a aprender a jogar o jogo com seus pais.

Depois de ler este capítulo, eu espero poder ter contribuído com você para que saiba ainda mais identificar quem precisa de ajuda real e desejo que todos os comprometidos com a jornada da inclusão possam continuar colocando sua energia em ajudar quem realmente precisa.

O triângulo dramático é um modelo concebido por Steven Karpman em 1968 para nos ajudar a entender como os conflitos entre as pessoas se desenvolvem, muitas vezes, em relações ou interações dramáticas e intensas.

Ele envolve três papéis diferentes:

✓ O perseguidor.
✓ A vítima.
✓ O salvador.

Figura 29.1. O triângulo do drama no ambiente corporativo.
Fonte: o autor.

Cada um desses papéis se move entre eles – por exemplo, o salvador pode se tornar um perseguidor, ou o perseguidor pode se tornar uma vítima, ou a vítima pode se tornar o perseguidor. Todos eles estão se movimentando, revezando entre os papéis, dependendo da situação e do momento.

Vamos ver como funciona cada papel.

A vítima

Primeiramente, a vítima no triângulo dramático e no decorrer deste capítulo não é uma vítima real, ela é alguém que se passa pelo papel de vítima por não ter noção de que pode mudar ou, consciente ou inconscientemente, se aproveitar de uma situação para benefício próprio.

Este papel é bastante autoexplicativo; a vítima é a pessoa que se sente sem esperança e impotente, como se nunca conseguisse fazer uma pausa ou nunca conseguisse o que quer da vida. A vítima sempre irá projetar suas frustrações em alguém ou algo externo.

É normal a vítima navegar pelo papel do perseguidor também, que veremos mais à frente.

Uma frase clássica da vítima pode ser algo como: "meu chefe não reconhece meu trabalho, não importa o que eu faça".

Quero entrar na definição da vítima aqui para deixar claro que saber diferenciar uma vítima verdadeira de uma pessoa que se passa por vítima é fundamental para a jornada da inclusão. Todos nós aqui que estamos escrevendo esta obra atuamos de formas diferentes na jornada da inclusão. Você que lê também está nesta jornada.

Saber a diferença entre uma vítima real e alguém que se aproveita das situações é fundamental para você escolher onde colocar sua energia, atenção e foco. Esse é um caminho para criarmos verdadeiramente uma sociedade igualitária, com oportunidades e benefícios justos para quem realmente precisa.

Segundo o dicionário *on-line* Aurélio, vítima é alguém incapaz. Aqui a palavra "incapaz" está no sentido de não conseguir mudar a situação que está vivendo, por exemplo. Como uma criança forçada ao trabalho escravo, uma pessoa que se envolve em um acidente ou uma sociedade que discrimina alguém pela sua cor, opção sexual, raça, religião etc.

Essas são vítimas reais, essas pessoas lidam com algo muito maior do que elas e não estão se aproveitando de uma oportunidade, mas sim precisando de ajuda verdadeira. Repare que há uma diferença clara, não é alguém que escolhe usar uma situação para ganhar algo em troca.

Vamos continuar e veremos à frente outros cenários que irão esclarecer mais este conceito.

O perseguidor

Este papel é da pessoa com autoestima elevada, porém frustrada, que se queixa muito sobre o que está acontecendo ao seu redor. Geralmente ela pensa que os outros estão errados e ela está certa.

Por vezes esta pessoa diz: "é melhor fazer o que eu digo ou vocês irão se dar mal".

O salvador

Este papel é de quem assume a responsabilidade pelos problemas dos outros, tomando-os para si próprio, mas ao mesmo tempo não olha para sua própria vida, o que na verdade poderia ser uma confusão completa. Ele vê pessoas que podem estar passando por momentos e coisas difíceis e logo quer ajudar.

"Aquela pessoa precisa de ajuda, veja como eu sou legal, vou ajudá-la".

E se a pessoa fizer o que o salvador diz, ele fica feliz. Essa dinâmica que frequentemente acontece entre a vítima e o salvador é algo que vemos em filmes de comédias românticas. Consideramos normal, mas na verdade isso não é uma interação saudável.

Outro conceito importante é o papel inicial que podemos assumir nos relacionando com pessoas e equipes. Por exemplo, em uma conversa você pode ter o hábito de ir diretamente para o papel de vítima, e outra pessoa já entra diretamente no papel do salvador.

No decorrer da vida, na relação que construímos com as pessoas do nosso dia a dia, isso se molda com o tempo.

Nosso papel inicial é parte de nossa própria identidade e depois disso passamos de um papel para o outro e de tempos em tempos terminamos em um papel de vítima, sentindo-nos impotentes, indefesos e incapazes. É por isso que é realmente importante elaborar estratégias para sair desses triângulos. E isso nós veremos mais à frente.

Situações no mundo corporativo

A vítima

A vítima só existe quando a própria pessoa se coloca nessa posição. Esse conceito pode ser difícil de aceitar, mas, acredite, ninguém é vítima. Quem deseja aceitar que é vítima também aceita que a vida acontece e ela não pode fazer nada para melhorar ou mudar a situação atual.

Você tem potencial, você tem capacidade, você tem sabedoria; caso contrário, nem estaria aqui lendo este livro. O que quero dizer é que você não é vítima, não é agressor, não é salvador, se assim você quiser. Mesmo que as circunstâncias da vida o coloquem temporariamente em uma posição menos favorável, e isso acontece com todos nós, você tem a opção de decidir não aceitar nenhum desses papéis disfuncionais. Reflita e perceba que você é uma pessoa que tem todos os direitos e deveres, como qualquer outra pessoa. Trabalhe com tudo que está ao seu alcance para melhorar sua vida e suas relações com as pessoas ao seu redor.

Certa vez, eu tive em meu time uma pessoa especialista em qualidade. Vez ou outra, o cliente dizia que o resultado do nosso trabalho não atendia aos requisitos mínimos de qualidade. Apesar de termos pessoas especialistas nessa área, nós entendíamos que todos precisavam cuidar da qualidade em todas as etapas e da mesma forma.

Lembro-me de que na época eu havia pedido para essa pessoa rever alguns pontos de qualidade por todo o fluxo do nosso trabalho e nos ajudar a melhorar, com o objetivo de refletir em melhores resultados. Apesar dos esforços, nós não conseguimos melhorar e a pessoa líder da área de qualidade se colocou como refém do processo, dizendo que não poderia fazer mais nada.

Se você aceita essa posição, simplesmente sua mente para de trabalhar – e se assim desejar, assim será!

O perseguidor

Trabalhei em um projeto no qual o gerente tinha um papel de perseguidor e era extremamente agressivo com as pessoas. Todos tinham muito medo de fazer algo errado ou que o desagradasse.

Eu também tinha medo e simplesmente não conseguia reagir às agressões dele, eu ficava congelado e apenas esperava o show acabar. Todas as vezes que tínhamos que entregar algo sabíamos que ele iria fazer críticas pesadas – e essa era a melhor das hipóteses. Quando o que era entregue não o satisfazia, a equipe toda era literalmente humilhada.

Ao mesmo tempo em que eu lutava para não me colocar na posição de vítima, eu não via saída e não sabia como lidar com aquilo.

Refletindo sobre a situação que eu estava vivendo, descobri que eu poderia mudar de projeto, mudar de empresa ou começar a devolver as críticas, o que iria gerar mais estresse e eu sofreria ainda mais.

No final eu resolvi mudar de empresa e aproximadamente um ano depois esse gerente foi demitido. Até onde eu sei, ele sofreu alguns processos pela forma agressiva como se relacionava com as pessoas.

O salvador

Por último, antes de eu começar a trabalhar como *coach* de equipes, eu me comportava como o salvador. Aliás, foi assim que comecei a liderar minhas equipes, tomando o papel do salvador. Eu era desenvolvedor de software, mas queria atuar como *coach* de equipes e não tinha clareza de por onde começar a fazer minha mudança de carreira. Minha primeira ideia foi começar a concentrar todos os problemas em mim e deixar meu time focado em novas funcionalidades. Demorou um pouco para eu entender que o *coach* nunca se encaixa em nenhum dos papéis do triângulo; ele ajuda as pessoas a reconhecer e a descobrir como sair do jogo.

Demandou estudo, prática e reflexão para eu perceber que, para meu time se desenvolver e eu poder ampliar minha atuação, eu precisava ensiná-los a lidar com os desafios e não protegê-los.

Outro momento da minha vida em que atuei como salvador foi quando tive uma namorada problemática. Na época, eu me sentia muito bem, todos os problemas dela eu queria resolver. Ela adorava meu jeito de ser, porque toda vez que ela encontrava um problema eu estava lá para tomar a frente e resolver tudo prontamente. Claro que deparei com várias situações nas quais eu não fui capaz de encontrar solução e por vezes as coisas até pioraram, mas eu não desistia.

Só depois de muito esforço eu percebi que ser um salvador estava exigindo mais de mim do que eu poderia suportar e que eu nunca era o suficiente para ela. Isso simplesmente porque para ela era confortável e conveniente, mas para mim era questão de ego: eu me sentia bem por um lado, mas esgotado por outro.

Os valores, as crenças e as emoções

Conforme crescemos ao longo da vida, adquirimos experiências que reforçam nossas crenças e valores. Tudo isso nos ensina a entrar em um determinado papel de acordo com a situação que vivemos. Com o tempo isso cristaliza em nossa mente e reforça ainda mais nossas crenças e valores de que este ou aquele papel é simplesmente parte da vida, é natural e é assim que pensamos que precisa ser.

A vítima

Para a vítima o sofrimento é uma virtude. Ela acredita que as coisas acontecem e que ela não tem controle sobre nada e não tem poder sobre coisa nenhuma. A vítima é uma pessoa ressentida com o passado e que de tempos em tempos o traz de volta.

As emoções que seguem a vítima são: passividade, desamparo, tristeza, piedade de si mesmo, sensibilidade, normalmente levando as coisas para o lado pessoal.

Às vezes a vítima pode esconder todas as suas emoções, pois aprendeu na infância que se não oprimisse teria consequências. Então às vezes ela faz coisas como engolir o choro. Na infância ela possivelmente ouviu algo como: "uma criança educada não faz esse tipo de coisa".

A vítima, assim como o perseguidor, acredita que, para alguém ganhar, outro precisa perder; porém, a diferença é que a vítima aceita perder, pois as coisas acontecem na vida dela e ela não tem controle sobre isso.

O perseguidor

Esta pessoa valoriza o esforço árduo na vida. Ela luta pelo mérito de cada conquista, persegue uma vida glamourosa e tem seu próprio sistema de valor.

Ela acredita que na vida, para ela ganhar, o outro precisa perder. Ela acredita que apenas os fortes sobrevivem e que a vida é cheia de pessoas com más intenções, por isso ela precisa ser forte e se esforçar para sobreviver.

Na infância, ela vivenciou muitas situações de ansiedade, como cobranças excessivas, agressão verbal ou física e incentivos de superioridade como grandes elogios por conseguir atingir um objetivo. Hoje ela suprime suas fraquezas e sua sensibilidade, mas expressa alguns dos reflexos da infância por meio de suas ações.

Não se surpreenda quando esta pessoa for arrogante ou levantar a voz. Ela está se defendendo ou evitando expor algo interno ou íntimo.

O salvador

O salvador precisa da vítima para existir e ele trabalha para criar essa dependência e assim perpetuar uma relação disfuncional. Ele também necessita ser reconhecido quando realiza seu trabalho. O salvador é uma pessoa que está sempre correndo, sempre realizando alguma missão, buscando ser reconhecido e, sempre que possível, criando dependência com sua vítima. Depois de tudo isso ele também quer ser visto como uma pessoa boa, o que o motiva a continuar perpetuando o ciclo.

Na maioria das vezes, ele também ajuda sem ao menos perguntar, mesmo quando não é necessário. No fundo, essas ações são uma constante busca de mais reconhecimento e mais dependência. Ele acredita que o mundo é feito de mocinhos e bandidos.

Como sair do jogo

Pode parecer clichê, mas o primeiro passo é estar presente para o que está acontecendo no momento! Perceba os papéis nos quais cada um está entrando, só assim você consegue interceptar o fluxo da dinâmica, sentimentos e ações, para que possa começar a pensar em sair. Os jogadores não irão aceitar fácil sua decisão de não participar, eles irão provocá-lo, cada papel à sua maneira, e não desistirão facilmente.

Dependendo do tempo da relação das pessoas neste jogo, elas estão acostumadas umas com as outras e já sabem o padrão do comportamento de cada uma. Algumas relações repetem padrões por anos e anos. E na menor mudança das dinâmicas, o outro lado já nota a diferença. Não desista! Se necessário, encontre um terapeuta.

A vítima

Primeiramente, só pode existir a vítima se houver um salvador para salvá-la ou um perseguidor para persegui-la.

Você se torna vítima quando, por exemplo, alguém começa a gritar com você e então você se acovarda com receio; afinal, você está sendo atacado e então pensa: "oh, eu estou sendo atacado, quem pode me defender?". A pessoa que o ataca é o perseguidor. Nesse momento pode aparecer um salvador que irá protegê-lo do perseguidor e salvá-lo.

Se você está desempenhando o papel de vítima, precisa reconhecer que é capaz de resolver seus próprios problemas e pode agir para chegar no que deseja. O primeiro passo pode ser algo como: "o que preciso fazer para mudar a situação atual?" ou "o que está ao meu alcance agora?". Esse é o começo do processo para sair do papel e entender que você é capaz de resolver seus problemas. Mesmo que você precise pedir apoio, não espere alguém resolver para você.

Seu próximo passo é refletir e reconhecer as coisas boas que acontecem com você e ao seu redor. Por exemplo, refletir sobre suas conquistas e sobre seu progresso.

Se você não está habituado a fazer isso, pode ser uma boa oportunidade para experimentar. Você pode fazer um calendário com coisas como: "quais são as coisas pelas quais eu estou agradecido atualmente?". Ou pergunte-se: "o que eu consegui alcançar na última semana?".

O desafio deste papel é que muitas vezes ficar aqui é confortável e parece mais fácil a curto prazo, mas, se parar para perceber, a pessoa no papel de vítima não sai do lugar.

Ela pode realmente não querer sair do lugar e está tudo bem! Contudo, enquanto ela não admite e não declara isso, ela continua colocando a culpa em terceiros.

O perseguidor

No momento em que você percebe a situação que o fará entrar no papel de perseguidor, é necessário se recompor e pensar em se tornar um desafiador. Assim você mostrará à outra pessoa as consequências do que você vê. Questione genuinamente se a pessoa ao seu redor considerou sua opinião sobre o cenário atual.

Por exemplo: estamos planejando algo em equipe, todos estão contribuindo com ideias, mas a conversa está indo para uma solução e você não concorda com isso, você vê grandes chances de tudo dar errado. Compartilhe suas preocupações e pergunte se mais alguém vê da mesma forma. Faça o melhor que puder com o resultado que conseguir com sua argumentação, porém evite ir muito além.

Perceba se seu ego ficou atingido por não terem aceitado sua sugestão. Aqui pode ser seu gatilho, o que o faz entrar com tudo no papel do perseguidor.

O desafio deste papel é perceber justamente esse gatilho que atinge seu ego e muda seu sentimento e sua forma de agir e pensar.

O salvador

Antes de mais nada, se você age como um salvador, peça permissão para ajudar uma pessoa. Acredite ou não, nem sempre as pessoas querem ser ajudadas – e mais, se você não perguntar explicitamente, corre o risco de perpetuar o jogo do triângulo do drama, pois o salvador só existe quando e onde há uma vítima.

É claro que estamos falando de relações interpessoais corriqueiras, isso não é sobre situações de risco.

Se você está desempenhando o papel de salvador, pense em você como um professor ou um treinador, não mais como um salvador.

Lembre-se da regra de ouro sobre ensinar uma pessoa a pescar em vez de dar peixe a ela. Você precisa apoiar e encorajar a pessoa de forma a fazer com que ela identifique e resolva seus próprios desafios, em vez de você se apressar e resolvê-los para ela.

Em um cenário real, você pode perguntar para a pessoa: "o que você quer ver acontecer nessa situação?" ou "o que você acha que pode fazer para mudar isso?".

E se depois de a pessoa ter feito um exercício mental, explorando suas próprias opções, ainda assim não tiver encontrado uma solução, sugira o que você tem em mente, mas lembre-se de que você é um professor, um treinador, e que a responsabilidade da ação é da pessoa; caso contrário, você nunca sairá do papel de salvador.

O desafio aqui é aceitar que a resposta da pessoa é a melhor opção que ela pode enxergar. Quando você aceita isso, permite que ela se salve com as próprias soluções.

Você também precisa ter certeza de que pode estabelecer limites, como, por exemplo, o tempo que está disponível para ouvir alguém. Há pessoas que consomem a energia dos outros apenas por descarregar todos os seus pensamentos e é justamente isso que drena quem está ouvindo.

Quando nos libertamos do jogo do triângulo dramático, podemos ter relações mais felizes e saudáveis com pessoas e equipes. Dessa forma, você não se sentirá drenado e impotente e será capaz de identificar relacionamentos tóxicos, podendo evitá-los.

A autorreflexão pode ajudá-lo a mudar o cenário atual. Deixar de entrar em qualquer um dos papéis o ajudará a manter elevada a sua sanidade mental, uma vez que assim você consegue visualizar o cenário como se estivesse do lado de fora das situações. Isso também irá ajudá-lo a tomar decisões melhores.

Ajude os outros

Quanto mais você trabalhar em você, mais poderá ajudar os outros, pois evitará perpetuar o jogo do triângulo dramático em suas relações.

Se você está se envolvendo em jogos com as pessoas ao seu redor, procure perceber e saia do jogo assim que possível, mudando o seu comportamento.

Se você não participar, o ciclo perde força e com o tempo ele tende a mudar de forma a não "morrer", mas com sua persistência em não participar o jogo tende a acabar.

Com a prática você encontrará formas mais saudáveis de se relacionar e possivelmente as pessoas irão perceber você como alguém mais maduro.

Apenas lembre-se de que você pode optar por não entrar no jogo, mas isso pode não fazer as pessoas ao seu redor seguirem o seu exemplo. Não eleve suas expectativas sobre elas, faça a sua parte. Quando chegar o momento, elas farão a parte delas.

Posso dizer que hoje, quando sinto cheiro do jogo, procuro uma forma de não continuar a dinâmica. Quanto mais eu pratico, mais claro fica quando consigo quebrar esse fluxo.

Acredite, é questão de prática, e as dinâmicas ficam mais saudáveis e leves!

Eu me lembro de trabalhar com um líder de equipe que sempre me procurava para desabafar seus problemas. No início eu gostei, pois ele era um líder muito inteligente e influente, com uma visão holística das nossas equipes e da empresa. Eu me sentia bem podendo ajudá-lo, apesar de algumas vezes eu me encontrar em algumas enrascadas.

Com o tempo, comecei a me sentir muito cansado, exausto, drenado com todos aqueles problemas. Então, aos poucos, mudei as conversas com ele e comecei a desafiá-lo, perguntando se ele já havia exposto essa ou aquela situação para a pessoa da qual ele estava se queixando (mais precisamente). No começo ele me olhava um pouco estranho e pensativo, mas com o tempo ele percebeu que eu não queria mais ser seu salvador e indiretamente eu esperava que ele fizesse algo para resolver suas próprias questões. Naquela situação ele atuava como vítima (sim, líderes podem ser vítimas) e eu estava satisfazendo meu ego de salvador.

Como ficou cada papel depois de superarem o jogo

Vamos ver como cada papel ficou depois de cada um ter buscado ajuda e aprendido a viver de forma mais leve, sem a necessidade e a dependência do jogo para satisfazer seus anseios.

O perseguidor

O perseguidor procurou ajuda de um profissional. Hoje ele entende mais como canalizar sua energia para conseguir atingir mais objetivos. Ele está aprendendo que cada coisa tem seu tempo e também tem respeitado mais o espaço das pessoas ao seu redor. Por consequência, ele se queixa menos sobre a vida. O antigo perseguidor se tornou um realizador dos seus sonhos.

A vítima

A vítima também procurou ajuda de um profissional. Agora reconhece com mais clareza que, na maioria das vezes, ela é capaz de resolver seus próprios desafios e celebrar cada conquista. A antiga vítima é agora uma pessoa com mais vitórias, mais independente e que está saboreando um estilo pessoal autêntico que ainda não conhecia tão profundamente.

O salvador

O salvador se tornou um treinador e ensina as pessoas a resolver seus próprios desafios com suas próprias soluções. O antigo salvador, agora atual treinador, tem orgulho de seus alunos.

Vá além

Se você está sofrendo por atuar em um desses papéis, procure um profissional de saúde que possa auxiliá-lo. Nenhum livro, por melhor que seja, pode substituir o cuidado de um profissional especializado.

Onde aprender mais

Para escrever este capítulo eu tomei como base minha história no processo de melhorar como pessoa, no processo de estudar, trabalhar e praticar para me tornar um melhor *coach*, pai e marido. Além disso, me aprofundei no assunto do jogo do triângulo dramático utilizando como base o livro escrito por dois PhDs, Barry K. Weinhold e Janae B. Weinhold: "How to Break Free of the Drama Triangle & Victim Consciousness" (2014). Outro livro que me inspirou muito foi "Games People Play: the psychology of human relationships" (2016), escrito por Eric Berne.

30. O processo de exclusão e inclusão em nossa alma – Um olhar sistêmico

Ilma de Fatima Estevam

Disse o psicoterapeuta alemão Bert Hellinger, em seu livro "Um Lugar para os Excluídos" (2014): "tudo aquilo que deploro eu excluo. Tudo aquilo que recrimino eu excluo. Toda pessoa de quem tenho raiva eu excluo. Toda situação em que me sinto culpado eu excluo. Assim vou me tornando cada vez mais pobre" (p. 68).

Quantos de nós já parou e perguntou a si mesmo em que ponto se dá o movimento de exclusão de algo ou de alguém em nossa alma? Digo alma antes do meio social, do mundo corporativo e da relação familiar pelo simples fato de que tudo aquilo que acontece em nosso meio físico aconteceu antes em nossa alma, primeiro dentro de nós.

Assim como a doença e a cura iniciam-se em nossa alma, os processos de exclusão e inclusão também começam em nossa alma, em um nível mais profundo de nosso ser, chegando a uma ação física, a uma atitude visível, depois de ter nos tomado por completo.

Daremos então um passo atrás para compreender um pouco mais sobre como se dá esse processo em nós e, em seguida, retomar o caminho da inclusão, compreendendo melhor como pode ser possível em nosso meio social, familiar e corporativo fazer do ato de incluir uma prática contínua e diária, na qual todos podem aprender e crescer juntos, tomando cada um aquilo que o outro traz consigo de melhor, enriquecendo relações e agregando valor ao grupo como um todo.

O que faz então com que eu me sinta à vontade para excluir uma pessoa, seja ela um amigo, alguém da família, um colega de trabalho, alguém que passa por mim na rua e às vezes até mesmo meu cônjuge? O que há na verdade por trás desse movimento de exclusão?

Em seu seminário anual de 2018, o médico Décio de Oliveira Junior cita que esse processo de exclusão se inicia logo na infância, por volta dos sete, oito anos (JUNIOR, 2018).

De acordo com ele, até por volta dessa idade todos nós incluímos a tudo e a todos sem distinção alguma, porém algo acontece e a criança entra nesse processo, que é tão sutil que ela nem percebe, não tem consciência, mas que, uma vez lá, a acompanha por toda uma vida (se assim permitir). Passa a fazer parte de nós e dificilmente nos damos conta de como isso começou e menos ainda o quanto fazemos isso em nosso dia a dia – e o pior de tudo, nunca nos perguntamos para onde toda essa exclusão nos levará.

Décio cita duas causas responsáveis por esse processo em nós, sendo a primeira causa a **certeza**. Sim, ensinamos uma criança a excluir quando damos certeza a ela, e quanto mais certeza ela vai tendo mais ela entra nesse jogo de exclusão. E segue dessa forma pela vida adulta. Quanto mais se enche de certezas, mais segue excluindo pessoas, possibilidades e coisas novas. E para que precisamos de novas oportunidades se temos nossas próprias certezas e verdades? Qual a necessidade ou ganho de se abrir para receber algo novo? Aqui deixamos de validar e considerar outras questões, outras possibilidades, outras pessoas, outras verdades, pois já temos tudo.

A segunda causa está diretamente ligada ao **julgamento**. Excluímos alguém quando julgamos esse alguém como sendo unicamente o "outro".

Quando olhamos para outra pessoa cheios de críticas, ideias e preconcepções que nada têm a ver com essa pessoa de fato, quando olhamos para alguém com ideias de como essa pessoa deveria ser ou agir, quando vemos somente suas características externas, por sinal, diferentes das nossas, e não o ser humano que há na verdade por trás dessas diferenças, começamos automaticamente a excluir essa pessoa. E este pode ser um amigo, um familiar, um colega de trabalho.

E quando julgo algo ou alguém, inevitavelmente me coloco como melhor, como superior, me coloco acima da outra pessoa. E como sou melhor, mereço o melhor, deixando para o outro o que sobra, o resto, o pior, qualquer coisa.

A definição de outro é: todo aquele que não é o mesmo, que é distinto, diferente. Diferente em quê? Na cor de sua pele, cor de seus cabelos, na raça, na escolha de suas roupas, em sua opção sexual, em sua escolha religiosa, em sua condição social e econômica, na escolha de seu time de futebol, na escolha de seu esporte favorito, em sua limitação física, em sua escolha partidária, em sua forma de lidar com o trabalho e os desafios da vida, ou ainda diferente em suas verdades?

Quando fazemos isso, quando olhamos para nosso semelhante dessa maneira, estamos colocando questões externas, nada ou pouco importantes acima da própria pessoa em si, acima de seus reais valores, capacidades, habilidades, acima do ser humano que verdadeiramente ele é. Por outro lado, na mesma medida em que o outro é diferente para mim, eu sou diferente para ele também. Logo, somos todos o "outro" do "outro". Quem sou eu senão alguém visto pelos olhos do outro?

Primeiro então nos enchemos de certeza, criamos a falsa ilusão de que essa ou aquela pessoa deve ser assim, de acordo com as minhas certezas, e quando isso não ocorre, dou o seguinte passo, que são as críticas e preconcepções, excluindo então aquilo que me é diferente, colocando essa pessoa para fora, como alguém que não pertence, que não faz parte. Não dou um lugar em meu coração para ela, violando aqui a primeira lei do relacionamento humano: a Lei do Pertencimento, de acordo com o psicoterapeuta Bert Hellinger.

Nesse ponto completa-se o processo de exclusão do nosso próximo. Entretanto, as consequências desse ato não cessam por aqui, elas vão muito além. Por exemplo, o que vem em seguida a esse processo é a violência, a briga de egos, que, de acordo com Décio Oliveira, nos levará a desequilíbrios, insucesso, doenças e a um afunilamento de relações, o que me resultará em uma vida cada vez mais solitária. Estarei cheio de certezas, mas, certamente, sozinho.

E por que um dos efeitos da exclusão é a violência? Pois bem, já que o outro está fora de mim, não pertence mesmo ao meu meio, ao meu grupo, sinto-me à vontade, com a consciência tranquila ao praticar o mal a este outro e vice-versa. Este outro torna-se algo qualquer, algo com o qual eu me sinto no direito de fazer o que quiser, posso tratar mal, ferir, julgar, desrespeitar, posso continuar deixando de fora, sigo fazendo com essa pessoa aquilo que não faria com as pessoas do meu grupo.

Esse é o mal presente em muitos meios e grupos, o mal que mais afeta nossa sociedade moderna: ele se apresenta na forma de exclusão, agressão, violência, ausência de respeito e empatia, briga de egos, orgulho. Esse mal fará com que se sinta vencedor aquele que aguentar mais tempo apegado à sua própria e falsa ideia de certeza, de estar certo. Entretanto, aqui somos todos perdedores.

O que começa com uma "simples" **certeza** e **julgamento**, leva à exclusão, que leva à violência, e, embora isso nos cause perdas e dor, geralmente estamos dispostos a continuar com essa briga de egos para ver quem ganha, quem vai mais longe. A essa altura da situação o difícil é encontrar alguém que seja humilde, a ponto de se render e reconhecer que ambos estão errados e a partir de então fazer o movimento de ir ao encontro da outra pessoa, com amor, respeito e humildade, restabelecendo assim o equilíbrio e avançando com aquilo que une.

Contudo, tendemos a seguir assim, mantendo essa postura firme e cheia de certeza, sustentada pelas mágoas, pelos desafios e pelas decepções, pois as pessoas vão se posicionando a favor disso ou daquilo, a favor deste ou daquele grupo, em um processo contínuo e sem fim. E esses sentimentos que surgem das brigas vão nos impedindo de retomar o movimento de inclusão e das trocas justas e saudáveis para todos. E a pergunta que fica é: até quando, até onde iremos com essas brigas? O que será necessário acontecer? Quais são e serão as consequências disso tudo?

A possibilidade de mudança começa quando alguém decide olhar para o próximo com amor de verdade, quando alguém decide do fundo de sua alma incluir aqueles que estão excluídos, quando alguém dá o primeiro passo para a retomada do amor, iniciando o movimento de retorno à inclusão, isso com uma postura de muita humildade, respeito e amor ao próximo, de acordo com Hellinger (2016), em seu livro "A Cura". E assim seguir mostrando às outras pessoas que, sim, é possível incluir a todos, em uma troca constante, na qual todos só têm a ganhar, pois em uma troca justa damos o nosso melhor e recebemos o melhor do outro. E como é possível iniciar esse processo? Como passo a olhar para o outro com profundo respeito e amor em um ambiente muitas vezes carregado de pressão, cobranças e desafios, como, por exemplo, nosso meio organizacional?

Para refletir um pouco, você consegue pensar em alguém que você sabe que tem excluído, consegue dizer o que foi perdido até esse momento por conta disso?

Em um primeiro momento trata-se de ampliar nossa própria percepção, abrir nossa mente, analisar quais têm sido os efeitos dessa exclusão, analisar o quanto estamos perdendo com essa postura. Em geral, perdemos sempre que excluímos o outro, pois deixamos de usufruir daquilo que ele tem de melhor para oferecer. Deixamos de tomar posse de recursos que simplesmente não temos, mas que o outro traz consigo, seja na família, no meio social, no trabalho etc.

Na prática, podemos experimentar como seria se, de repente, ao menos uma vez ao dia, eu fosse capaz de olhar para alguém com muito amor. Amor sincero e puro que vem de minha alma, deixando de fora qualquer diferença visível, qualquer julgamento, colocando-me no lugar dela, me perguntando: e se fosse comigo? Como seria para mim esse pequeno passo de inclusão? Como as coisas fluiriam para mim se a cada dia um novo alguém fosse incluído? Quantas possibilidades de trocas enriquecedoras eu estaria trazendo para minha vida? Quantas experiências incríveis não estaríamos agregando ao nos permitir nos aproximar daquele que até então pertence a um outro grupo?

Que sejamos capazes de, ao cruzar com alguém, olhar para essa pessoa com um profundo sentimento de respeito, amor e pertencimento, repetindo para nós mesmos, como um mantra, "essa pessoa também pertence". Pratiquemos diariamente, até que isso faça parte de nós por onde quer que caminhemos e de repente estaremos vivenciando uma percepção muito mais ampla, com muito mais relações saudáveis, com trocas justas e assim continuaremos nossas vidas ampliando nossas oportunidades de relacionamentos, nunca afunilando.

E todo esse processo de exclusão (que começa em nossa infância), assim como a possibilidade de mais uma vez incluir, está presente especialmente em nosso ambiente de trabalho. Pois bem, se não há possibilidade de "empreender sozinho" e se toda unanimidade é burra, de acordo com Nelson Rodrigues, o que podemos aprender então em um grupo no qual todos são iguais, com capacidades, condições, cultura, afinidades e escolhas iguais?

Esses grupos mediante a exclusão do diferente tendem a estagnar-se diante do novo, do desenvolvimento e do próprio enriquecimento. Imaginemos, dentro de uma empresa, um grupo harmônico, com pessoas de um mesmo nível cultural, socioeconômico, com afinidades similares no âmbito social, como religião, esporte e por aí segue. O dia a dia tende a ser sem maiores desafios, certo? Mas o que cada indivíduo pode agregar e oferecer de novo ao próprio grupo? Que tarefa de valor esse indivíduo pode realizar? Teoricamente não muitas, talvez nenhuma, visto que suas capacidades são iguais às capacidades do resto do grupo. Esse grupo pode não sofrer grandes perdas, mas, certamente, tende a não ganhar em todos os níveis.

Imaginemos então um grupo bastante diversificado, com níveis de intelecto diferentes, cultura, situação econômica, escolha partidária, religião, condições físicas etc. Certamente esse grupo tende a enfrentar bem mais desafios no seu dia a dia; porém, a médio e longo prazo, estará em um incrível jogo de "ganha-ganha". Imagine quantas coisas novas e diferentes seriam trazidas, inseridas nesse grupo, que o levariam não apenas ao seu enriquecimento, mas também a um novo nível de consciência. O desafio certamente é grande no início, mas no fim todos ganham.

Considerando que somos todos ignorantes, apenas em áreas diferentes, ganharíamos muito sem grandes investimentos ou maiores perdas de tempo. Todos teríamos diariamente à nossa disposição inúmeras possibilidades, conhecimentos novos, todos teríamos o melhor do outro, um grande potencial que nos serve de riqueza. Isso tudo com uma única atitude de lançar mão de nossas próprias verdades, certezas, ideias e preconcepções.

Todos nós somos dotados de capacidades e dons diferentes – e o mais interessante é que podemos efetuar ricas trocas em nosso meio. E quando trocamos com o outro de forma justa, automaticamente eu tenho acesso a muito mais talentos, dons e habilidades que claramente agindo sozinho eu não teria.

Se inclusão é igual a sucesso porque quando incluo sou mais forte, o primeiro passo é incluir. E o que está por trás desse movimento de incluir na alma? Qual a base que sustenta essa ideia de inclusão = sucesso? De acordo com Bert Hellinger, as leis que atuam entre as relações familiares atuam também em nossas relações sociais e profissionais. Essas três leis do relacionamento humano foram definidas por Hellinger como: **pertencimento, ordem e equilíbrio.**

Quando chegamos a esse mundo herdamos de nossas famílias não apenas traços genéticos, mas também comportamentos, e carregamos conosco a memória de todos os nossos ancestrais. Estamos todos conectados, o que aconteceu com meus pais e ancestrais em geral afeta a mim, pois levo comigo DNA deles. Por onde eu for levarei comigo esses traços, ou seja, a forma como me comporto no meio familiar irá refletir e influenciar minha postura e tomada de decisões no meio social e corporativo. Daí a necessidade de olhar para mim não apenas com um indivíduo isolado, mas alguém que pertence a um grande sistema familiar e em seguida a um sistema maior, formado por aqueles que vão cruzando meu caminho. Sim, vamos nos conectando às pessoas de outros sistemas familiares e ao próprio meio corporativo, que se torna um grande sistema, unido e conectado entre si, de forma que as ações positivas ou não de um irão afetar todos à sua volta. E o que nos dizem tais leis?

1. Lei do pertencimento

> *Pertencer a nossa família é nossa necessidade básica. Esse vínculo é o nosso desejo mais profundo. A necessidade de pertencer a ela vai além até mesmo da nossa necessidade de sobreviver. Isso significa que estamos dispostos a sacrificar e entregar nossa vida pela necessidade de pertencer a ela. (HELLINGER, Bert, 2016)*

De acordo com esta lei, todos em uma família pertencem, igualmente, a ela com os mesmos direitos, vivos ou mortos (pais, irmãos, tios, avós, bisavós, tataravós, ex-parceiros nossos e de nossos pais, abortados, cônjuges, filhos e aqueles sobre os quais obtivemos vantagem ou causamos danos, físico ou material). Esse desejo de pertencimento se expande para grupos sociais e inclusive profissionais, atuando fortemente nessas relações.

Logo, a lei do pertencimento deve ser respeitada dentro de uma empresa. Todos aqui pertencem, independentemente da função desempenhada. O diferente no caso de uma empresa é que, quando um colaborador se retira da empresa, ele deixa de fazer parte, exceto se ele criou algo, um produto que marcou, algo que passou a fazer parte da história da empresa, algo que gerou lucro. Com exceção a isso, ao se desligar da empresa o colaborador deixa de fazer parte, deixa de pertencer.

Da mesma forma, aqueles que criaram algo que marcou a vida da empresa, os fundadores da organização, vivos ou mortos, ou mesmo diante da venda da corporação, continuam a fazer parte, a pertencer a esta empresa. E o que isso significa na prática? Que devem ser olhados e lembrados sempre com honra e respeito. Devem ter um lugar de destaque dentro da corporação.

2. Lei da ordem

> *O ser é estruturado pelo tempo. O ser é definido pelo tempo e, através dele, recebe posicionamento. Quem entrou primeiro em um sistema tem precedência sobre quem entrou depois. Sempre que acontece um desenvolvimento trágico em uma família, uma pessoa viola a hierarquia do tempo. (HELLINGER, 2003)*

Aqui trata-se especificamente de quem chegou primeiro a uma família, a um grupo ou a uma organização. Quem chegou primeiro tem precedência, prioridade, o que não significa que a hierarquia não conte. Respeito à hierarquia é uma coisa e respeito à ordem de chegada na empresa é outra (lembrando que o que chega depois de mim na organização também merece respeito, caso contrário entraremos na exclusão). A ordem de chegada quer dizer que é necessário honrar e respeitar igualmente toda e qualquer pessoa dentro da organização, grupo ou equipe de projetos que chegou antes, independentemente da função desempenhada por cada um, seja essa pessoa jardineiro, copeira, recepcionista, gerente e presidente da empresa. Frisando que eu só tenho espaço aqui e agora porque os que vieram antes foram do jeito que foram, suas atitudes e os preços que foram pagos por eles tornaram possível o meu estar aqui hoje. Assim, todos ocupam seu devido lugar e, somente assim, apenas em nosso próprio lugar estamos seguros, temos força e podemos alcançar algo de valor em nossa jornada.

3. Lei do equilíbrio

O que dá e o que recebe conhece a paz se o dar e o receber forem equivalentes. Nós nos sentimos credores quando damos algo a alguém e devedores quando recebemos. O equilíbrio entre crédito e débito é fundamental nos relacionamentos. (HELLINGER, 1998)

Com exceção de nossa relação com nossos pais (com os quais apenas recebemos, não havendo possibilidade de troca, visto que não há como compensar algo tão valioso como a vida), quando vamos para o mundo (escola, relações sociais, trabalho) iniciamos nosso processo de troca. Essas relações são sustentadas por meio da troca justa, ou seja, eu dou algo (primeiro dou), então recebo algo de volta e assim sucessivamente, em um crescente movimento de enriquecimento.

Nas relações de trabalho acontece o mesmo: dou esforço, tempo, conhecimento etc. e recebo de volta meu salário mensal. Da mesma forma, ao atuar com um colega de trabalho, à medida que dou eu recebo; quanto mais me abro e dou, mais terei de volta e com isso vou me enriquecendo como pessoa e como profissional.

Vale lembrar que essas trocas devem ser equivalentes; caso contrário, não será uma troca justa e logo o lado que se sente injustiçado tende a se afastar, em um movimento bem sutil, excluindo e pondo em risco as relações e o crescimento da própria companhia.

De acordo com Bert Hellinger (2013) "[...] A alegria de viver vira alegria de trabalhar. Vira alegria pelo trabalho bem-sucedido, e o trabalho bem-sucedido vira alegria pela vida bem-sucedida". Isso mostra o quanto tudo está conectado.

Essas três leis norteiam o mundo das nossas relações, independentemente de estarmos cientes e se estamos de acordo com elas ou não. Elas estão atuando em nossas casas, em nosso relacionamento de casal, em nossa vida social e com a mesma força atuam em nossa vida profissional, em um ciclo constante.

Para haver então equilíbrio saudável em uma relação, é necessário incluir (pertencer), é necessário respeitar a ordem de chegada e por fim equilibrar as trocas, em uma postura atrelada à maneira cooperativa. Por fim, sucesso e felicidade, expansão e diversidade mantêm a roda dessas três leis funcionando dentro de nós e vice-versa.

Quando desrespeitamos a lei do pertencimento ou a lei da ordem, o mundo do equilíbrio sente os efeitos, da mesma forma que o inverso também acontece. Quando deixo de dar pertencimento a alguém, quando desrespeito a ordem de chegada ou quando a troca é injusta, o fracasso, a doença e os desequilíbrios começam, visto que uma lei natural do relacionamento humano foi violada.

Enfim, essas leis estão aí atuando, gostemos ou não, e o quanto antes nos rendermos a elas, mais cedo teremos uma vida mais leve, mais saudável e mais próspera.

Quando aceito o outro exatamente como ele é, sem críticas e julgamentos, eu o incluo dentro de mim. Quando dou um espaço para ele em meu coração, tenho à minha disposição os dons, talentos e habilidades que este traz consigo, e quanto mais eu incluo, mais talentos tenho à minha disposição, da mesma forma que meus talentos estarão à disposição de outras pessoas, em um jogo constante de "ganha-ganha".

Quando um colega cometer um erro, não devemos colocar tal erro acima dele – não significa que ele não será responsabilizado por isso (sim, este deve ser responsabilizado pelo erro, deve reparar isso), porém isso deve ser feito de forma muito respeitosa, para que a pessoa tenha prazer em reparar o seu erro. Décio Oliveira Junior diz que quando respeitamos uma ação que trouxe algo de negativo e damos a possibilidade de o outro reparar isso e ele o faz com alegria (pois a necessidade de compensar um erro também faz parte de nós), agindo assim não há rompimento da relação e logo o processo de trocas é retomado. Aquele erro cometido lá atrás serviu a todos como oportunidade de aprendizagem, e agora todos sabem que por aquele caminho específico não funciona.

Mais cedo ou mais tarde, todos iremos nos decepcionar com alguém, um amigo, um colega, um familiar, faz parte da vida e de nossas expectativas. Porém, antes de julgar, de nos sentirmos superiores, excluir e ir afunilando nossas relações, que sejamos capazes de olhar para nós mesmos e reconhecer o quanto ainda precisamos aprender e crescer enquanto ser humano, que possamos ainda refletir: e se fosse comigo? E quando olhar para o próximo, que possamos ver acima de tudo que ali segue um irmão, um ser humano, que pode ter feito escolhas diferentes ou apenas ter vindo com um destino diferente, mas é meu irmão, e que assim possamos dar a ele um lugar em nosso coração, afinal "ele também pertence".

31. *Team building*, gerando conexões

Lucas Tito

Team building é um termo cunhado para definir a maneira pela qual um time é formado. Também é utilizado para descrever uma categoria particular de dinâmicas ágeis que possibilitam aprimorar e estreitar as relações entre os membros de um grupo, visando torná-los um time.

Para Katzenbach e Smith (2015), grupo é o coletivo de indivíduo, e o resultado de seu trabalho é a soma de esforços, podendo apresentar ou não um propósito em comum.

Uma equipe ou time, por sua vez, tem como resultado de seu trabalho não somente a soma de esforços, mas também a sinergia. Isso se dá porque o time é constituído por membros com habilidades complementares, alinhados por um propósito único e, dessa forma, motivados.

Infelizmente, nem todo grupo pode ser transformado em um time, visto que isso requer um desenvolvimento cognitivo e psicológico tanto das partes individuais quanto do coletivo.

Como debatido no capítulo "Ser ágil é ser inclusivo", cada indivíduo, antes de trabalhar com foco no propósito, precisa se sentir seguro e parte de um grupo social, incluindo respeito e boas relações.

Nesse sentido, a transformação de grupo em time não pode considerar única e exclusivamente a existência de um propósito coletivo, mas precisa levar em conta que todos os membros do grupo estão aptos, ou seja, não possuem barreiras e dificuldades para focar no propósito. Essas barreiras e dificuldades precisam ser explicitadas e trabalhadas de maneira que sejam minimizadas ou excluídas para que o caminho rumo ao propósito e à construção de um time esteja livre. Para isso, são fundamentais o ambiente seguro e a manutenção das relações de forma sustentável e equilibrada. É nesse processo de gerar ambientes seguros, de criar conexão entre os membros do grupo, de captar a percepção de cada membro em relação ao propósito e quanto se está distante de o alcançar, de entender a relação entre os elementos que compõe o grupo, bem como a interação com os elementos que o influenciam (incluindo influências externas), que surgem os valores e princípios coletivos com os quais o grupo se importa, além de outros aspectos que constituem o *team building*.

Esse processo tem sua eficácia medida de maneira qualitativa e subjetiva, considerando não só as particularidades dos membros do grupo/time como também a forma como esse grupo/time é percebido por outros grupos/times, incluindo a própria organização em si.

No geral, para indivíduos e grupos externos os principais fatores que interferem na percepção são: o propósito, o senso de colaboração e o engajamento dos membros da equipe para com o todo. Em relação à empresa, podemos arriscar dizer que quanto maior a maturidade dos times, mais altos serão os voos, engajando-se na estratégia da organização.

Note que um grupo/time é um subgrupo ou subtime da organização, que se relaciona com outros subgrupos/subtimes, mas que dentro de si é indivisível.

Inúmeros estudos demonstram a relação entre os membros do time, o contexto do time, os comportamentos que ocorrem em cada estágio, os operadores e os conectores e outros fatores relevantes. As mais conhecidas abordagens para entender o processo de *team building* são a **teoria de Tuckman** e os **sistemas adaptativos complexos**.

Na teoria de Tuckman, são descritas cinco etapas naturais de um time.

Na primeira delas, chamada de ***Forming***, os membros do time estão se conhecendo e as incertezas são muitas. Não se sabe ainda muito bem qual é o seu propósito.

Na segunda etapa, denominada de ***Storming***, os membros entram em conflito (não necessariamente no mau sentido) por não quererem esconder seus sentimentos, por falarem o que sentem que é preciso ser dito e por desejarem ser ouvidos. Isso ocorre por ser o momento em que os membros mostram suas habilidades, conhecimentos e personalidades. Já que estes aspectos inevitavelmente se diferenciam, a tormenta sempre é esperada. Se na fase anterior havia desconfiança acerca de tudo, aqui há estranhamento, principalmente contra os outros membros. Conflitos de toda ordem podem emergir.

A terceira etapa, conhecida como ***Norming***, é percebida quando os ânimos se acalmam e os conflitos continuam existindo de forma pontual e construtiva. Uma coesão e coordenação dentro do time passa a ser o principal cenário, visto que normas e padrões são estabelecidos.

A quarta e a mais esperada das etapas é a de ***Performing***. Nela os laços estão fortalecidos, os membros procuram falar e escutar uns aos outros, as qualidades e os defeitos de cada membro são conhecidos por todos e o propósito do time está claro para todos, sendo um desses propósitos a evolução do time em si. Planos são feitos e o time se torna mais adaptável para juntos superarem qualquer barreira que ameace o futuro.

A quinta e última etapa é a de ***Adjourning***. Nela acontece o término do time e normalmente ocorre por troca de membros, por interesses da empresa em terminar o time e pelo interesse em realocar pessoas, dentre outras razões. Essa etapa não é recomendada, visto que quanto mais um time estiver em *Performing* melhor serão seus resultados. É comum sentimento de perda, luto ou frustração nessa despedida.

Todas as etapas podem transitar de uma para a outra e, para tal, eventos precisam ocorrer. Os exemplos de eventos que daremos se limitam à inclusão de pessoas e sua diversidade em um time.

- ✓ Quando uma pessoa com deficiência entra em um time, bem como qualquer outra pessoa, isso automaticamente caracteriza a etapa de *Forming*.
- ✓ Inicialmente, essa pessoa pode esconder ou se sentir desconfortável em deixar claras suas limitações (ressaltamos que todo ser humano tem suas limitações). O restante dos membros do grupo pode não se interessar por essas questões e não buscar o acolhimento dessa pessoa, ter vergonha de perguntar etc. Esse contexto caracteriza ainda a etapa de *Forming*.
- ✓ Quando as coisas começam a melhorar? Quando as pessoas interagirem, as limitações forem debatidas, a vergonha passar, a coragem florescer e o tema for debatido sem "mimimi". Então podemos declarar que o céu está se fechando, ou seja, *Storming*, porque inevitavelmente haverá conflito – saudável ou não.
- ✓ As pessoas vão começar a debater e a entrar em conflito sobre como as coisas podem ser resolvidas. A pessoa com deficiência pode se sentir com ou sem voz nos debates. Nossa sociedade continua praticando a invisibilidade das pessoas de qualquer minoria, ou seja, o homem fala do que mais importa para as mulheres como se tivesse alguma propriedade no tema, pessoas sem deficiência

falando sobre capacitismo[12] como se entendessem o que é passar por isso, pessoas brancas ditando o que é ou não racismo e daí por diante. Se todos não puderem falar o que quiserem, não estaremos em *Storming* porque ainda há o receio e o medo, sejam eles de qualquer natureza. Por isso os conflitos não terão a intensidade que deveriam, por omissão ou tentativa de evitá-los como se não fossem coisas boas e oportunidades para a próxima etapa.

✓ Supondo que o time entrou em *Storming* e que todas as pessoas têm voz, falam, debatem, brigam, retomam, brigam mais uma vez e assim por diante até que as coisas estejam ok para todos, com muito respeito, não entraremos em *Norming*.

✓ Para estar minimamente em *Norming*, necessidades humanas como as fisiológicas, de segurança e de pertencimento ao grupo precisam ser atendidas. Note que segurança inclui a segurança psicológica, física, dentre outras. Isso significa que a pessoa com deficiência não pode se sentir ameaçada. Um exemplo de ameaça seria o discurso de "a tarefa é difícil, mas se fosse outro membro fazendo provavelmente conseguiria", pondo a capacidade da pessoa com deficiência à prova.

✓ *Performing* significa que os membros já estão há um tempo trabalhando juntos, que as necessidades são atendidas e constantemente evoluídas, adaptadas e debatidas para a melhoria contínua dos membros e do time como um todo. O foco é a entrega de valor e o atingimento do propósito. Requer um nível de maturidade muito alto e um grau de empatia e de escuta ativa bem forte.

É perceptível a importância de os membros do time serem entendidos e tratados mediante suas particularidades, para que juntos possam construir um coletivo.

Existem cenários, no entanto, onde os times e a estrutura da organização como um todo sofrem alterações com frequência. Podemos descrever tais mudanças como empurradas ou puxadas.

As alterações empurradas, são, no geral, prejudiciais para o sistema organizacional, pois indicam baixa maturidade e compreensão do propósito e da estratégia, além da baixa capacidade dos colaboradores em contribuir de forma ativa, caracterizando um contexto sem auto-organização e autogestão.

---

12 Preconceito sofrido por pessoas com deficiência quando sua capacidade de ser, fazer e pensar é posta em dúvida. Exemplo: se uma pessoa com deficiência está realizando uma atividade e há demora na entrega, pessoas podem pensar que talvez não houvesse o atraso se outra pessoa sem deficiência estivesse executando, em vez de analisarem o grau de complexidade da atividade. Para maior contextualização, consulte a referência Unifor (2021).

Por outro lado, uma mudança puxada indica que os colaboradores se entendem no sistema e podem, teoricamente, fazer o melhor movimento para suprir suas necessidades, alcançar um objetivo, eliminar dependências desnecessárias etc.

Essas mudanças, empurradas ou puxadas, podem ser motivadas por inúmeras variáveis, nem sempre mapeáveis, como ameaças e oportunidades. Isso caracteriza um ambiente de sistema aberto e complexo de baixa previsibilidade, diferentemente de um sistema fechado no qual o pensamento sistêmico pode ser aplicado mapeando e correlacionando variáveis em um *loop* de causa e efeito.

Os sistemas adaptativos complexos (CAS) representam uma abordagem puxada de organização na qual há uma alta complexidade intrínseca ao sistema.

Os CAS são redes neurais de agentes interdependentes e interativos que estão ligados em uma dinâmica cooperativa por um objetivo comum, perspectiva, necessidade etc. São estruturas mutáveis e com hierarquias múltiplas e sobrepostas ligadas ainda com outros CAS (UHL-BIEN; MARION; MCKELVEY, 2007).

Nesse caso, equipes/times são as redes, os agentes são os membros de cada equipe/time e a liderança é situacional e compartilhada, causando uma hierarquia sobreposta, já que um líder pode emergir do CAS considerando suas habilidades e a necessidade ou o objetivo do time em etapas específicas.

Cada agente possui tarefas interdependentes para com o propósito ou a meta do time.

Sistemas empurrados (direcionados ou fortemente controlados) dificilmente reagem bem às mudanças e por isso se tornam menos capazes de responder às ameaças do ambiente ou aproveitar oportunidades, principalmente externas ao sistema. Por isso, os CAS necessitam da auto-organização e da interação, das dinâmicas e do *feedback* proveniente de componentes e agentes heterogêneos (inteligência coletiva, por exemplo) (VARGA, 2014).

Os CAS operam na beira do caos. Isso significa que pequenas mudanças em uma parte do sistema (fora ou dentro dele) podem gerar mudanças dramáticas em outra parte ou no todo. Essas mudanças podem ser planejadas, porém muitas das vezes não são (sistemas abertos). Um CAS então toma ações para equilibrar os contextos e responder rapidamente de forma flexível e adaptativa. Isso exige um alto grau de consciência global, mas principalmente local. Esse equilíbrio é buscado não para estabelecer a ordem completa, visto que o esforço seria enorme, porque se entende que o caos é inevitável.

Em se tratando de inclusão, um CAS só irá funcionar se as pessoas forem vistas não pelas suas situações e limitações, mas pelas suas capacidades, características e resultados. Todos os agentes são diversos e devem se auto-organizar para remover qualquer impedimento, buscando as metas do time. Os problemas que a diversidade e a inclusão explicitam também são vistos como oportunidades ou ameaças, dependendo do comportamento dos agentes, e o equilíbrio por meio da adaptação é fundamental.

Neste livro mostramos inúmeras ferramentas que possibilitam essa construção – por exemplo, comunicação não violenta, vulnerabilidade, liderança inclusiva e muitas outras.

Independentemente do modelo de construção de times que sua organização seguir, seja inclusivo e importe-se com as pessoas para que em seguida o propósito possa ser alcançado.

32. Dinâmicas na inclusão

André de Andrade Moreira
Lucas Tito

Na física, a dinâmica é o estudo dos movimentos dos corpos e da força por eles produzida. Já no sentido figurado, é a reunião das forças, ou do potencial interno, causadoras do incentivo, do estímulo ou da evolução de alguma coisa.

Nosso capítulo aborda a segunda visão, não se distanciando da primeira, visto que os corpos envolvidos nas dinâmicas são as pessoas (membros de um time, por exemplo), as forças envolvidas são aquelas geradas por suas crenças, vontades, sentimentos etc. e, por último, a reação esperada é o incentivo e a potencialização dos indivíduos para a resolução de um problema.

Esses problemas podem ser: identificação de propósito ou estratégia, construção de times, aprendizado sobre um tema, retrospectiva em um determinado tempo para aprender o que foi bom e o que precisa ser melhorado, *feedback* sobre pessoas ou processos, identificação de ameaças ou oportunidades, construção ou adaptação de processos de trabalho etc. No fim, toda dinâmica precisa resolver um problema e por isso não devemos nos apegar às soluções. As dinâmicas apresentadas, aqui ou em outro material, devem se adaptar às suas necessidades para a resolução e não devem ser aplicadas só por aplicar.

Normalmente quando falamos em fazer uma dinâmica, alguns padrões emergem. Um dos mais comuns é a timidez, seja ela natural do indivíduo ou situacional por causa do contexto. Uma abordagem é substituir o nome "dinâmica" por "atividades", "processo de aprendizagem" e outros sinônimos para minimizar o estigma que a palavra fomenta. Além disso, se usarmos o termo "ágil" como em "dinâmicas ágeis", pode ser que os indivíduos pensem em se movimentar com rapidez ou fiquem reativos por pensar em formatos específicos aplicados por *coaches*. O que queremos transmitir é: "chame da forma que quiser", contanto que tente minimizar o desconforto dos participantes; foque no processo e não nos nomes. Essa é nossa primeira dica de inclusão.

Os processos de aprendizagem, atividades e dinâmicas que vamos apresentar não terão foco nelas mesmas, mas nas barreiras de acessibilidade, falta de diversidade e inclusão que podem estar acopladas nelas, independentemente do problema que a dinâmica se propõe a explicitar e/ou tratar.

É fundamental que se conheça cada membro que fará parte da dinâmica, o contexto em que eles estão inseridos, as relações existentes entre eles e toda informação proveniente de uma boa leitura de cenário. Isso porque, a partir dessas informações, você estará apto a adaptar as dinâmicas, os processos e as atividades para ser mais inclusivo. Quanto maior o seu grau de conhecimento, maior será a probabilidade de a dinâmica ser efetiva.

A seguir descreveremos alguns padrões de barreiras que precisam ser tratadas, facilitando sua compreensão sobre o tema e permitindo que você faça melhores adaptações para seu contexto.

- ✓ **Doces, comidas no geral e bebidas.** Dietas restritivas, alergias e intolerâncias são pontos de atenção para dinâmicas que utilizem esses elementos.
- ✓ ***Post-its* e notas autoadesivas.** Cuidado em usar cores, elas não devem ser a única forma de se ter a informação para a dinâmica porque existem pessoas daltônicas, cegas e com baixa visão que podem ter dificuldade. Use formatos (notas de joinha, coração, quadrado, círculo etc.) onde cada forma representa algo que pode ser complementado pela cor, como, por exemplo, coração vermelho são os *post-its* para coisas boas; quadrados amarelos para pontos de atenção; os joinhas verdes são de problemas já superados. Idem para gráficos, imagens e outros elementos coloridos. Textos são uma boa forma de adaptar o conteúdo. Em um gráfico, além da cor, coloque uma legenda, por exemplo.
- ✓ **Textos.** Garanta que o texto foi construído com palavras simples, curtas, de formatação agradável, incluindo cor e tamanho da fonte. Isso vai facilitar para pessoas disléxicas, surdas e, às vezes, para pessoas com o espectro do autismo.
- ✓ **Áudios e vídeos.** Verifique se o áudio é claro, sem ruídos que dificultem a compreensão, que está em um idioma que todos dominem ou se existe alguma forma de tornar o entendimento coletivo. Sobre vídeos, prefira aqueles com legenda ou faça você mesmo a legenda (é super fácil). As pessoas que aparecem no vídeo não devem ter a visão de sua boca obstruída para que pessoas que fazem leitura labial não tenham dificuldades (essa regra vale para dinâmicas, palestras e todo o conteúdo audiovisual). Disponibilize esse material depois das dinâmicas para os membros, dessa forma eles podem consultar e entender melhor o conteúdo.

- ✓ **Abraços.** Pode parecer incrível as pessoas se abraçando ou tendo contato físico, porém existem pessoas com tipos de transtornos, traumas ou desconfortos com essa prática.
- ✓ **Mímica.** Normalmente é um recurso muito visual para quem assiste, mas puramente criativo e mecânico para quem faz. Posicione os membros da dinâmica em papéis de forma que todos possam participar de alguma maneira. Uma pessoa com deficiência visual pode fazer a mímica enquanto colegas tentam descobrir, por exemplo. Se os colegas que estão observando a mímica, além dos palpites, descreverem o gesto que está sendo realizado, a pessoa com deficiência também pode dar suas ideias e sugestões.
- ✓ **Ferramentas.** Existem muitas dinâmicas que podem ser adaptadas para que no lugar de uma ferramenta inacessível se use outra. *Boards* no Mural ou Miro podem ser adaptados para a planilha do Google ou o Excel. Mesclar células e colocar muitas formatações pode dificultar (peça ajuda ao time para fazer algo mais acessível). Existem ferramentas que não interferem no uso para pessoas com autismo, mas são ruins para pessoas cegas; ou que são boas para pessoas cegas, mas que não prendem o foco de pessoas com déficit de atenção.
- ✓ **Imagens.** Não precisa descrever tudo, mas o principal para passar a ideia geral. Use cores com contraste para ajudar pessoas com baixa visão. Abuse de formas diferentes. Associe as imagens aos textos.

No final, tudo pode ser adaptado, basta interesse e vontade. Basta querer fazer uma boa facilitação, colocando as pessoas e suas necessidades no centro da dinâmica e no problema que se quer resolver, no lugar de focar em soluções prontas.

No início pode parecer difícil para você e para os participantes, mas a melhoria contínua é fundamental. Para isso, crie uma cultura de *feedback*.

Criar uma cultura de *feedback* pode não ser fácil na maioria das equipes, até porque comumente nas empresas os próprios diretores, gerentes e líderes não costumam ter essa prática. Quando fazem, normalmente é para cumprir um protocolo ou porque há um período no qual a prática se faz necessária para avaliar o desempenho ou dar bonificações. Isso não é *feedback*, não faça com esse propósito. Procure sempre dar esse *feedback*, independentemente da obrigação. Faça com que as pessoas que trabalham com você sejam reconhecidas e possam melhorar. Use essa ferramenta como uma maneira de demonstrar o quanto as pessoas devem se importar umas com as outras.

Como facilitador, peça *feedback* das suas dinâmicas e das adaptações, descubra como fazer melhor, importe-se genuinamente e aceite as respostas de mente e coração abertos.

33. Matriz de competências: uma importante ferramenta na evolução de todos para todos

Andrew Soares
Lucas Tito

Antes de falarmos de matriz de competências, gostaríamos de inserir uma reflexão: qual resultado a matriz de competência pode gerar para as pessoas?

O resultado vai além de apenas aprender algo novo. A matriz de competências pode nos ajudar a alcançar o estado de "flow".

Calma, explicaremos a seguir o que é isso.

Mihaly Csikszentmihalyi (o criador da teoria em 1975) pesquisou pintores, atletas, músicos e outros, que descreveram seus sentimentos durante suas atividades. Ele concluiu que existe um estado mental no qual as pessoas podem realizar atividades completamente imersas em um sentimento de foco energizado, envolvimento total e prazer no processo da atividade. Esse estado foi denominado *flow* (1990).

Para podermos entender melhor como chegar ao estado de *flow*, Mihaly Csikszentmihalyi criou um diagrama (Figura 33.1) que explica como os níveis de desafios e habilidades de um indivíduo influenciam para que ele entre em certas zonas, denominadas como:

- ✓ **Ansiedade e preocupação:** são os estados de quando temos altos desafios, sem possuirmos as habilidades para encará-los.
- ✓ **Apatia e tédio:** são os estados de quando temos habilidades e desafios baixos.
- ✓ **Relaxamento e controle:** são os estados de quando temos habilidades altas, porém desafios pequenos.
- ✓ **Excitação:** quando temos um desafio alto e uma habilidade alta, porém o indivíduo ainda precisa se desenvolver.
- ✓ **E, por fim, *flow*:** quando o desafio é alto, mas o indivíduo possui as habilidades necessárias para cumpri-lo.

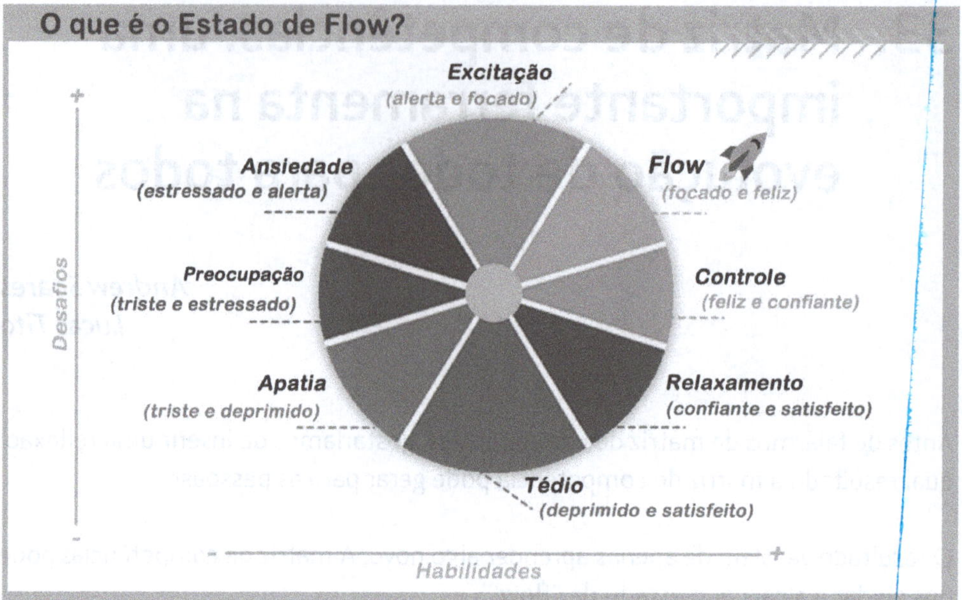

Figura 33.1. Estado de *flow*.
Fonte: adaptado de Caffeine Academy (2020).

Esses estados devem ser avaliados pelo próprio indivíduo, mesmo que existam maneiras de terceiros e ferramentas para ajudá-lo nesse processo. Essa autoanálise é constante, visto que podemos, e isso é comum, alternar entre as zonas.

Em um contexto de inclusão, pessoas não entrarão em estados de excitação, ansiedade, preocupação, apatia, tédio, relaxamento, controle e tampouco "flow" levando em conta somente suas habilidades; elas precisarão considerar um contexto mais amplo de suas competências.

Segundo Scott Parry (1996), competências são um agrupamento de conhecimento, habilidades e atitudes correlacionados que afeta parte considerável da atividade de alguém e que possui relação íntima com o desempenho. Esses aspectos podem ser aprimorados e treinados.

O conhecimento é o saber. A habilidade é o saber fazer. A atitude é o querer fazer.

A matriz de competências é um instrumento de gestão que explicita para o time os conhecimentos, as habilidades e as atitudes que são necessários para fazer parte desse time e para que coletivamente os membros possam inspecionar a si mesmos e adaptar-se para conseguir alcançar o seu propósito.

Do ponto de vista da inclusão, mapear as competências não é o suficiente, visto que devemos contribuir para que todas as barreiras encontradas sejam superadas, de forma que o pertencimento dos membros seja alcançado de maneira plena. Assim, sugerimos que a matriz também seja usada como norteadora das dificuldades que podemos ter para a evolução das competências e não somente conhecimentos, habilidades e atitudes.

A seguir descreveremos as classificações de competências, sua escala e suas etapas para o preenchimento da matriz segundo apresentado por Jurgen Apello, criador do Management 3.0 (s.d.). Veremos também como podemos adaptar a matriz original, tornando-a uma matriz acessível.

As competências podem ser categorizadas como:

✓ Ferramentas e/ou tecnologias.
✓ Processos e práticas.
✓ Habilidades interpessoais.
✓ Tópicos e assuntos.

A escala para classificar cada competência é dada por:

✓ Especialista (eu posso ensinar).
✓ Praticante (eu consigo executar sozinho).
✓ Iniciante (o que é isso?).

A matriz é formada por linhas que contemplam as competências necessárias e suficientes para um time, enquanto cada coluna representa um membro desse mesmo time.

A dinâmica de uso da matriz possui as seguintes etapas:

1. Cada membro se autoavalia, usando a escala supramencionada, em relação a cada competência. O resultado é inserido no encontro da coluna do seu nome com a linha da respectiva competência.
2. O time analisa o resultado após todas as células estarem preenchidas e debate para efetuar ajustes se necessários, de maneira a refletir melhor a sua realidade.
3. Cada ponto preocupante deve ser debatido para identificar as causas-raiz desse desalinhamento entre necessidade e realidade. Essa causa pode ser gerada por questões de inclusão que devem ser levadas em conta para a próxima etapa. Por exemplo: um membro tem alta especialidade sobre um conhecimento, mas

não consegue dominar e desenvolver suas habilidades porque a ferramenta utilizada tem problemas de acessibilidade; um outro membro também possui o conhecimento, mas pode não ter voz dentro da organização por conta de condições de gênero ou sexualidade ou até mesmo por sua cor de pele.

4. O time identifica os itens mais urgentes e os prioriza, considerando também as barreiras encontradas no passo anterior (item 3). Em seguida, constrói coletivamente um plano de ação e evolução dos envolvidos. É esperado que os membros se ajudem na transmissão de conhecimento, na utilização de ferramentas ou na busca por novas soluções, além de se comprometerem com a execução do plano gerado a partir da matriz. Logo, esperamos também que a matriz e os planos de ação sejam inspecionados e adaptados periodicamente em um processo de melhoria contínua.

Recomendamos que a matriz por si só esteja visível para todo o time, seja acessível e considere as adaptações necessárias, como:

- ✓ Não ter somente indicadores visuais com cores (dificultando para pessoas com deficiência visual).
- ✓ Minimizar a mescla de linhas ou colunas para não impactar na navegabilidade (caso em que a matriz é *on-line* e não um "quadro" físico).
- ✓ Ter palavras simples que todos consigam entender.

Como conclusão, a matriz é uma ferramenta que tem como objetivo estimular a troca e a colaboração entre as pessoas, o que por sua vez acaba sendo mais valioso do que a própria ferramenta em si.

34. Mulheres no empreendedorismo

Simone Alves
Carlos Marcelo Faustino da Silva

Historicamente, a sociedade carregou por muito tempo uma cultura predominantemente desigual no que se refere aos papéis de gênero, tendo associado a figura masculina como a provedora de recursos para o lar, enquanto a figura feminina era reclusa ao ambiente familiar e às suas peculiaridades. Como consequência desse viés secular, a desigualdade de gênero acabou gerando implicações em diversas esferas sociais, entre elas o empreendedorismo.

Muitas pessoas acreditam que, pelo menos no mundo do empreendedorismo, associado aos ecossistemas de inovação, não haja distinção entre as oportunidades oferecidas para homens e mulheres, bem como seu alcance, mas não é o que apontam as estatísticas a esse respeito da área. O empreendedorismo ainda carrega o estigma de ser uma área predominantemente masculina e, ainda também mais notadamente, em setores em que tradicionalmente não se espera que sejam espaços de atuação profissional das mulheres, como as ciências exatas, o empreendedorismo tecnológico e afins.

A sub-representação feminina no empreendedorismo é um fenômeno global, ainda que tenha contornos diferenciados em cada país. A ausência de dados históricos confiáveis e comparáveis entre países é um dos obstáculos para se compreender melhor o desafio da inclusão das mulheres nos ecossistemas de inovação mundiais, pois as estatísticas de trabalho autônomo são comumente usadas para estimar a atividade empreendedora. A Figura 34.1 ilustra, a partir das estatísticas da Organização para a Cooperação e Desenvolvimento Econômico (OCDE), diferenças de gênero consideráveis entre os autônomos de diversos países e da Europa (reunindo os dados de 27 países europeus), incluindo o Brasil, entre 2000 e 2012 e aponta que a representação feminina nesse período não chegava nem a 30% dos empregadores com pelo menos um funcionário.

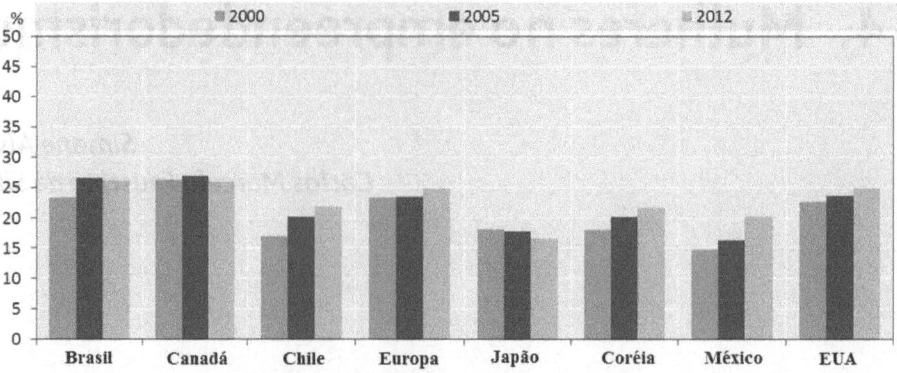

Figura 34.1. Percentual de mulheres empregadoras (autônomas com empregados), 2000-2012. Fonte: adaptado de Adema et al (2014, p. 14).

A pesquisa "Mapeamento de comunidades", realizada anualmente pela Associação Brasileira de Startups (ABSTARTUPS, 2020), levantou em 2020 pela primeira vez o grau de diversidade nas *startups* brasileiras, apontando que em média 26,6% dessas *startups* não possuem mulheres na equipe. Dados do *Global Entrepreneurship Monitor* (GEM) de 2019 apontam que havia na época sete mulheres para cada dez homens empreendedores e que em apenas seis países dentre os 48 pesquisados em 2018, observava-se igualdade de gênero no índice de atividade empreendedora, ainda que a participação das mulheres empreendedoras tenha apresentado crescimento de 10% em relação aos dados da pesquisa de 2014 (ELAM et al, 2019).

O relatório "Empreendedorismo Feminino no Brasil", elaborado pelo SEBRAE e publicado em março de 2019 com base em dados de 2018, aponta uma significativa divergência nos cargos de liderança empreendedora entre gêneros no país, destacando a diferença entre a taxa de conversão nas categorias "empreendedoras" em "donas de negócios", 40% mais baixa quando comparada à equivalente dos homens empreendedores, sugerindo haver uma maior desistência das empreendedoras. O mesmo pode ser observado em relação à remuneração, independentemente da escolaridade: as empreendedoras "donas de negócio" apresentam maior escolaridade (16% maior), mas ganham menos do que os homens (22% a menos), uma situação que vem se repetindo nos resultados dessa pesquisa desde 2015 (SEBRAE, 2019).

Essa mesma vertente da dificuldade de inclusão das mulheres e, mais fortemente, das mulheres negras em cargos de liderança no universo do empreendedorismo é apontada por Levy (2019), reforçando o viés de desigualdade na ascensão da carreira observada no ambiente corporativo de uma forma geral. Os resultados da pesquisa "Liderança feminina: sem atalhos 2019", realizada pela Bain & Company em parceria com o LinkedIn, apontam que, apesar de 57% dos alunos universitários no Brasil serem mulheres, proporção equivalente à observada também entre a população brasileira ocupada com nível superior, meros 3% dos presidentes e 5% dos presidentes de conselhos administrativos das 250 maiores empresas brasileiras são do sexo feminino (BATISTA; MATOS, 2019, p. 4), situação que repete o panorama observado na mesma pesquisa de 2013.

Esses dados são ainda mais expressivos no empreendedorismo de base tecnológica, caso da maioria das *startups*. Dados da Associação Brasileira de Startups (ABStartups), que mapeou mais de 12 mil empreendimentos no país, indicam que 84,3% dos empreendedores são do sexo masculino, contra 15,7% do sexo feminino, havendo apenas uma única mulher (Cristina Junqueira, cofundadora da *fintech* Nubank) entre os fundadores dos nove unicórnios[13] brasileiros (FONSECA, 2019).

Apesar disso, é perceptível que as mulheres vêm conquistando espaço no empreendedorismo. Segundo relatório da consultoria Crunchbase em 2019, 20% das *startups* globais que levantaram sua primeira rodada de investimento tinham pelo menos uma mulher entre seus cofundadores, representando o dobro dos 10% observados em 2009 (CRUNCHBASE, 2019).

Entretanto, mesmo com essa evolução que mostra que há um potencial feminino a ser explorado, ainda estamos longe de afirmar que existe uma equidade entre os gêneros, visto que, conforme aponta o mesmo estudo, por exemplo, apenas 3% de empresas fundadas somente por mulheres recebem capital de risco, percentual que aumenta um pouco entre aquelas que apresentam cofundação mulheres/homens, com 9% de arrecadação (CRUNCHBASE, 2019).

Dessa forma, é extremamente importante que esse fenômeno seja debatido e que sejam estudadas formas de dirimir as consequências que a desigualdade de gênero tem ocasionado na área, visto que o empreendedorismo feminino é um instrumento não apenas com um potente impacto positivo econômico, mas também de transformação social, influenciando outras questões ligadas ao espectro do papel da mulher na sociedade, sobretudo em países em desenvolvimento (ADEMA et al, 2014; ALEXANDRE-LECLAIR, 2014).

Para isso é necessário que se compreenda a mulher como potencial atuante desse ambiente e que, com a carga cultural predominantemente masculina nesse ecossis-

---

13 *Startups* com avaliação de mercado no valor de um bilhão de dólares ou mais.

tema, é urgente criar meios para que as mulheres consigam se integrar de maneira confiante, não encontrando desestímulo ao lidar com um espaço que não tem sido associado à sua imagem.

Um maior equilíbrio entre gêneros nesses ambientes pode, sobretudo, trazer benefícios ao próprio meio empresarial. É o que aponta o estudo de Nadkarni et al (s.d.), que identificou que empresas onde a alta gestão apresenta equilíbrio de gênero acabam por apresentar melhor desempenho do que aquelas dominadas exclusivamente por equipes do gênero masculino. Assim, uma vez que o melhor desempenho empresarial influencia o desenvolvimento econômico regional e que, por sua vez, todos os fatores estão ligados a ele no aspecto social, tem-se que o estímulo à participação das mulheres em empresas e em cargos de alta gerência traz benefícios não apenas para elas, mas para a sociedade como um todo.

Infelizmente, também no empreendedorismo ainda se observa a falta de diversidade e há um longo caminho a ser percorrido para inclusão de minorias de raça, gênero e pessoas de baixa renda (WISHART, 2018; BAHN; BENJAMIN; MCGREW, 2016). Uma agenda positiva de políticas públicas e privadas de incentivo, que ajudem a promover a inclusão desses segmentos tradicionalmente excluídos também no empreendedorismo, é essencial para buscarmos empreendimentos mais sustentáveis e diversos sem distinção de raça, gênero ou classe socioeconômica.

Promovendo o empreendedorismo: o caso do Programa Teresa de Benguela-IFMT

A Ativa Incubadora de Empresas é vinculada à Pró-reitoria de Extensão do Instituto Federal de Educação, Ciência e Tecnologia de Mato Grosso (IFMT) e possui sua Gerência Executiva na reitoria localizada na capital, Cuiabá, e vários núcleos distribuídos por todo o estado.

Pensando em uma ação empreendedora que abraçasse uma causa social relevante no estado, foi instituído no IFMT o Programa Teresa de Benguela. O nome do programa já traz o seu foco: as mulheres.

Sendo um nome popular na história do estado, foi escolhido com muita precisão. Nascida no século XVIII, descrita como uma mulher forte e altiva, Teresa seria oriunda da região de Benguela, Angola. Vendida como escrava, foi trazida para a região das minas de Vila Bela da Santíssima Trindade, mas, não tendo aceitado a escravidão, fugiu da opressão e fundou junto com seu marido o Quilombo do Quariterê, também chamado de Quilombo do Piolho ou Quilombo Grande.

Após a morte do esposo, Teresa assumiu a liderança do Quilombo, que governou por meio de um parlamento. Segundo a documentação, havia um conselho, um senado instituído por ela que se reunia semanalmente para deliberar sobre a governança do quilombo. Ainda de acordo com a documentação, o quilombo do Quariterê foi o maior que já existiu na região da fronteira oeste do Brasil (INSTITUTO FEDERAL DO MATO GROSSO, 2017).

Sendo fomentado por meio de editais, o Programa Teresa de Benguela do IFMT traz a proposta de desenvolver projetos voltados para as mulheres em vulnerabilidade social de diversas espécies: vítimas de violência, em situação de baixa renda e até mesmo mulheres de assentamentos rurais. Em suma, os projetos devem visar dirimir essas situações de vulnerabilidade social por meio da geração de renda, ou seja, devem trazer uma atuação de gerar empoderamento, conhecimentos e competências técnicas e o empreendedorismo para cada mulher atendida, fazendo com que elas sejam capazes de ser donas de seus próprios empreendimentos e exercer com mais estima e dignidade suas vivências enquanto cidadãs.

São objetivos gerais do programa:

- ✓ Promover a autonomia econômica e financeira das mulheres do Estado de Mato Grosso, considerando as dimensões étnico-raciais, geracionais, regionais e de deficiência.
- ✓ Promover a igualdade de gênero, considerando a dimensão étnico-racial nas relações de trabalho.
- ✓ Desenvolver atividades para promoção do empoderamento feminino e combate à violência contra a mulher dentro e fora do IFMT.

São objetivos específicos do programa:

- ✓ Promover a organização produtiva de mulheres que vivem em contexto de vulnerabilidade social, em meio urbano e rural.
- ✓ Promover a autonomia econômica e financeira das mulheres por meio da assistência técnica e do apoio ao empreendedorismo, associativismo, cooperativismo, economia solidária e comércio.
- ✓ Preparar discentes do IFMT para atuação inclusiva e não sexista no mundo do trabalho.

- ✓ Implantar medidas para o empoderamento de mulheres e meninas de forma a viabilizar o acesso e a permanência, bem como ampliar a participação destas nos ambientes e atividades do IFMT.
- ✓ Promover a sensibilização da força de trabalho do IFMT (servidores, bolsistas, estagiários e terceirizados) sobre temáticas relacionadas a gênero.
- ✓ Preparar a força de trabalho do IFMT (servidores, bolsistas, estagiários e terceirizados) para o trabalho de orientação à comunidade escolar quanto aos direitos das mulheres em situação de violência doméstica e familiar, sobretudo a Lei Maria da Penha, bem como ao encaminhamento à rede de proteção às mulheres no Mato Grosso.
- ✓ Promover relações de trabalho não discriminatórias em razão de sexo, raça, etnia, orientação sexual, geração ou deficiência.

Referências

A DESCONSTRUÇÃO vai além do que foi construído. **Carta Capital**, 01 ago. 2017. Disponível em: <https://www.cartacapital.com.br/blogs/brasil-debate/a-desconstrucao-para-alem-do-que-vem-sendo-desconstruido/>. Acesso em: 09 nov. 2021.

ABSTARTUPS. **Mapeamento de Comunidades.** Edição 2020. Disponível em: <https://abstartups.com.br/mapeamento-de-comunidades/>. Acesso em: 10 nov. 2021.

ACAYABA, Cíntia; ARCOVERDE, Léo. Assassinatos de negros aumentam 11,5% em dez anos e de não negros caem 12,9% no mesmo período, diz Atlas da Violência. **G1**, 27 ago. 2020. Disponível em: <https://g1.globo.com/sp/sao-paulo/noticia/2020/08/27/assassinatos-de-negros-aumentam-115percent-em-dez-anos-e-de-nao-negros-caem-129percent-no-mesmo-periodo-diz-atlas-da-violencia.ghtml>. Acesso em: 09 nov. 2021.

ACCENTURE. **Enabling change for persons with disabilities.** Disponível em: <https://www.accenture.com/us-en/about/inclusion-diversity/persons-with-disabilities>. Acesso em: 02 nov. 2021.

ACCENTURE. **Equality = Innovation – Getting to Equal 2019:** Creating a culture that drives innovation. Disponível em: <https://www.accenture.com/_acnmedia/thought-leadership-assets/pdf/accenture-equality-equals-innovation-gender-equality-research-report-iwd-2019.pdf>. Acesso em: 11 nov. 2021.

ADEMA, Willem et al. **Enhancing Women's Economic Empowerment through Entrepreneurship and Business Leadership in OECD Countries:** background report to China Development Research Foundation project on enhancing women's economic empowerment through entrepreneurship and leadership in the midst of China's new urbanization. OECD, 2014. Disponível em: <http://www.oecd.org/gender/Enhancing%20Women%20Economic%20Empowerment_Fin_1_Oct_2014.pdf>. Acesso em: 10 nov. 2021.

ALEX FYI STAFF. Power to the Perennials, the Unsung Non-Generation. **Medium**, Oct. 26, 2017. Disponível em: <https://medium.com/alex-fyi/power-to-the-perennials-the-unsung-non-generation-f30798a6ced9>. Acesso em: 14 fev. 2022.

ALEXANDRE-LECLAIR, Laurice. Diversity as a motive for entrepreneurship?: the case of gender, culture and ethnicity. **Journal of Innovation Economics & Management**, vol. 14, n. 2, Jan. 2014, p. 157-175.

ALMEIDA, Leonor Duarte de. Suscetibilidade: novo sentido para a vulnerabilidade. **Revista Bioética**, vol. 18, n. 3, 2010, p. 537-548. Disponível em: <http://www.redalyc.org/articulo.oa?id=361533254003>. Acesso em: 10 nov. 2021.

ALVES, Alê. Angela Davis: "Quando a mulher negra se movimenta, toda a estrutura da sociedade se movimenta com ela". **El País**, 27 jul. 2017. Disponível em: <https://brasil.elpais.com/brasil/2017/07/27/politica/1501114503_610956.html>. Acesso em: 08 nov. 2021.

AMODIO, David M. The neuroscience of prejudice and stereotyping. **Nature Reviews Neuroscience**, n. 15, Sep. 04, 2014. Disponível em: <https://www.nature.com/articles/nrn3800>. Acesso em: 08 nov. 2021.

ANDERSON, David J. **Kanban:** successful evolutionary change for your technology business. Blue Hole Press, nov., 2013.

ANTUNES, Leda. 'Nenhum país no mundo alcançou a igualdade de gênero e há muito a ser feito', diz representante da ONU Mulheres no Brasil. **O Globo**, 16 mar. 2020. Disponível em: <https://oglobo.globo.com/celina/nenhum-pais-no-mundo-alcancou-igualdade-de-genero-ha-muito-ser-feito-diz-representante-da-onu-mulheres-no-brasil-24303551>. Acesso em: 08 nov. 2021.

ARGENTI, Paul A.; FORMAN, Janis. **The power of corporate communication:** crafting the voice and image of your business. New York: McGraw Hill, 2002.

ASARE, Janice Gassam. Empathy: The Key To A Diverse And Inclusive Workplace. **Forbes**, Sep. 25, 2018. Disponível em: <https://www.forbes.com/sites/janicegassam/2018/09/25/empathy-the-key-to-a-diverse-and-inclusive-workplace/#1b9a3e2c7097>. Acesso em: 10 nov. 2021.

ASSOCIAÇÃO BRASILEIRA DE NORMAS TÉCNICAS. NBR 9050: Acessibilidade a edificações, mobiliário, espaços e equipamentos urbanos. Rio de Janeiro: ABNT, 2004.

AZIZE, Rogerio Lopes. O cérebro como órgão pessoal: uma antropologia de discursos neurocientíficos. **Trab. educ. saúde**, vol. 8, n. 3, nov. 2010. Disponível em: <https://www.scielo.br/scielo.php?script=sci_arttext&pid=S1981-77462010000300014&lng=pt&nrm=iso&tlng=pt>. Acesso em: 08 nov. 2021.

BACILA, Carlos Roberto. **Criminologia e Estigmas:** um estudo sobre os preconceitos. 4.ed. São Paulo: Atlas, 2015.

BAHN, Kate; BENJAMIN, Regina Willensky; MCGREW, Annie. A Progressive Agenda for Inclusive and Diverse Entrepreneurship. **CAP**, Oct. 13, 2016. Disponível em: <https://www.americanprogress.org/issues/economy/reports/2016/10/13/146019/a-progressive-agenda-for-inclusive-and-diverse-entrepreneurship/>. Acesso em: 24 nov. 2021.

BARBOSA, Christina; LOPES, Sonia. **Sustentabilidade:** gestão estratégica na prática. Rio de Janeiro: Brasport, 2018.

BATISTA, Luciana Staciarini; MATTOS, Luiza. **Sem atalhos – transformando o discurso em ações efetivas para promover a liderança feminina:** cinco ações para fomentar diversidade e inclusão na sua empresa. Bain & Company; LinkedIn, 2019. Disponível em: <https://www.bain.com/contentassets/e4fcb1f4478f49658dacdbcfe326b07e/bain_linkedin_liderancafeminina_sematalhos.pdf>. Acesso em: 10 nov. 2021.

BATISTA, Vera. Brasil está em 7º lugar em índice de inclusão e diversidade no trabalho. **Blog do Servidor**, Correio Braziliense, 01 out. 2019. Disponível em: <https://blogs.correiobraziliense.com.br/servidor/brasil-esta-em-7o-lugar-em-indice-de-inclusao-e-diversidade-no-trabalho/>. Acesso em: 09 nov. 2021.

BEARD, Mary. **Mulheres e poder:** um manifesto. São Paulo: Planeta, 2018.

BENDLE, Neil et al. **Marketing Metrics:** the manager's guide to measuring marketing performance. 4.ed. Boston, MA: Pearson FT Press, 2020.

BEN-SHAHAR, Tal. **Happier:** learn the secrets to daily joy and lasting fulfillment. New York: McGraw-Hill, 2007.

BERNE, Eric. **Games People Play:** the psychology of human relationships. London: Penguin Random House UK, 2016.

BETTI, Sandra. Formando equipes de alta performance. **Endeavor,** 13 out. 2011. Atualizado em 22 nov. 2016. Disponível em: <https://endeavor.org.br/pessoas/equipes-de-alta-performance-como-chegar-la/>. Acesso em: 10 nov. 2021.

BLACKALL, Leigh. Imagem postada no Flickr. Disponível em: <https://www.flickr.com/photos/leighblackall/30727349115>. Acesso em: 14 fev. 2022.

BORIN, Fernanda; FIENO, Priscila; SAMPAIO, Bernardo. Diversidade: inclusão ou estratégia? **Harvard Business Review Brasil**, out. 2015.

BRACCIALLI, Lígia Maria Presumido et al. Qualidade de vida de cuidadores de pessoas com necessidades especiais. **Revista Brasileira de Educação Especial**, vol.18, n. 1, Marília, jan./mar. 2012.

BRANDÃO, Hugo Pena. **Mapeamento de Competências:** métodos, técnicas e aplicações em gestão de pessoas. São Paulo: Atlas, 2012.

BRASIL. **Censo Demográfico de 2020 e o mapeamento das pessoas com deficiência no Brasil.** Brasília: Ministério da Saúde, Departamento de Ações Programáticas e Estratégicas, Coordenação Geral de Saúde da Pessoa com Deficiência, 08 maio 2019. Disponível em: <https://www2.camara.leg.br/atividade-legislativa/comissoes/comissoes-permanentes/cpd/arquivos/cinthia-ministerio-da-saude>. Acesso em: 08 nov. 2021.

BRASIL. **Constituição da República Federativa do Brasil de 1988.** Disponível em: <http://www.planalto.gov.br/ccivil_03/constituicao/constituicao.htm>. Acesso em: 08 nov. 2021.

BRASIL. **Decreto nº 3.298, de 20 de dezembro de 1999.** Regulamenta a Lei nº 7.853, de 24 de outubro de 1989, dispõe sobre a Política Nacional para a Integração da Pessoa Portadora de Deficiência, consolida as normas de proteção, e dá outras providências. Disponível em: <http://www.planalto.gov.br/ccivil_03/decreto/d3298.htm>. Acesso em: 08 nov. 2021.

BRASIL. **Decreto nº 5.626, de 22 de dezembro de 2005.** Regulamenta a Lei nº 10.436, de 24 de abril de 2002, que dispõe sobre a Língua Brasileira de Sinais – LIBRAS, e o art. 18 da Lei nº 10.098, de 19 de dezembro de 2000. Disponível em: <http://www.planalto.gov.br/ccivil_03/_ato2004-2006/2005/decreto/d5626.htm>. Acesso em: 09 nov. 2021.

BRASIL. **Decreto nº 914, de 06 de setembro de 1993**. Institui a política nacional para integração da pessoa portadora de deficiência, e dá outras providências. Revogado pelo Decreto nº 3.298, de 1999. Disponível em: <https://www.planalto.gov.br/ccivil_03/decreto/d0914.htm>. Acesso em: 08 nov. 2021.

BRASIL. **Lei nº 10.098, de 19 de dezembro de 2000.** Estabelece normas gerais e critérios básicos para a promoção da acessibilidade das pessoas portadoras de deficiência ou com mobilidade reduzida, e dá outras providências. Disponível em: <http://www.planalto.gov.br/ccivil_03/LEIS/L10098.htm>. Acesso em: 09 nov. 2021.

BRASIL. **Lei nº 13.146 de 06 de julho de 2015.** Institui a Lei Brasileira de Inclusão da Pessoa com Deficiência (Estatuto da Pessoa com Deficiência). Disponível em: <http://www.planalto.gov.br/CCIVIL_03/_Ato2015-2018/2015/Lei/L13146.htm>. Acesso em: 09 nov. 2021.

BRASIL. **Lei nº 13.185, de 06 de novembro de 2015.** Institui o Programa de Combate à Intimidação Sistemática (Bullying). Disponível em: <http://www.planalto.gov.br/ccivil_03/_ato2015-2018/2015/lei/l13185.htm>. Acesso em: 09 nov. 2021.

BRASIL. **Lei nº 7.853, de 24 de outubro de 1989.** Dispõe sobre o apoio às pessoas portadoras de deficiência, sua integração social, sobre a Coordenadoria Nacional para Integração da Pessoa Portadora de Deficiência – Corde, institui a tutela jurisdicional de interesses coletivos ou difusos dessas pessoas, disciplina a atuação do Ministério Público, define crimes, e dá outras providências. Disponível em: <http://www.planalto.gov.br/ccivil_03/leis/l7853.htm>. Acesso em: 09 nov. 2021.

BRASIL. **Lei nº 8.213, de 24 de julho de 1991.** Dispõe sobre os Planos de Benefícios da Previdência Social e dá outras providências. Disponível em: <http://www.planalto.gov.br/ccivil_03/leis/l8213compilado.htm>. Acesso em: 09 nov. 2021.

BRASIL. **Objetivos de Desenvolvimento Sustentável.** Indicadores brasileiros para os objetivos de desenvolvimento sustentável. Disponível em: <https://odsbrasil.gov.br/>. Acesso em: 14 fev. 2022.

BRASIL. **Política Nacional de Educação Especial na Perspectiva da Educação Inclusiva**. Brasília: Ministério da Educação, jan. 2008. Disponível em: <http://portal.mec.gov.br/arquivos/pdf/politicaeducespecial.pdf>. Acesso em: 09 nov. 2021.

BRILLO, João; BOONSTRA, Jaap. **Liderança e cultura organizacional para inovação.** São Paulo: Saraiva Educação, 2019.

BROWN, Brené. **A coragem de ser imperfeito.** Rio de Janeiro: Sextante, 2016.

CAFFEINE ACADEMY. **O que é o estado de flow e por que você deve alcançá-lo.** 29 set. 2020. Disponível em: <https://blog.caffeinearmy.com.br/coaching/o-que-e-o-estado-de-flow-e-por-que-voce-deve-alcancalo/>. Acesso em: 10 nov. 2021.

CALEGARI, Luiza. As 50 cidades com a melhor mobilidade do país. **Exame**, 02 jul. 2017. Disponível em: <https://exame.com/brasil/as-50-cidades-com-a-melhor-mobilidade-do-pais/>. Acesso em: 09 nov. 2021.

CALHAU, Lélio Braga. **Bullying:** o que você precisa saber – identificação, prevenção e repressão. Rio de Janeiro: Impetus, 2009.

CAMPOS, Lília. **Recicle-se.** 05 jun. 2012. Disponível em: <http://liliacamposmartins.blogspot.com/2012/06/recicle-se.html>. Acesso em: 09 nov. 2021.

CAPPELLI, Peter; TAVIS, Anna. O RH torna-se ágil. **Harvard Business Review,** 2018.

CARNEIRO, Sueli. Enegrecer o feminismo: a situação da mulher negra na América Latina a partir de uma perspectiva de gênero. **Portal Geledés,** 06 mar. 2011. Disponível em: <https://www.geledes.org.br/enegrecer-o-feminismo-situacao-da-mulher-negra-na-america-latina-partir-de-uma-perspectiva-de-genero/>. Acesso em: 08 nov. 2021.

CARVALHO-FREITAS, Maria Nivalda et al. Diversidade em contextos de trabalho: pluralismo teórico e questões conceituais. **E&G Economia e Gestão**, vol. 17, n. 48, Belo Horizone, set./dez. 2017.

CAVENDISH, Camilla. **Extra Time:** 10 lessons for living longer better. London: Harper Collins, 2019.

CENTRO NACIONAL DE EDUCAÇÃO ESPECIAL. **Atividades e recursos pedagógicos para deficientes da audição.** Rio de Janeiro: MEC/FENAME, 1983.

CERQUEIRA, Daniel et al. **Atlas da violência 2017.** Rio de Janeiro: IPEA; Fórum Brasileiro de Segurança Pública, jun. 2017.

CHIAVENATO, Idalberto. **Gestão de Pessoas.** Rio de Janeiro: Elsevier, 2008.

CHIAVENATO, Idalberto. **Gestão de Pessoas:** novo papel dos recursos humanos nas organizações. Rio de Janeiro: Campus, 2000.

CHIAVENATO, Idalberto. **Recursos Humanos:** O capital humano nas organizações. São Paulo: Elsevier, 2009.

CLARK, Timothy R. **The 4 Stages of Psychological Safety:** defining the path to inclusion and innovation. S.l.: Berrett-Koehler Publishers, 2020.

CONHECIMENTOS DA HUMANIDADE. Persona: as máscaras que (todos) usamos). **YouTube**, 26 ago. 2019. Disponível em: <https://www.youtube.com/watch?v=8s0GZp7-684>. Acesso em: 08 nov. 2021.

CONHECIMENTOS DA HUMANIDADE. Sombra: Como Enfrentar Nossa Maior e Mais Íntima Inimiga. **YouTube**, 19 ago. 2019. Disponível em: <https://www.youtube.com/watch?v=Wxj1VClqTaQ>. Acesso em: 08 nov. 2021.

CONSELHO EMPRESARIAL BRASILEIRO PARA O DESENVOLVIMENTO SUSTENTÁVEL. 11/10 é o Dia Nacional do Deficiente Físico. **Sustentável blog**, 10 out. 2019. Disponível em: <https://cebds.org/dia-nacional-deficiente-fisico/>. Acesso em: 14 fev. 2022.

CORTELLA, Mário Sérgio; KARNAL, Leandro; PONDÉ, Luiz Felipe. **Felicidade:** modos de usar. São Paulo: Planeta, 2019.

COZZO, Ines. Sistema Rápido e devagar, Astrologia Junguiana e Vieses Inconscientes. Heim???? **LinkedIn**, 25 maio 2018. Disponível em: <https://www.linkedin.com/pulse/sistema-r%C3%A1pido-e-devagar-astrologia-junguiana-vieses-heim-ines-cozzo/?originalSubdomain=pt>. Acesso em: 08 nov. 2021.

CRUNCHBASE. **A Decade in Review:** Funding to the Female Founders. 2019. Disponível em: <https://about.crunchbase.com/female-founder-report-2020/>. Acesso em: 10 nov. 2021.

CRUZ, Breno de Paula Andrade. Social Boycott. **Revista Brasileira de Gestão de Negócios**, vol. 19, n. 63, 2017.

CSIKSZENTMIHALYI, Mihaly. **Flow:** the psychology of optimal experience. New York: Harper & Row, 1990.

CUNHA, Antônio Geraldo. **Dicionário Etimológico Nova Fronteira da língua portuguesa.** Rio de Janeiro: Nova Fronteira, 1997.

DALE CARNEGIE. **7 habilidades que uma equipe de alta performance deve ter.** 26 mar. 2018. Disponível em: <https://portaldalecarnegie.com/7-habilidades-que-uma-equipe-de-alta-performance-deve-ter/>. Acesso em: 10 nov. 2021.

DARWIN, Charles. **A expressão das emoções no homem e nos animais.** Companhia das Letras, 2009.

DAVIS, Angela. **Mulher, raça e classe.** Tradução Livre. Plataforma Gueto, 2013. Disponível em: <https://we.riseup.net/assets/165852/mulheres-rac3a7a-e-classe.pdf>. Acesso em: 08 nov. 2021.

DAVIS, Flora. **A comunicação não-verbal.** São Paulo: Summus, 1979.

DDI. **Global Leadership Forecast 2018.** DDI; The Conference Board; Ernst & Young, 2018.

DEFELIPE, Javier. The evolution of the brain, the human nature of cortical circuits, and intellectual creativity. **Front Neuroanat.**, 2011 May 16; 5.29. Disponível em: <https://pubmed.ncbi.nlm.nih.gov/21647212/>. Acesso em: 08 nov. 2021.

DELFMANN, Werner; ALBERS, Sascha; GEHRING, Martin. The impact of electronic commerce on logistics service providers. **International Journal of Physical Distribution & Logistics Management**, vol. 32, n. 3, 2002.

DELOITTE UNIVERSITY PRESS. **Rewriting the rules for the digital age:** 2017 Deloitte Global Human Capital Trends. Deloitte, 2017.

DIGITAL AI. **15th Annual State of Agile Report.** 2021. Disponível em: <https://digital.ai/resource-center/analyst-reports/state-of-agile-report>. Acesso em: 14 fev. 2022.

DOS ANJOS, Simony. Tereza de Benguela: por nós, por todas nós, pelo bem viver! **Justificando**, 24 jul. 2019. Disponível em: <https://www.justificando.com/2019/07/24/tereza-de-benguela-por-nos-por-todas-nos-pelo-bem-viver/>. Acesso em: 10 nov. 2021.

DUBY, George. **Eva e os padres.** São Paulo: Companhia das Letras, 2001.

EDDO-LODGE, Reni. **Por que eu não converso mais com pessoas brancas sobre raça.** Belo Horizonte: Letramento, 2019.

EDMONDSON, Amy C. **The Fearless Organization:** creating psychological safety in the workplace for learning, innovation and growth. Hoboken, NJ: John Wiley & Sons, 2018.

EDMONDSON, Amy. Psychological Safety and Learning Behavior in Work Teams. **Adm. Sci. Q.**, vol. 44, n. 2, 1999, p. 350-383. Disponível em: <https://doi.org/10.2307/2666999>. Acesso em: 09 nov. 2021.

EFE. "Black Money", o movimento que enfrenta o racismo empresarial no Brasil. **Exame**, 25 maio 2019. Disponível em: <https://exame.com/pme/black-money-o-movimento-que-enfrenta-o-racismo-empresarial-no-brasil/>. Acesso em: 14 fev. 2022.

EISLER, Riane. **O cálice e a espada:** nosso passado, nosso futuro. São Paulo: Palas Athena, 2007.

ELAM, Amanda B. et al. **Global Entrepreneurship Monitor:** 2018/2019 GEM Women's Entrepreneurship Report. London: Global Entrepreneurship Research Association, London Business School, 2019. Disponível em: <https://www.gemconsortium.org/report/gem-20182019-womens-entrepreneurship-report>. Acesso em: 21 nov. 2021.

ESPREGA, Vitor. **O poder da empatia:** mudando pequenos detalhes dentro para gerar grande impacto fora. 2.ed. Barueri: Pandora, 2017.

EUROPEAN COMMISSION. **Access City Award 2020.** 29 nov. 2019. Disponível em: <https://ec.europa.eu/social/main.jsp?langId=en&catId=1141&eventsId=1442&furtherEvents=yes>. Acesso em: 09 nov. 2021.

FADERS. **Atitudes que fazem a diferença com pessoas com deficiência:** garantir os direitos humanos é o caminho para a inclusão. Porto Alegre, 2018. Disponível em: <https://www.faders.rs.gov.br/upload/arquivos/202012/18173854-cart-atitudes-com-descria-a-o-2018.pdf>. Acesso em: 14 fev. 2022.

FANTE, Cléo. **Fenômeno Bullying:** como prevenir a violência nas escolas e educar para a paz. Rio de Janeiro. Verus, 2005.

FEDERICI, Silvia. **Calibã e a bruxa:** mulheres, corpo e acumulação primitiva. São Paulo: Elefante, 2019.

FERREIRA, Marcella Helena. Com que persona eu vou? **Jung na prática**, 13 jun. 2016. Disponível em: <https://www.jungnapratica.com.br/com-que-persona-eu-vou/>. Acesso em: 08 nov. 2021.

FONSECA, Mariana. Mulheres estão liderando startups – mas estes desafios continuam. **Pequenas Empresas & Grandes Negócios**, 19 nov. 2019, atualizado em 12 fev. 2020. Disponível em: <https://revistapegn.globo.com/Startups/noticia/2019/11/mulheres-estao-liderando-startups-mas-estes-desafios-continuam.html>. Acesso em: 10 nov. 2021.

FONSECA, Vitor da. Importância das emoções na aprendizagem: uma abordagem neuropsicopedagógica. **Rev. psicopedag.**, vol. 33, n. 102, São Paulo, 2016, p. 365-384. Disponível em: <http://pepsic.bvsalud.org/scielo.php?script=sci_arttext&pid=S0103-84862016000300014&lng=pt&nrm=iso>. Acesso em: 10 nov. 2021.

GALLO, Gabriela. Pessoas cegas relatam as dificuldades com pandemia. **Jornal de Brasília**, 25 ago. 2020. Disponível em: <https://jornaldebrasilia.com.br/cidades/pessoas-cegas-relatam-as-dificuldades-com-pandemia/>. Acesso em: 09 nov. 2021.

GESSER, Audrei. **LIBRAS? Que língua é essa?:** crenças e preconceitos em torno da língua de sinais e da realidade surda. São Paulo: Parábola Editorial, 2009.

GIL, Antonio Carlos. **Gestão de Pessoas:** enfoque nos papéis profissionais. São Paulo: Atlas, 2001.

GOFFMAN, Erving. **Estigma:** notas sobre a manipulação da identidade deteriorada. 4.ed. Rio de Janeiro: 1988, LTC.

GOLEMAN, Daniel. **Inteligência emocional.** Rio de Janeiro: Objetiva, 2011.

GONÇALVES, Carlos Eduardo. Construção da cultura é prioridade para guiar empresa. **Harvard Business Review Brasil**, 2020.

GONÇALVES, Luciana de Oliveira. **Cuidadores primários familiares dos idosos atendidos na Clínica Escola de Fisioterapia da Universidade do Vale do Itajaí – UNIVALI.** Dissertação (Mestrado em Engenharia de produção) – Universidade Federal de Santa Catarina, Centro Tecnológico. Programa de Pós-graduação em Engenharia de Produção. Florianópolis, 2002.

GRANATO, Luísa. O professor que ensina a ser feliz sugere que você faça isto em 2019. **Exame**, 08 dez. 2018. Disponível em: <https://exame.com/carreira/isto-e-o-que-o-professor-que-ensina-a-ser-feliz-que-que-voce-faca-em-2019/>. Acesso em: 14 fev. 2022.

GRANDCHAMP, Leonardo. Negócios: Enfrentando o bullying no ambiente de trabalho. **Rede Jornal Contábil**, 23 mar. 2020. Disponível em: <https://www.jornalcontabil.com.br/negocios-enfrentando-o-bullying-no-ambiente-de-trabalho/>. Acesso em: 09 nov. 2021.

HAINES, Derek. There Are Now Well Over 6 Million Kindle Ebooks On The Amazon Store. **Just Publishing Advice**, Apr. 24, 2021. Disponível em: <https://justpublishingadvice.com/there-are-now-over-5-million-kindle-ebooks/>. Acesso em: 27 out. 2021.

HALL, Edward T. **A dimensão oculta.** (Coleção Anthropos). Lisboa: Relógio D'Água, 1986.

HELLINGER, Bert. **A Cura.** 2.ed. Belo Horizonte: Atman, 2016, p. 17 e 64.

HELLINGER, Bert. **A Simetria Oculta do Amor:** por que o amor faz os relacionamentos darem certo. São Paulo: Cultrix, 1998, p. 21.

HELLINGER, Bert. **Histórias de Sucesso:** na empresa e no trabalho. Belo Horizonte: Atman, 2013, p. 19.

HELLINGER, Bert. **Ordens do Amor**: um guia para o trabalho com constelações familiares. São Paulo: Cultrix, 2003, p. 37.

HELLINGER, Bert. **Um Lugar Para os Excluídos.** 3.ed. Belo Horizonte: Atman, 2014, p. 68.

HOOKS, Bell. Mulheres negras: moldando a teoria feminista. **Revista Brasileira de Ciência Política**, n. 16, Brasília, jan.-abr. 2015.

HUMAN. **6 formas de incentivar a desconstrução do preconceito.** 16 jan. 2017. Disponível em: <https://blog.wearehuman.com.br/6-formas-de-incentivar-a-desconstrucao-do-preconceito/>. Acesso em: 09 nov. 2021.

IBGE EDUCA. **Pessoas com Deficiência.** Disponível em: <https://educa.ibge.gov.br/jovens/conheca-o-brasil/populacao/20551-pessoas-com-deficiencia.html>. Acesso em: 09 nov. 2021.

IBGE. **Censo Demográfico.** Instituto Brasileiro de Geografia e Estatística, 2010. Disponível em: <https://www.ibge.gov.br/estatisticas/sociais/populacao/9662-censo-demografico-2010.html>. Acesso em: 02 nov. 2021.

INSTITUTO BRASILEIRO DE GEOGRAFIA E ESTATÍSTICA. **Pesquisa Nacional de Saúde 2019 – vol. 2:** atenção primária à saúde e informações antropométricas. Rio de Janeiro: IBGE, Diretoria de Pesquisas – Coordenação de Trabalho e Rendimento – COREN, 21 out. 2020. Disponível em: <https://agenciadenoticias.ibge.gov.br/media/com_mediaibge/arquivos/5811926443ab4e7d2005212af8a918e9.pdf>. Acesso em: 02 nov. 2021.

INSTITUTO BRASILEIRO DE GEOGRAFIA E ESTATÍSTICA. **PNAD Contínua – Pesquisa Nacional por Amostra de Domicílios Contínua.** IBGE, 2019. Disponível em: <https://www.ibge.gov.br/estatisticas/multidominio/condicoes-de-vida-desigualdade-e-pobreza/17270-pnad-continua.html?edicao=27258&t=resultados>. Acesso em: 27 out. 2021.

INSTITUTO BRASILEIRO DE GOVERNANÇA CORPORATIVA. **Código das melhores práticas de governança corporativa.** 5.ed. IBGC, 2015. Disponível em: <https://conhecimento.ibgc.org.br/Paginas/Publicacao.aspx?PubId=21138>. Acesso em: 22 nov. 2021.

INSTITUTO ETHOS; BANCO INTERAMERICANO DE DESENVOLVIMENTO. **Perfil social, racial e de gênero das 500 maiores empresas do Brasil e suas ações afirmativas.** Instituto Ethos; BID, 10 maio 2016.

INSTITUTO FEDERAL DO MATO GROSSO. **Edital Teresa de Benguela.** 2017. Disponível em: <http://proex.ifmt.edu.br/conteudo/pagina/edital-teresa-de-benguela/>. Acesso em: 10 nov. 2021.

IQBAL, Mansoor. Spotify Usage and Revenue Statistics (2021). **Business of Apps**, Oct. 29, 2021. Disponível em: <https://www.businessofapps.com/data/spotify-statistics/>. Acesso em: 02 nov. 2021.

JAIME, Pedro. **Executivos Negros:** racismo e diversidade no mundo empresarial. São Paulo: Edusp, 2016.

JAQUES, Elliott. **The Changing Culture of a Factory.** London: Routledge, 2001.

JUNIOR, Wilson Mello. A era da desconstrução. **Liga Blog**, 20 jul. 2018. Disponível em: <https://blogdaliga.com.br/a-era-da-desconstrucao/>. Acesso em: 09 nov. 2021.

JUNIOR; Décio de Oliveira. Eu e o Outro. Sucesso e Felicidade. Seminário anual. 2018.

KAHNEMAN, Daniel. **Rápido e Devagar:** duas formas de pensar. Rio de Janeiro: Objetiva, 2012.

KATZENBACH, Jon R.; SMITH, Douglas K. **The wisdom of teams:** creating the high-performance organization. Boston, MA: Harvard Business Review Press, 2015.

KRAEMER; Heinrich; SPRENGER, James. **O martelo das feiticeiras.** Rio de Janeiro: Rosa dos Tempos, 2020.

KRZNARIC, Roman. Six Habits of Highly Empathic People. **Greater Good Magazine**, Nov. 27, 2012. Disponível em: <https://greatergood.berkeley.edu/article/item/six_habits_of_highly_empathic_people1>. Acesso em: 10 nov. 2021.

LAU, Theodora. Diversity is a reality; inclusion is still a work-in-progress. **Irish Tech News**, Aug. 07, 2019. Disponível em: <https://irishtechnews.ie/diversity-is-a-reality-inclusion-is-a-work-in-progress>. Acesso em: 10 nov. 2021.

LEVY, Aaron. Diversity in entrepreneurship: What we can do to create a level playing field. **Forbes**, Jan. 08, 2019. Disponível em: <https://www.forbes.com/sites/forbescoachescouncil/2019/01/08/diversity-in-entrepreneurship-what-we-can-do-to-create-a-level-playing-field/?sh=3aebff172ab4>. Acesso em: 10 nov. 2021.

LIMA, Luís. Diversidade é aposta das empresas para retomada competitiva no pós-pandemia. **CNN Business**, 12 jun. 2020. Disponível em: <https://www.cnnbrasil.com.br/business/para-alem-do-pink-money-apostar-na-diversidade-melhora-qualidade-da-retomada/>. Acesso em: 14 fev. 2022.

LINKEDIN. **Assumido, com orgulho.** Jun. 2019. Disponível em: <https://business.linkedin.com/content/dam/me/business/pt-br/talent-solutions-lodestone/body/pdf/ProudAtWork_eBook_VF_LinkedIn.pdf>. Acesso em: 08 nov. 2021.

LÓPEZ, Ángeles Gómez. O cérebro queima em um dia as mesmas calorias que correr meia hora. Então, pensar muito emagrece? **El País**, 27 nov. 2018. Disponível em: <https://brasil.elpais.com/brasil/2018/11/23/ciencia/1542992049_375998.html>. Acesso em: 08 nov. 2021.

LYUBOMIRSKY, Sonja; KING, Laura; DIENER, Ed. The Benefits of Frequent Positive Affect: Does Happiness Lead to Success? **Psychological Bulletin**, vol. 131, n. 6, 2005, p. 803-855.

MAIA, Shirley Rodrigues. Apostila dos cursos Educação Especial e Educação Inclusiva: da Educação Infantil à Universidade e Deficiência Auditiva /Surdez – Libras. São Paulo, 2006.

MANAGEMENT 3.0. **Team Competency Matrix.** Disponível em: <https://management30.com/practice/competency-matrix/>. Acesso em: 10 nov. 2021.

MARQUES, José Roberto. Quais os sinais e tipos de linguagem corporal? **IBC**, 12 set. 2019. Disponível em: <https://www.ibccoaching.com.br/portal/coaching-e-psicologia/quais-os-sinais-e-tipos-de-linguagem-corporal/>. Acesso em: 09 nov. 2021.

MARRAS, Jean Pierre. **Administração de Recursos Humanos:** do operacional ao estratégico. São Paulo: Futura, 2000.

MARTINS, Elisabete. O erro como aprendizado. **Segurança Psicológica**, 23 ago. 2021. Disponível em: <https://segurancapsicologica.com/2021/08/23/o-erro-como-aprendizado/>. Acesso em: 14 fev. 2022.

MASLOW, Abraham Harold. **A theory of human motivation.** Simon and Schuster, 2013.

MASSARO, André. **O que são vieses cognitivos.** 23 jan. 2020. Disponível em: <https://www.andremassaro.com.br/vieses-cognitivos/>. Acesso em: 08 nov. 2021.

MATIJASCIC, Milko; SILVA, Tatiana Dias. **Situação social da população negra por estado.** Secretaria de Políticas de Promoção da Igualdade Racial. Brasília: IPEA, 2014.

MAXIMIANO, Antônio César Amaru. **Teoria Geral da Administração:** da revolução urbana à revolução digital. 5.ed. São Paulo: Atlas, 2005.

MCKINSEY & COMPANY. **Diversity Matters:** América Latina. 02 jul. 2020. Disponível em: <https://www.mckinsey.com/br/our-insights/diversity-matters-america-latina>. Acesso em: 11 nov. 2021.

MEADOWS, Donella H. **Thinking in Systems:** a primer. London; Sterling, VA: Earthscan, 2009.

MENVIE. **4 pilares para formar equipes de alta performance!** Disponível em: <https://menvie.com.br/equipes-de-alta-performance/>. Acesso em: 10 nov. 2021.

MINISTÉRIO DA EDUCAÇÃO. **Declaração de Salamanca:** sobre princípios, políticas e práticas na área das necessidades educativas especiais. 1994. Disponível em: <http://portal.mec.gov.br/seesp/arquivos/pdf/salamanca.pdf>. Acesso em: 09 nov. 2021.

MINISTÉRIO DA EDUCAÇÃO. **Declaração dos direitos das pessoas deficientes.** Resolução aprovada pela Assembleia Geral da ONU em 09 dez. 1975. Disponível em: <http://portal.mec.gov.br/seesp/arquivos/pdf/dec_def.pdf>. Acesso em: 22 mar. 2022.

MJ/SDC/CORDE (Ministério da Justiça, Secretaria dos Direitos da Cidadania, Coordenadoria Nacional para a Integração da Pessoa Portadora de Deficiência). Os direitos das pessoas portadoras de deficiência. Lei nº 7.853/89, decreto nº 914/93, Brasília: 1996.

MORAES, Maria Cândida. Novos desafios éticos em um mundo complexo, plural e digital. **Tecnologias, sociedade e conhecimento**, vol. 1, n. 1: NIED 30 anos. Campinas, 2013.

MOREIRA, Paula Pfeifer. Como se comunicar com uma pessoa surda? **Crônicas da surdez**, 30 dez. 2020. Disponível em: <https://cronicasdasurdez.com/comunicar-pessoa-surda/>. Acesso em: 08 nov. 2021.

NAÇÕES UNIDAS BRASIL. **ONU Mulheres pede atenção às necessidades femininas nas ações contra a COVID-19.** 24 mar. 2020. Disponível em: <https://brasil.un.org/pt-br/85334-onu-mulheres-pede-atencao-necessidades-femininas-nas-acoes-contra-covid-19>. Acesso em: 08 nov. 2021.

NAÇÕES UNIDAS BRASIL. **Sobre o nosso trabalho para alcançar os Objetivos de Desenvolvimento Sustentável no Brasil.** Disponível em: <https://nacoesunidas.org/pos2015/agenda2030/>. Acesso em: 08 nov. 2021.

NAÇÕES UNIDAS. **Pessoas com deficiência.** Disponível em: <https://news.un.org/pt/tags/pessoas-com-deficiencia>. Acesso em: 22 mar. 2022.

NADKARNI, Sucheta et al. **When does gender diversity matter the most?** Executive team gender diversity and firm performance during adverse and favourable situations. Wo+Men's Leadership Centre; University of Cambridge Judge Business School; Hong Kong Baptist University. Disponível em: <https://30percentclub.org/assets/uploads/UK/Third_Party_Reports/2019-gender-diversity-in-adversity.pdf>. Acesso em: 10 nov. 2021.

NASCIMENTO, Abdias. **O genocídio do negro brasileiro**: processo de um racismo mascarado. 3.ed. São Paulo: Perspectiva, 2016.

NEVES, Dulce Amélia. Ciência da informação e cognição humana: uma abordagem do processamento da informação. **Ci. Inf.**, vol. 35, n. 1, abr. 2006. Disponível em: <https://

www.scielo.br/scielo.php?script=sci_arttext&pid=S0100-19652006000100005>. Acesso em: 24 nov. 2021.

NOGUEIRA, Renato. **Mulheres e Deusas:** como as divindades e os mitos femininos formaram a mulher atual. Rio de Janeiro: Harper Collins, 2018.

NÓR, Bárbara. Como abraçar a vulnerabilidade no trabalho, segundo Brené Brown. **VC S/A**, 10 mar. 2020. Disponível em: <https://vocesa.abril.com.br/carreira/como-abracar-a-vulnerabilidade-no-trabalho-segundo-brene-brown/>. Acesso em: 10 nov. 2021.

OLIVEIRA; José Marcelo de; MOTT, Luiz. **Mortes violentas de LGBT+ no Brasil – 2019:** relatório do Grupo Gay da Bahia. Grupo Gay da Bahia, 2020. Disponível em: <https://grupogaydabahia.files.wordpress.com/2020/04/relatc3b3rio-ggb-mortes-violentas-de-lgbt-2019-1.doc>. Acesso em: 02 nov. 2021.

ONU MULHERES. **Precisamos falar com os homens?** Uma jornada pela igualdade de gênero. Report de pesquisa qualitativa. Nov. 2016. Disponível em: <https://issuu.com/onumulheresbrasil/docs/relat__rio_onu_eles_por_elas_pesqui>. Acesso em: 08 nov. 2021.

ONU. **Declaração dos direitos das pessoas deficientes.** Resolução aprovada pela Assembleia Geral da Organização das Nações Unidas em 09/12/75. 1975. Disponível em: <http://portal.mec.gov.br/seesp/arquivos/pdf/dec_def.pdf>. Acesso em: 09 nov. 2021.

ORWELL, George. **A Revolução dos Bichos.** São Paulo: Círculo do Livro, 1945.

PAQUELET, Breno. Há três tipos de empatia. Você tem algum deles? **VC S/A**, 23 jan. 2020. Disponível em: <https://vocesa.abril.com.br/blog/breno-paquelet/ha-tres-tipos-de-empatia-voce-tem-algum-deles/>. Acesso em: 10 nov. 2021.

PARRY, Scott B. The quest for competencies. **Training**, vol. 33, n. 7, 1996, p. 48.

PERLIN, G. Identidade Surda e Currículo. *In*: GOES, Cristina B. F. de; LACERDA, Maria Cecilia Rafael de. **Surdez:** processos educativos e subjetividade. São Paulo: Lovise, 2000.

PINK, Daniel H. **Drive:** The surprising truth about what motivates us. New York: Penguin, 2011.

PRADO, Adriana Romeiro de Almeida; LOPES, Maria Elisabete; ORNSTEIN, Sheila Walbe (orgs.). **Desenho universal:** caminhos da acessibilidade no Brasil. São Paulo: Annablume, 2010.

PREFEITURA DE SALVADOR. **Projeto de Educação Física promove inclusão na Escola Municipal Senhora de Santana.** 06 set. 2019. Disponível em: <http://educacao.salvador.ba.gov.br/projeto-de-educacao-fisica-promove-inclusao-na-escola-municipal-senhora-de-santana/>. Acesso em: 09 nov. 2021.

PROJECT IMPLICIT. **Preliminary Information.** 2011. Disponível em: <https://implicit.harvard.edu/implicit/takeatest.html>. Acesso em: 14 fev. 2022.

PÚBLICO gay consome, em média, 30% mais que consumidor hétero. **Correio Braziliense**, 01 jun. 2013. Disponível em: <https://www.correiobraziliense.com.br/app/noticia/economia/2013/06/01/internas_economia,369065/publico-gay-consome-em-media-30-mais-que-consumidor-hetero.shtml>. Acesso em: 14 fev. 2022.

PWC; INSPER; MOVIMENTO MULHER 360; ONU MULHERES. **Vieses inconscientes, equidade de gênero e o mundo corporativo:** lições da oficina "vieses inconscientes". PWC, 2016. Disponível em: <http://www.onumulheres.org.br/wp-content/uploads/2016/04/Vieses_inconscientes_16_digital.pdf>. Acesso em: 12 nov. 2021.

QUADROS, Ronice Müller de. **Educação de surdos:** a aquisição da linguagem. Porto Alegre: Artmed, 1997.

RAMOS, Mauro. 10% dos brasileiros são LGBTI, mas estão sub-representados na política. **Brasil de Fato**, 19 jun. 2017. Disponível em: <https://www.brasildefato.com.br/2017/06/19/cerca-de-10-da-populacao-brasileira-pessoas-lgbti-sao-sub-representadas-na-politica/index.html>. Acesso em: 02 nov. 2021.

REDAÇÃO ADMINISTRADORES.COM. Estudo revela que 70% dos profissionais buscam alternativas ao horário convencional de trabalho. **Administradores.com**, 15 jun. 2018. Disponível em: <https://administradores.com.br/noticias/estudo-revela-que-70-dos-profissionais-buscam-alternativas-ao-horario-convencional-de-trabalho>. Acesso em: 14 fev. 2022.

REDATORES SANTA FÉ/FALOMI. Consumo Feminino: o impacto das mulheres no mercado de consumo. **Santa Fé/Falomi**, 24 jun. 2019. Disponível em: <https://www.agenciasantafe.com.br/blog/mulheres-no-mercado-de-consumo/>. Acesso em: 14 fev. 2022.

REGAN, Tom. **The Case for Animal Rights.** Berkeley: University of California Press, 1983.

ROBERT WOOD JOHNSON FOUNDATION. **Visualizing Health Equity:** one size does not fit all infographic. June 20, 2017. Disponível em: <https://www.rwjf.org/en/library/infographics/visualizing-health-equity.html>. Acesso em: 14 fev. 2022.

ROMANO, Rejane. O combate ao preconceito pode estar no cérebro? **Ethos,** 01 ago. 2017. Disponível em: <https://www.ethos.org.br/cedoc/o-combate-ao-preconceito-pode-estar-no-cerebro/>. Acesso em: 24 nov. 2021.

ROSS, Howard J. **Everyday Bias:** identifying and navigating unconscious judgements in our daily lives. London: Rowman & Littlefield, 2020.

SAFFIOTI, Heleieth I.B. Já se mete a colher em briga de marido e mulher. **São Paulo Perspectiva**, vol. 13, n. 4, São Paulo, dez. 1999.

SAMPAIO, Noelia. Desconstruindo o preconceito na sociedade contemporânea. **Justiça & Cidadania**, 27 nov. 2015. Disponível em: <http://www.editorajc.com.br/desconstruindo-o-preconceito-na-sociedade-contemporanea/>. Acesso em: 09 nov. 2021.

SANTO CAOS. **Demitindo preconceitos:** por que as empresas precisam sair do armário. 2015. Disponível em: <https://estudos.santocaos.com.br/demitindopreconceitos>. Acesso em: 08 nov. 2021.

SANTOS, Patrícia Vaitsman dos. **O cotidiano de um D+Eficiente:** perguntas e respostas. Rio de Janeiro: Interciência, 2001.

SEBRAE. **Empreendedorismo no Brasil.** Relatório especial. Mar. 2019. Disponível em: <https://www.sebrae.com.br/Sebrae/Portal%20Sebrae/UFs/GO/Sebrae%20de%20A%20a%20Z/Empreendedorismo%20Feminino%20no%20Brasil%202019_v5.pdf>. Acesso em: 10 nov. 2021.

SENNA, Sergio. Albert Mehrabian – 93% da comunicação é não verbal. **Instituto Brasileiro de Linguagem Emocional**, 16 maio 2021. Disponível em: <https://ibralc.com.br/albert-mehrabian/>. Acesso em: 22 mar. 2022.

SHINYASHIKI, Roberto. Como ser mais produtivo: dicas de ouro para aumentar sua produtividade. **YouTube**, 01 out. 2014. Disponível em: <https://www.youtube.com/watch?v=pHooSDeNBXI>. Acesso em:10 nov. 2021.

SKLIAR, Carlos (org.) et al. **Educação e exclusão:** abordagens sociantropológicas em educação especial. Porto Alegre: Mediação, 1998.

SLKLIAR, Carlos; QUADROS, Ronice. Invertendo epistemologicamente o problema da inclusão: os ouvintes no mundo dos surdos. **Estilos da clínica**, vol. 5, n. 9, São Paulo, 2000, p. 32-51.

SMITH, Adam. **Teoria dos Sentimentos Morais.** São Paulo: WMF Martins Fontes, 1999.

SNOWDEN, David J.; BOONE, Mary E. A Leader's Framework for Decision Making. **Harvard Business Review**, nov. 2007.

SOUZA, Alzira Willcox. Preconceito e Discriminação – No Brasil existe preconceito? **Blog Educar**, 21 jun. 2017. Disponível em: <https://educaretcbr.wordpress.com/2017/06/21/preconceito-e-discriminacao-no-brasil-existe-preconceito/>. Acesso em: 09 nov. 2021.

SOUZA, Phillip Geraldo de Carvalho. **Como o cérebro faz escolhas e como o uso do sistema deliberativo é importante para as decisões racionais.** Trabalho de Conclusão de Curso apresentado ao Programa Pós-graduação Lato Sensu (especialização) em Neurociências do Instituto de Ciências Biológicas da Universidade Federal de Minas Gerais. Belo Horizonte, 2018. Disponível em: <https://repositorio.ufmg.br/bitstream/1843/ICBB-BD4V7K/1/souza__phillip___como_o_c_rebro__faz_escolhas_e_como_o_uso_do_sistema__deliberativo___importante_para_de.pdf>. Acesso em: 08 nov. 2021.

SPINELLI, Cristiane Bittencourt. Recursos Humanos, recrutamento e seleção de pessoas. 2016. *In:* PEREIRA, Gláucia Tomaz Marques; BRITO, Wanderley Azevedo de. **Incluir autismo.** Produto educacional vinculado à dissertação Inclusão escolar e formação integral da pessoa com o transtorno do espectro autista: caminhos possíveis. Programa de Pós-graduação em Educação Profissional e Tecnológica, Mestrado Profissional em Educação Profissional e Tecnológica Anápolis: Instituto Federal de Educação, Ciência e Tecnologia de Goiás, 2019.

SPREITZER, Gretchen; PORATH, Christine. Creating Sustainable Performance. **Harvard Business Review Magazine,** Jan./Feb. 2012.

SUTHERLAND, Jeff; SCHWABER, Ken. **The scrum guide.** The definitive guide to scrum: The rules of the game. Scrum. org. november, 2017.

TALENTO INCLUIR. **O que falta para sua empresa ser inclusiva?** Disponível em: <https://talentoincluir.com.br/emprego/o-que-te-falta-para-ser-uma-empresa-inclusiva/>. Acesso em: 10 nov. 2021.

TED. Vernã Myers: como superar os nossos preconceitos? Caminhe corajosamente em direção a eles. **YouTube**, s.d. Disponível em: <https://www.youtube.com/watch?v=uYyvbgINZkQ>. Acesso em: 22 mar. 2022.

THE STANDISH GROUP. **CHAOS Report 2015.** Disponível em: <https://www.standishgroup.com/sample_research_files/CHAOSReport2015-Final.pdf>. Acesso em: 14 fev. 2022.

THE UNIVERSITY OF SYDNEY. How gender-balanced management teams can improve company performance. **The University of Sydney Business School**, Nov. 18, 2019. Disponível em: <https://www.sydney.edu.au/business/news-and-events/news/2019/11/18/how-a-gender-balanced-management-team-improves-company-performance.html>. Acesso em: 10 nov. 2021.

TORNIERO, Gustavo. O poder de compra das pessoas com deficiência. **Sondery,** 25 abr. 2019. Disponível em: <https://sondery.com.br/o-poder-de-compra-das-pessoas-com-deficiencia/>. Acesso em: 14 fev. 2022.

TORRÃO FILHO, Amílcar. Uma questão de gênero: onde o masculino e o feminino se cruzam. **Cadernos Pagu**, n. 24, jan.-jun. 2005. Disponível em: <https://www.scielo.br/pdf/cpa/n24/n24a07.pdf>. Acesso em: 08 nov. 2021.

TUCKMAN, Bruce W.; JENSEN, Mary Ann C. Stages of small-group development revisited. **Group & Organization Studies**, vol. 2, n. 4, Dec. 1977, p. 419-427.

TURNER, John R.; BAKER, Rose; MORRIS, Mark. Complex adaptive systems: adapting and managing teams and team conflict. *In*: VILAS BOAS, Ana Alice (ed.). **Organizational conflict.** S.l.: IntechOpen, 2018, p. 65-94.

UHL-BIEN, Mary; MARION Russ; MCKELVEY, Bill. Complexity leadership theory: Shifting leadership from the industrial age to the knowledge era. **The Leadership Quarterly**, Vol. 18, n. 4, Aug. 2007, p. 298-318.

UNICESUMAR. **Mulheres no mercado de trabalho: como é a situação atual?** 29 ago. 2019. Disponível em: <https://www.unicesumar.edu.br/blog/mulheres-no-mercado-de-trabalho/>. Acesso em: 08 nov. 2021.

UNIFOR. Saiba o que é o capacitismo e por que é importante combatê-lo. **G1**, 27 out. 2021. Disponível em: <https://g1.globo.com/ce/ceara/especial-publicitario/unifor/ensinando-e-aprendendo/noticia/2021/10/27/saiba-o-que-e-o-capacitismo-e-por-que-e-importante-combate-lo.ghtml>. Acesso em: 14 fev. 2022.

UNITED NATIONS. **World Population Prospects 2019.** Department of Economic and Social Affairs, Population Dynamics, 2019. Disponível em: <https://population.un.org/wpp/Download/Standard/Population/>. Acesso em: 08 nov. 2021.

UNIVERSIA.PT. **Linguagem corporal é mais importante que o conteúdo da mensagem, revela estudo.** 19 out. 2018. Disponível em: <https://www.universia.net/pt/actualidad/orientacao-academica/linguagem-corporal-e-mais-importante-do-que-o-conteudo-da-mensagem-revela-estudo-949284.html>. Acesso em: 22 mar. 2022.

VANCE, Patricia de Salles; ÂNGELO, Claudio Felisoni de. Reputação Corporativa: uma revisão teórica. **Revista de Gestão USP**, vol. 14, n. 4, out./dez. 2007, p. 93-108. Disponível em: <http://arquivos.amlconsulting.com.br/arquivos/Revis%C3%A3o%20te%C3%B3rica.pdf>. Acesso em: 09 nov. 2021.

VARGA, L. Complexity science: The integrator. *In*: STRATHERN, Mark; MCGLADE, James. (eds.). **The Social Face of Complexity Science:** A Festchrift for Professor Peter M Allen. Litchield Park: Emergent Publications, 2014, p. 11-25.

VÁRIOS AUTORES. **Dicionário Houaiss da Língua Portuguesa.** Elaborado pelo Instituto Antônio Houaiss de Lexicografia e Banco de Dados da Língua Portuguesa S/C Ltda. Rio de Janeiro: Objetiva, 2009.

VERGARA, Sylvia Constant. **Gestão de Pessoas.** 3.ed. São Paulo: Atlas, 1999.

VIEIRA, Andrêza Batista Cheloni; MACEDO, Luciana Resende de. O diagnóstico da perda auditiva na infância. **Pediatria (São Paulo)**, vol. 29, n. 1, 2007, p. 43-49.

WEIL, Pierre; TOMPAKOW, Roland. **O corpo fala:** a linguagem silenciosa da comunicação não verbal. 74.ed. Petrópolis: Vozes, 1980.

WEINHOLD, Barry K.; WEINHOLD, Janae B. **How to Break Free of the Drama Triangle & Victim Consciousness.** Colorado Springs, CO: CICRCL Press, 2014.

WIKIPÉDIA. **Lista de vieses cognitivos.** Disponível em: <https://pt.wikipedia.org/wiki/Lista_de_vieses_cognitivos>. Acesso em: 08 nov. 2021.

WIKIPÉDIA. **Meritocracia.** Disponível em: <https://pt.wikipedia.org/wiki/Meritocracia>. Acesso em: 14 fev. 2022.

WINNICOTT, Clare. Prefácio. *In*: WINNICOTT, Donald Woods. **Explorações Psicanalíticas.** Porto Alegre: ArtMed, 2000.

WINNICOTT, Donald Woods. Distorção do ego em termos de verdadeiro e falso self. (1960). *In*: WINNICOTT, Donald Woods. **O ambiente e os processos de maturação:** estudos sobre a teoria do desenvolvimento emocional. Porto Alegre: ArtMed, 1983, p. 128-139.

WINNICOTT, Donald Woods. **Natureza Humana.** Rio de Janeiro: Imago, 1990.

WINNICOTT, Donald Woods. **O brincar e a realidade.** Rio de Janeiro: Imago, 1975.

WISHART, Maria. Under-represented entrepreneurs: a literature review. **ERC Research Report**, July 05, 2018. Disponível em: <https://www.enterpriseresearch.ac.uk/publications/represented-entrepreneurs-literature-review/>. Acesso em: 10 nov. 2021.

ZWEIG, Connie; ABRAMS, Jeremiah (orgs.). **Ao encontro da sombra.** São Paulo: Cultrix, 1994.

Dedicatória e agradecimentos

Agradeço primeiramente a meus pais, que sempre me apoiaram e me permitiram chegar aqui me ensinando desde pequeno que é através da educação que transformamos vidas. Agradeço também a todos os professores que dedicaram seu tempo para transmitir o seu conhecimento e a todos os profissionais com os quais tive o prazer de trabalhar e aprender muito. Não darei nomes aqui para não ser injusto com ninguém. Por último, mas não menos importante, dedico este trabalho a todos os meus amigos que me ensinaram o valor da amizade, do companheirismo e o quanto juntos somos mais fortes, principalmente meus amigos que, como eu, têm alguma deficiência e me lembram diariamente que somos capazes de ir cada vez mais longe.

Alexandre Santos Costa
Organizador e coautor do "Jornada de Inclusão"

Dedico este livro a todas as pessoas que ousam ser quem são e encorajam mais pessoas a serem elas mesmas. Aos meus pais que sempre me ensinaram o valor do ser humano. Ao meu esposo, Rafael, e ao meu filho, Pedro, que a cada dia me apoiam na trajetória de ser quem eu sou e viver o ideal de me tornar, eu própria, um ambiente relacional seguro e inclusivo para que as pessoas percebam o seu valor sendo quem são. Gratidão a todos os que inspiraram este livro e dele participaram com escrita, vida, sonhos e emoções.

Andresa Fogel
Organizadora, coautora e idealizadora do "Jornada de Inclusão"

Dedico mais um livro aos amores da minha vida: meus filhos Lucas e Luisa, minha esposa Keila, meus pais Iracema e José Prado e meus irmãos Simone, Paulo e Sandra. Agradeço a Deus essa nova conquista e parabenizo o time organizador pelo comprometimento na curadoria e os coautores pela dedicação e excelência que resultaram em mais uma obra incrível para nossa série da Jornada Colaborativa. Agradecimento especial para a Andresa Fogel, pela mobilização para iniciar este livro, e para o Lucas Tito por assumir a liderança do time para a conclusão do livro, aos organizadores que contribuíram na curadoria e ao Raphael Boldrini pela sua forte contribuição com as figuras. Agradeço a meus familiares e amigos da SulAmérica, Jornada Colaborativa e ADAXL pelas oportunidades de aprendizado e aos milhares de alunos, leitores e participantes das minhas palestras pela grande receptividade e troca de experiências que me tornam uma pessoa melhor a cada dia.

Antonio Muniz
Fundador da Jornada Colaborativa e idealizador da formação LiderProExpert

Dedico este livro à minha família, que sempre me apoia em todas as iniciativas nas quais eu me engajo. Meu esposo Eduardo, um companheiro que, mais do que apoiar, é meu principal incentivador na minha jornada em busca de ser uma profissional e pessoa melhor! Minha filha Natália, que sempre quer saber por que mamãe trabalha tanto, mas ao mesmo tempo vibra junto com cada conquista e é a minha super companheira de aventuras – nos divertimos muito no nosso mundo da imaginação.

Agradeço ao time incrível de coautores deste livro, que fizeram acontecer esta obra de um tema tão importante, que é a diversidade e inclusão! Aos companheiros de curadoria Lucas Tito, Andresa Fogel, Alexandre Santos Costa, Fabíola Lotério, Fernanda Reis e Raphael Boldrini, muito obrigada pela parceria! Aprendi muito com todos vocês!

Não poderia deixar de agradecer ao Muniz, que é o idealizador e líder desse movimento tão incrível, que é Jornada Colaborativa, que une a generosidade da doação, o compartilhamento de conhecimento, o senso de colaboração e cocriação, impulsionando a diversidade e o crescimento do indivíduo como profissional e ser humano!

Não canso de agradecer a oportunidade de fazer parte dessa comunidade, que se tornou uma família!

Carla Krieger
Organizadora do Jornada de Inclusão

#Gratidão é o sentimento que me resume por ter tido a honra de fazer parte do time de curadoria deste livro inédito que apresentou de forma legítima o valor real do que é a inclusão social. Que este conteúdo toque o coração de todos os leitores e que eles possam compreender os desafios da diversidade pela busca da equidade.

Fabíola Cristina Lotério Ferreira
Organizadora e coautora do Jornada de Inclusão

Primeiramente, dedico este livro ao meu Deus e agradeço a Ele por mais essa conquista.

Também dedico e agradeço a todos os que fizeram parte dessa jornada comigo.

Aos meus pais, Mary Rose e Luiz Fernando, familiares e amigos por sempre estarem ao meu lado me apoiando e acreditando em mim, minha gratidão.

Em especial, agradeço ao Muniz por confiar em mim e por me proporcionar essa oportunidade ímpar de fazer parte deste projeto fantástico que tem como pilar salientar não só a diversidade dentro do time, como também sua unidade, enquanto um time que busca o mesmo propósito: a colaboração.

Muniz, meu "muito obrigada" por tudo, pois fazer parte da Jornada me faz crescer e aprender mais e mais a cada dia tanto enquanto pessoa, na minha vida particular, quanto enquanto profissional, na SulAmérica.

Nem todas as palavras existentes são suficientes para expressar minha gratidão por cada experiência vivenciada aqui na Jornada.

Fernanda Belmont Reis
Organizadora e coautora do Jornada de Inclusão

Sendo curador líder da Jornada de Inclusão, não sei bem por onde começar a agradecer. Primeiramente a Deus e em segundo ao meu amigo Antonio Muniz pela confiança e por toda a jornada que trilhamos até aqui neste e em outros livros. Em seguida, à Andresa Fogel, por ter idealizado o livro e quando não pôde mais dar continuidade, por ter me escolhido como seu sucessor. Depois a todos os coautores e curadores pela parceria e por terem se dedicado tanto. A jornada de inclusão não só na vida é longa e cansativa, muitas vezes a gente tem vontade de desistir, se pergunta por que a inclusão nunca ou raramente é prioridade em todos os ambientes, perspectivas e contextos, mas todas as pessoas mencionadas tiveram papel fundamental para transformarmos nossos conhecimentos, experiências, aprendizados, histórias etc. neste livro que é tão rico e diverso e que tem um potencial altíssimo de ajudar muitas e muitas pessoas em diferentes níveis sociais, culturais, econômicos a continuar em frente assim como a gente fez. Agradeço também à editora e às empresas parceiras que nos apoiaram para transformar um sonho em realidade. Juntos estamos não só lançando um livro, mas continuando a ser uma resistência a favor da diversidade e da inclusão de todos e todas independentemente de raça, gênero, cor, etnia, deficiência, orientação sexual, peso e vários outros aspectos humanos. Dedico o livro como sempre a minha família e amigos e a toda pessoa que continua sobrevivendo, resistindo e sendo a diferença nas suas vidas e nas de outrem. Meu muito obrigado.

Lucas Tito
Líder do time organizador e coautor do Jornada de Inclusão

Empatia + colaboração + propósito. Agradeço a Antonio Muniz, Lucas Tito (líder do time), Andresa Fogel (idealizadora do livro), Alexandre, Carla Krieger, Fabíola, Fernanda e todos os coautores pela oportunidade de contribuir e aprender com mais esta entrega incrível, bem como à editora Brasport e todos os apoiadores desta jornada que tem o potencial de transformar vidas, inclusive as nossas.

Gratidão a Deus por todas as bênçãos e direcionamentos com a concretização desse sonho. Dedico este livro à minha grande fonte de inspiração, aquela que faz todos os esforços valerem, minha filha Raphaela. Aos meus pais, alicerces e maiores referências, Marcos e Sandra, minha irmã Thatiana, minha companheira de vida, Ivana, e aos meus afilhados e bênçãos: Felipe, Clara, Lucas, Anna, Matheus e Davi. Vamos juntos, sempre!

Raphael Boldrini
Organizador do Jornada de Inclusão

Agradecimentos especiais

Agradecemos ao Vitor, que conseguiu transmitir na capa o que desejamos que o livro transmita aos leitores: que diversidade e inclusão são uma jornada feita por pessoas se apoiando, vestindo a camisa, com respeito, rumo a um mundo melhor cheio de belezas. Essa construção foi feita com muito carinho e, o mais importante, sem a necessidade de usar símbolos estigmatizados, apelativos ou preconceituosos, como o tema normalmente atrai.

Texto alternativo/descrição (função ALT text):
Agradecemos também ao time da Ver com Palavras pelo excelente trabalho na elaboração da descrição (texto alternativo) das figuras do livro.

Sobre os autores e organizadores

Adriane Boueri	Diretora de Operações de RH na Attua Gente e Gestão, *Head* da célula de treinamento e desenvolvimento da Qualitá RH, especializada em Pedagogia Empresarial, coidealizadora do Papo Especial e mãe da Alice, que tem paralisia cerebral. <https://www.linkedin.com/in/adrianeboueri>	
Adriano Barros	Especialista em design de produtos, diretor de arte e criação, mentor, fotógrafo e pessoa que ama pedalar e pilotar uma churrasqueira. <https://www.linkedin.com/in/adrianofbarros>	
Alexandre Santos Costa	Atualmente *Customer Engineer* na Microsoft, colaborador ativo de comunidades de tecnologia, palestrante e escritor, reconhecido pela Microsoft como um dos profissionais mais valiosos (MVP *Award*), mentor e líder de capítulo de tecnologia, além de fundador do Encontro Nacional de Profissionais de TI com Deficiência Visual (ENTIDV). <https://www.linkedin.com/in/magoolation>	
Ana Carolina Castelar	Formada em administração, com MBA em gerenciamento de projetos, aprendendo constantemente agilidade, inteligência emocional e assuntos ligados a pessoas e suas relações. <https://www.linkedin.com/in/ana-carolina-castelar>	
Ana Carolina Gomes do Prado	Coordenadora de Serviços, Diretora em uma VP de Empoderamento Digital e apoiadora de comunidades como shesTech, Femme IT e outras. Mineira com coração de bióloga. Graduação, especialização e MBA nos temas: Ciência da Informação, Gestão, liderança, inovação de projetos e processos. <https://br.linkedin.com/in/anacarolprado>	

André de Andrade Moreira	Com mais de 11 anos de experiência em tecnologia, focando em metodologias ágeis. Atualmente sou *Scrum Master* no Grupo GFT e voluntário no Instituto Semeando Amor. Essa jornada de facilitação e ensino o habilitou a ajudar na inclusão de diferentes pessoas em diferentes contextos. <https://www.linkedin.com/in/andr%C3%A9-andrade-moreira-a4868576/>	
Andresa Fogel	Psicóloga, psicanalista organizacional, *coach*. Mestre em Sociedade e Cultura (UFAM). Especialista em Psicologia Clínica (CFP) e Jurídica (UERJ). MBA em Gestão de Projetos (FGV). PSM-I. *Entrepreneurship in Emerging Economies* (*Harvard University*). Organizadora de livros, eventos e movimentos. <https://www.linkedin.com/in/andresafogel/>	
Andrew Soares	Nascido e criado em Suzano, extremo leste da cidade de São Paulo, fundou e afundou cerca de três *startups* nos segmentos de *e-commerce*, varejo e SaaS *inbound marketing*. Atualmente é *Agile Coach* na Zoop e aplica agilidade como filosofia de vida. <https://www.linkedin.com/in/scrum-master-andrew-soares/>	
Antonio Muniz	Consultor, mentor e professor. Fundador da Jornada Colaborativa e do programa LiderProExpert. Mestrado em administração (Ibmec), MBA em telecomunicações (FGV), graduação em tecnologia (Unigranrio) e certificações em diferentes áreas. <https://www.linkedin.com/in/muniz-antonio1/>	
Bianca Machado	22 anos liderando times multidisciplinares em vendas e RH. Bacharel em Direito, MBA em marketing (USP), atualmente Gerente Sênior. Mulher, negra, origem humilde com ponto de partida desfavorável. Idealizadora da Metodologia Hera e criadora da página Praticando a Teoria no Instagram. <https://www.linkedin.com/in/biancamachadorh/>	
Carla Krieger	*Enterprise Agile Coach* (Globo), mestre e bacharel em sistemas de informação, formada em liderança, transformação cultural e gestão de projetos por renomadas instituições como PMI, University of La Verne, *International Coach Community* e outras. <https://www.linkedin.com/in/carla-krieger/>	
Carlos Marcelo Faustino da Silva	Pesquisador (via Estação Conhecimento), Coordenador (InspiraLab), Coordenador de Extensão (IFMT) e Gestor (Núcleo Criativa da Ativa Incubadora de Empresas). Mestrando em Engenharia e Gestão do Conhecimento, Sistemas e Ecossistemas de Empreendedorismo e Inovação (UFSC). Bacharel em Ciências Contábeis (UFMT). <https://www.linkedin.com/in/carlosmfaustino>	

Daniel Vizeu	Graduado em Ciências da Computação pela Universidade da cidade e pós-graduado em engenharia de sistemas na UFRJ. Trabalha há 16 anos como analista de sistemas utilizando metodologias ágeis. <https://www.linkedin.com/in/daniel-vizeu/>
Diogo Pé	Criador do Galinha Programadora e do Programadores Brasil, hoje atua como *DevOps Engineer*. Amante da tecnologia, com paixão especial por programação e desenvolvimento de sistemas por ver no código uma maneira de expressar seus sentimentos e contribuir com a sociedade. <https://www.linkedin.com/in/diogo-p%C3%A9-b7aa6244/>
Fabíola Lotério	Atualmente gerente de projetos sênior na Thoughtworks e com mais de 15 anos de carreira em consultorias de TI. Formada em Ciências da Computação (UCP-Petrópolis), pós-graduação em Análise de Projetos e Sistemas (PUC-RJ), MBA em Gestão de Projetos (FGV) e Gestão da Tecnologia da Informação (FIAP). <https://www.linkedin.com/in/ fabiola-cristina-lotério-ferreira-9b7431b/>
Fernanda Belmont Reis	Assistente de TI, cultura ágil e *DevOps* (SulAmérica), graduada em Letras Português/Inglês (ISAT-SG). Revisora, coautora e curadora na Jornada Colaborativa. Apaixonada por livros e uma eterna aprendiz. <https://www.linkedin.com/in/fernandabelmontreis>
Gustavo Grillo	Com mais de 12 anos em *Agile Coaching*, atualmente *Head* de Educação na Atma Genus e principal consultor na Unlock (consultoria em gamificação estratégica de negócios). Apaixonado por *culture hacking*, gamificação, design organizacional e disseminar conhecimento. <https://www.linkedin.com/in/gustavogrillo>
Hannah Chamon	Consultora de cultura organizacional especializada em segurança psicológica. Cofundadora do The Mind Factor e Mestre em *Digital Management* pela Hyper Island de Manchester. Trabalhou na finalização do livro "The 4 Stages of Psychological Safety" com o PhD e autor Timothy R. Clark. <https://www.linkedin.com/in/hannahchamon>
Henry Fernando de Oliveira Lourenço	É um homem transgênero, negro, periférico, filho adotivo, tem no momento 26 anos. Está cursando Processos Gerenciais pela Faculdade UNIP. Trabalha em uma empresa de telemarketing multinacional como *Team Leader*. <https://www.linkedin.com/in/ henry-fernando-de-oliveira-louren%C3%A7o-482b47204>

Ieda Sayuri Shoji Sales	Gestora de Portfólio (Itaú), coautora do livro "Jornada RH Ágil", membro da ANPPD e Sócia Executiva da 3P&C Consultoria de Processos e Treinamento. Graduada em Direito (PUC-SP), Análise de Sistemas (UCS) e pós-graduação em Gestão de Projetos (FASP). <https://br.linkedin.com/in/ieda-sayuri-shoji-sales-47b8882>	
Ilma de Fatima Estevam	Graduada em História com MBA em Gestão Empresarial na FGV e Ohio University. Experiência de 15 anos como sócia diretora em empresa de terceirização. Atualmente mora na Alemanha, há 10 anos atua exclusivamente como Facilitadora Sistêmica Familiar com base nas constelações de Bert Hellinger. <https://www.linkedin.com/in/ilma-estevam-bb88901b3/>	
Janaina Nolasco Gama	*Head* de Educação Corporativa e consultora sênior (Mais Diversidade), professora (FIA *Business School* e Aberj) e Coordenadora da Comissão de Diversidade (IBDEE). Doutora em políticas sociais (UFF), mestre em Direitos Humanos (UFRJ), especialista em Direitos Humanos, Gênero e Sexualidade (Fiocruz) e graduada em Direito e Letras. <https://www.linkedin.com/in/janaina-nolasco-gama/>	
Jucilene Braga Rodrigues	Psicóloga pela Universidade São Marcos, formação em *coach* (SBC) e programação neurolinguística (SBPNL). Consultora e palestrante sobre gestão, inclusão e RH. <https://instagram.com/jubragaspfc>	
Karen Aoki	Gerente de desenvolvimento humano (UNIMED), MBA em gestão e empreendedorismo social (FIA), gestão em saúde e liderança em saúde (FGV), especialista na ciência da melhoria (Institute for Healthcare Improvement) e Pedagoga. <https://br.linkedin.com/in/karen-aoki-27937524>	
Karla Mota	MBA em Arquitetura Coorporativa de TI (FIAP) e graduada em ciência da computação (UNIP). Experiência em *DevOps* para *mainframe* e liderança em projetos de infra e suporte. <https://www.linkedin.com/in/karla-mota-03383786/>	
Lucas Tito	Mestre e bacharel em computação (UFF), escritor, mentor, consultor, palestrante, empreendedor e *Agile Expert*. Viciado em Harry Potter, café, conversas de bar, brincar com animais e crianças. Por último, cego (ou pessoa com deficiência visual). <https://www.linkedin.com/in/ltito>	

Luis Guimarães	Formado em análise de sistemas (UNIBTA) e MBA em gestão estratégica de TI (Hogeschool Utrecht). Mora na Alemanha e é *Senior Product Owner*, mantendo valores de um *Team Coach*. Além disso, foi desenvolvedor por 11 anos. É marido e pai, e considera sua família a coisa mais importante da sua vida. <https://www.linkedin.com/in/luisguima/>	
Marianna Mendes da Costa	Mestre e bacharel em Serviço Social (UFF). Feminista e estudante de mulheres racializadas (negras, indígenas), comprometida com o antirracismo e a luta pela emancipação humana. Amor por artes no geral, mas profundo pelo teatro e pela escrita. <https://br.linkedin.com/in/marianna-mendes-da-costa-26869920a>	
Mauricio Moreira da Silva	Coordenador de desenvolvimento na Mediterranean Shipping Company e graduado em computação (PUC-SP). Aplica agilidade diariamente e é voluntário na Jornada Colaborativa. <https://www.linkedin.com/in/mauricio-moreirasilva/>	
Mauro Wainstock	Mais de 30 anos de experiência profissional e 26 de empreendedorismo. Jornalista, publicitário, pós-graduado em marketing (FGV e ESPM). CEO do HUB 40+. Editor de biografias, coautor de livros e palestrante. Recebeu prêmios como: *Startup Weekend*, Adolpho Bloch, Medalha Tiradentes, Medalha Pedro Ernesto, entre outras condecorações. <https://www.linkedin.com/in/maurowainstock/>	
Natasha Gabrieli	Mulher, negra, criadora de conteúdo (Meu Mundo Diverso). Graduada em Administração de Empresas, especialização em Sustentabilidade e Responsabilidade Social (FGV) e em Direitos Humanos e Cidadania (FESPSP). Uma década de experiência em diversidade e inclusão, sustentabilidade e relações públicas em organizações globais. <https://www.linkedin.com/in/natasha-gabrieli-ela-she-ella-0b479b39/>	
Nathan Gerhard	Mestre em computação, bacharel em engenharia de produção e graduação em empreendedorismo e inovação (UFF). Atualmente é Gestor de Dados na Financial Move. <https://www.linkedin.com/in/nathan-gerhard-3b008948>	
Paulo Antiquera	Atualmente gestor sênior de TI. Programador desde 1992 e agilista sem certificação. Paulistano criado no Paraná. Dedica sua vida a um desenvolvimento mais humano e menos técnico de software. <https://www.linkedin.com/in/pauloantiquera>	

Raphael Boldrini	Empreendedor, consultor de TI, avaliador e membro de instituições de apoio e desenvolvimento de *startups*. Pai da princesa Raphaela. Graduado em TI, pós em Administração da Qualidade e Extensão em Engenharia e Gestão de Processos de Negócios. Diversas certificações nas áreas de tecnologia, gestão, inovação, marketing e outras. <https://br.linkedin.com/in/raphaelboldrini>	
Raphael Donaire Albino	*Chief of Staff for Chief of People Officer* (Nubank), professor e consultor em diferentes instituições, PhD e mestre em Administração de Empresas (USP), bacharel em Sistemas de Informação (UNESP) e MBA em Gerenciamento de projetos (FGV). Profissional com mais de 14 anos de experiência na área de desenvolvimento de software, atua com programação, concepção de novos produtos, gestão de projetos e equipes. <https://www.linkedin.com/in/raphaelalbino/>	
Rayana Azevedo	Atualmente estagiária na área de *facilities* da L'Oréal, graduanda em Engenharia Civil (UFF) e técnica em edificações (FAETEC). Reconhecida por seus projetos de residências unifamiliares. <https://www.linkedin.com/in/rayana-azevedo-6751b61b8>	
Rubens Ribeiro	Pessoa com Deficiência Auditiva Moderada, oralizado. Mestrando em Serviço Social (UFSC), pós-graduado nas áreas de libras, serviço social, gestão pública municipal, história e geografia, metodologia de ensino superior, práticas sócio-ocupacionais e, em escola, violência, direitos humanos, diversidades e redes de proteção. Atua como professor orientador (UNINTER) e intérprete (SENAI). <https://www.linkedin.com/in/rubens-ribeiro-1a48ba88/>	
Simone Alves	Mais de 20 anos como docente e em cargos executivos, Coordenadora Geral de Prospecção e Empreendedorismo (IFRJ), membro da Câmara Técnica de Tecnologia, Inovação e Competitividade (CRQ). Doutora em Administração (COPPEAD/UFRJ), graduação e mestrado em engenharia química (UFRJ). Especializações em Inovação em Turismo (EBAPE/FGV), Marketing Empresarial (UNESA) e P&D de Produtos Químicos (COPPE e PETROQUISA). <https://www.linkedin.com/in/simonealvesrj>	
Sonia Lopes	Consultora e professora em MBAs de gerenciamento de projetos. Titular na TIP Projetos. Doutora em Administração, PMP, *Scrum Master* e HCMP® 3G *Expert Professional. Master Coach*. Diversos livros publicados. <https://www.linkedin.com/in/sonialopesprojetos/>	
Susana Santos	Mulher branca e gorda, identifica-se como bi e também como pansexual. Graduada em Estudos de Mídia e em Sistemas de Informação. Desenvolve *apps* e sistemas para *web*. Nas horas vagas escreve no Medium (susana_o_santos), nada, lê e reclama do capitalismo. <https://www.linkedin.com/in/sosantos/>	

Compre já os outros livros da Jornada Colaborativa e complete sua coleção!

À venda em: www.brasport.com.br

Jornada da Facilitação

Jornada Microsserviços

Jornada Python

Jornada OKR na prática

Jornada Azure DevOps

Jornada CSC

Jornada RH Ágil

Jornada Colaborativa

Jornada Java

Jornada Kanban na prática

Jornada Business Agility

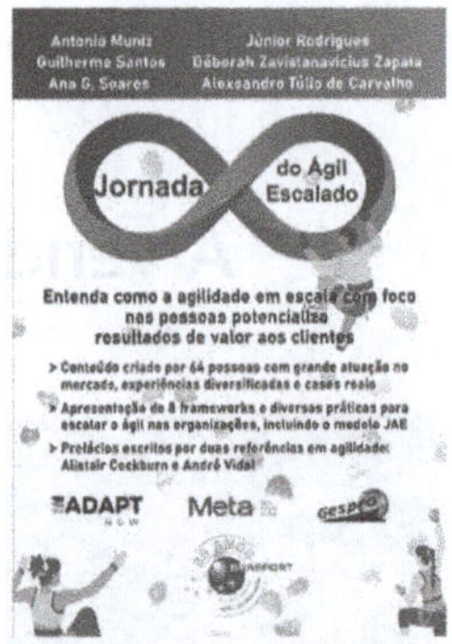

Jornada do Ágil Escalado

Jornada Ágil de Liderança

Jornada Ágil do Produto

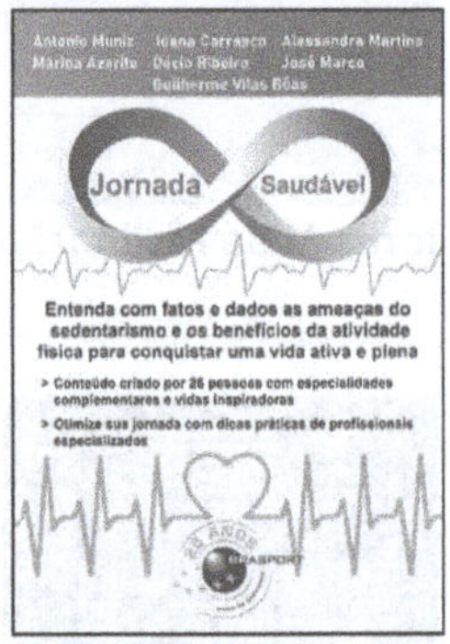

Jornada Saudável

Jornada Ágil de Qualidade

Jornada Ágil e Digital

Jornada DevOps 2ª edição